Sissy – Ein Mädchen wird Kaiserin

MARIELUISE VON INGENHEIM

Sissy

Ein Mädchen wird Kaiserin

Autorin: Marieluise von Ingenheim

Illustration Überzug: Michael Pleesz

Lektorat: Inge Fasan, Erhard Waldner

Der vorliegende Roman stammt aus der Belletristikwerkstatt
der Verlagsbuchhandlung Julius Breitschopf GmbH & Co. KG und
ist in der Neuen Rechtschreibung gesetzt.

www.breitschopf-verlag.com

ISBN: 978-3-7004-4227-1
EAN: 9783700442271

Inhalt

Christkindl

In dem Wagen, der vor dem Palais Max in der Münchner Ludwigstraße hielt, saß eine rundliche Frau mit freundlichem, von der Kälte gerötetem Gesicht. Sie war wegen der eisigen Kälte, die im Dezember 1837 in der Stadt herrschte, dick vermummt, was es ihr schwierig machte, sich aus der Kutsche zu zwängen. Noch dazu führte sie eine unförmige Tasche bei sich, die sie aus dem Wageninneren zu zerren versuchte. Der livrierte Portier eilte ihr zu Hilfe, schnappte die Tasche und verschwand damit umgehend zwischen den Säulen des imposanten Eingangs.

„Dass es die jungen Leute immer so pressiert!", murmelte die Frau und stapfte dem Portier hinterher. Sie selbst hatte es nicht so eilig; als erfahrene Hebamme wusste sie, dass, wenn sie zu einer Geburt gerufen wurde, zumeist noch viel Zeit blieb, bevor es wirklich so weit war. Sie drehte sich noch einmal in Richtung Straße um und blickte einem Pärchen hinterher, das Pakete schleppend vorüberlief.

'Die haben es auch eilig', dachte die Frau, 'wahrscheinlich ist der Weihnachtsbaum noch nicht geschmückt.'

„Frau Sirninger, wo bleiben Sie denn?", tönte es aus dem Inneren des Palais.

Die Hebamme wandte sich um, als sie ihren Namen hörte, und bewegte sich gemächlich Richtung Eingang.

„Ich komm ja schon, mein lieber Herr Steinpichler", sagte sie mehr zu sich selbst als zu dem aufgeregten Portier, der ihr hektisch zuwinkte.

Unmittelbar bevor sie das Portal erreichte, bemerkte sie einen kleinen Jungen mit einer dicken Wollmütze, der einen großen abgedeckten Korb trug und sich suchend umblickte.

„Na, Kleiner, was willst denn du?"

„Ich … ich soll den Weihnachtsschmuck hier abgeben", stotterte der Bub und hob den Deckel seines Korbes. Darin glitzerten die wunderbarsten Glaskugeln und Sterne, die die Hebamme je gesehen hatte.

„Die sind aber schön", lobte Frau Sirninger.

Der Portier, der die Szene beobachtet hatte, eilte herbei.

„Jetzt kommst erst daher mit den Sachen? Du bist viel zu spät, der Baum ist längst aufgeputzt. Du kannst samt deinem Korb gleich wieder abmarschieren!"

Das Gesicht des Buben wurde rot vor Scham: „Ich hab das Haus nicht gefunden! Normalerweise hätt ja mein Vater geliefert, der kennt sich aus in der Stadt, aber er liegt seit Tagen im Bett und hustet so stark …"

Bei den letzten Worten stiegen dem Kleinen Tränen in die Augen.

„Das ist mir egal!", blaffte der Portier. „Du bist zu spät, jetzt können wir die Ware nicht mehr brauchen."

„Jetzt hören Sie mir einmal genau zu, lieber Steinpichler", mischte sich die Hebamme ein, „Weihnachten kommt auch nächstes Jahr wieder und der Christbaumschmuck wird nicht schlecht. Sie bezahlen jetzt den Buben und außerdem sorgen Sie dafür, dass ein Arzt zu dem kranken Vater geschickt wird, sonst geh ich keinen Schritt weiter!"

„Nun gut", beschwichtigte der Portier die Hebamme. Er nahm den Korb entgegen, trug ihn in das Portierhäuschen und kam mit der entsprechenden Geldsumme wieder. „Jetzt sag mir die Adresse, zu der der Arzt kommen soll. Schnell! Wir haben nicht den ganzen Abend Zeit!"

„Ledererstraße, das graue Eckhaus bei der alten Kirche, im Hinterhof", stotterte der Kleine und lief davon.

„Jetzt kommen S' aber schnell, Frau Sirninger, oben warten schon alle ganz sehnsüchtig!", murrte der Portier Steinpichler.

„Auf mich warten immer alle sehnsüchtig", brummte die Hebamme, während sie sich mit Hilfe eines Dieners aus ihren unzähligen Kleiderschichten schälte. „Sie brauchen mich nicht hinaufzubringen, ich kenn den Weg. Schließlich bin ich ja nicht zum ersten Mal hier."

Dreimal war sie bereits gerufen worden, um Ludovika, der Gemahlin von Herzog Max in Bayern, bei einer Geburt zur Seite zu stehen. Der Erstgeborene, Ludwig Wilhelm, den alle Luis riefen, musste nun schon sechs Jahre alt sein, der Zweitgeborene, Wilhelm, hatte nur wenige Monate gelebt, und die kleine Helene, genannt Nené, war jetzt wohl drei.

Frau Sirninger folgte den zahlreichen feuchten Fußspuren die steinerne Treppe empor. Seit beinahe siebenhundert Jahren regierten die Wittelsbacher in Bayern. Das Palais Max in der Ludwigstraße hatte der König bauen lassen. Nun residierte darin Herzog Maximilian in Bayern aus der Birkenfelder Linie, kurz Herzog Max genannt. Ihm zur Seite stand seine Gemahlin Ludovika, die als Halbschwester von König Ludwig I. von Bayern in der höfischen Rangordnung einen weit höheren Platz einnahm als ihr Ehemann. Herzog Max war das herzlich egal. Er legte, sehr zum Leidwesen seiner Gattin, so gar keinen Wert auf Hofzeremoniell und Etikette.

Frau Sirninger drehte sich zum Diener Leopold um, der ihre Tasche trug. „Na, sind wieder alle Verwandten versammelt?"

Leopold nickte zustimmend und legte seine Stirn in Falten, als wolle er sein Unbehagen angesichts des familiären Großauftriebs ausdrücken. Natürlich kam kein Wort über seine Lippen. Frau Sirninger seufzte mitleidig. Man befand sich eben in einem herzoglichen Haus, wo die Tradition auch zu Zeiten regierte, in denen man besser der Vernunft folgen sollte.

'Wenn die Herzogin nur manchmal ihren Stand vergessen könnt, dann tät es nicht schaden', dachte Frau Sirninger. 'Dann wäre nicht jede Geburt eine Staatsaffäre, dann könnt sie ihr Kind in Ruhe zur Welt bringen, so wie es eigentlich sein sollt.'

„Der Doktor ist schon da", sagte Leopold. „Der Herzogin geht's gar nicht gut. Bis vor ein paar Stunden hat sie noch Anweisungen gegeben, das Haus zu schmücken und den Baum aufzuputzen, hat Geschenke für alle verpackt und ist mit der Köchin den Speiseplan durchgegangen."

„Sie gönnt sich keine Ruhe. Wahrscheinlich hat sie auch noch selbst Weihnachtskekse gebacken!", brummte Frau Sirninger. „Wo ist denn Seine Hoheit?"

„Der Herzog sitzt unten in der Küche beim Gesinde und trinkt Kaffee. Er lässt sich nicht aus der Ruhe bringen."

'Da könnt sie sich ein Scheiberl abschneiden, die Herzogin', dachte Frau Sirninger; sagen konnte sie das natürlich nicht. Mit Grauen malte sie sich aus, was sie nun erwarten würde: Herzogin Ludovika in den Wehen und im selben Zimmer die der Geburt entgegenfiebernde Verwandtschaft.

„Ihre Hoheit liegt im Roten Salon, weil heute sind mehr Leute da als bei der letzten Geburt."

„Das auch noch!", nörgelte die Hebamme, während sie die Türe zum genannten Zimmer öffnete. Es war, wie sie es vorausgesehen hatte: Hinter dem Prunkbett, das man, wie Frau Sirninger nach der Geburt vom Personal erfuhr, aus dem Hofimmobiliendepot hatte holen lassen, stand ein riesiger Paravent, dessen Flügel mit anmutigen Schäferszenen bemalt waren. Dahinter saßen an die zwanzig Personen, sowohl herzogliche Verwandtschaft als auch Beamte, die dem Königlichen Hausministerium angehörten. Schließlich könnte der zu erwartende Erdenbürger einmal Thronanspruch erheben und so war die Geburt mehr ein offizieller Akt als ein Familienereignis.

Das Gesicht der Herzogin war blass. In immer kürzeren Abständen krümmte sich ihr Körper unter den Wehen. Mit dem Leibarzt des Königs, Doktor Reichhardt, war sie medizinisch gut versorgt und Frau Sirninger galt als beste Hebamme weit und breit. Wie gerne hätte Ludovika laut geschrien, als die nächste Schmerzwelle sie erfasste, doch eine Herzogin bewahrte selbst in einer solchen Situation Contenance. Nur ein leises Stöhnen drang zwischen den Polstern hervor.

'Heilige Mutter Gottes', betete Ludovika im Stillen, 'lass es bald vorüber sein und mach, dass das Kind gesund ist.'

In diesem Moment öffnete sich die Türe zum Roten Salon und Herzog Max erschien laut polternd im Zimmer.

„Na, ist es schon bald so weit?", erkundigte er sich leutselig bei der Hebamme.

„Pst, leise!", erwiderte diese. „Es wird wohl noch ein bissl dauern."

„Und wie lange noch?", bohrte Herzog Max weiter.

„Das weiß der liebe Gott!", zischte Frau Sirninger.

„Weiß der liebe Gott auch, ob ich jetzt mit den Kindern allein Weihnachten feiern soll, oder besteht die Möglichkeit, dass Ludovika nach der Geburt am Fest teilnimmt?"

Frau Sirninger blieb der Mund offen stehen. Es war bekannt, dass Herzog Max einen legeren, manchmal ein wenig rüpelhaften Umgangston pflegte, aber eine derartige Taktlosigkeit seiner in den Wehen liegenden Frau gegenüber hatte sie nicht erwartet.

„Fang schon an, Max", ertönte schwach die Stimme der Herzogin. „Es ist alles vorbereitet. Die Kinder können das Christkind ja ohnehin nicht mehr erwarten. Gib ihnen von mir einen Kuss und vergiss die Geschenke für die Bediensteten nicht."

„Ist gut, Ludovika, bis nachher!" Und schon war der Herzog verschwunden.

„So ist er halt", sagte Ludovika zur Hebamme.

Ja, so war er, der Herzog Max in Bayern! Er galt als gemütlich, als volksnah und verbrachte seine Zeit tatsächlich lieber im Hofbräuhaus mit seinen Freunden, die übrigens durchwegs bürgerlicher Herkunft waren, als zu Hause bei seiner Familie. Man munkelte auch, Ludovikas Kinder wären nicht seine einzigen. Die Herzogin kannte das Gerede, hatte aber beschlossen, sich nicht mehr darüber aufzuregen, ganz egal, ob die Gerüchte nun stimmten oder nicht. Es machte ihr auch wenig aus, dass ihr Mann derart viel auf Reisen war. Ihr, der Standesbewussten, war es lieber, ihr Leben und das ihrer Kinder so weit wie möglich allein zu gestalten, als sich ständig um die Eskapaden ihres Mannes kümmern zu müssen. In den Sommermonaten, wenn die Familie nach Possenhofen am Starnberger See übersiedelte, befand sich Max, so er anwesend war, in seinem Element. Er liebte die Natur, bestieg alle umliegenden Berge und nahm auch die Kinder oft auf seine Wandertouren mit. Er zählte die Namen der heimischen Pflanzen auf und erklärte das Verhalten der Tiere. Die Kinder folgten seinen Ausführungen mit vor Staunen offenen Mündern, denn Max war ein hervorragender Erzähler. Sie liebten ihren Vater für sein Abenteurertum, für die Geschichten, die er aus fernen Ländern mitbrachte, für die Lieder, die er ihnen auf der Zither vorspielte, sowie für die unkonventionellen Ideen und Pläne, die er verwirklichte, ohne sich darum zu kümmern, ob sein Verhalten nun standesgemäß war oder nicht. So etwa hatte er im Hof des Münchner Palais eine Zirkusarena einbauen lassen, eine richtige Manege mit Zuschauertribünen und Logen rundherum. Herzog Max war ein exzellenter Reiter; er führte seine Kunststücke oft und gerne vor und lud dazu auch seine bürgerlichen Freunde ein – sehr zu Ludovikas Missfallen.

Herzog Max blickte auf seine Taschenuhr. Es war sieben Uhr und er beschloss, sich vor der Bescherung noch eine kleine Stärkung zukommen zu lassen. Er ging in die Bibliothek, öffnete den hinter Folianten versteckten Likörschrank und betrachtete die darin aufbewahrten Spirituosen.

„Was soll es denn heute sein?", murmelte er in seinen Schnurrbart und griff dann zu einer Flasche, die mit einer dunklen, nahezu schwarzen Flüssigkeit gefüllt war.

„Der Nussschnaps vom Pankraz – das ist heute genau das Richtige."

Der alte Pankraz, der die Bewohner des Possenhofener Schlosses Sommer für Sommer mit köstlichen Fischen aus dem See belieferte, hatte ihm das Gebräu geschenkt, mit der Auflage, es nur zu ganz besonderen Anlässen zu sich zu nehmen.

„Heute ist ein besonderer Tag", bestätigte sich Herzog Max. „Schließlich kommt heut ein Christkindl auf die Welt, mein Christkindl."

Er hob das Glas und prostete dem zukünftigen Erdenbürger zu, von dem er noch nicht einmal wusste, ob es ein Bub oder ein Mädchen sein würde.

Ein Mädchen

Luis und die kleine Nené saßen gemeinsam mit ihrem Vater unter dem von Ludovika geschmückten Weihnachtsbaum. Natürlich hatte sie mit ihrem dicken Bauch nicht mehr selbst auf die Leiter steigen können, aber die Herzogin hatte, unten neben dem Baum sitzend, dem auf der Leiter stehenden Diener Leopold genaue Anweisungen gegeben, wo und wie die Kugeln zu platzieren und die Kerzen zu verteilen waren. Sie war ein wenig ungehalten, weil der neue Christbaumschmuck, den sie bestellt hatte, aus irgendeinem Grund nicht geliefert worden war. Aber das Ergebnis konnte sich trotzdem sehen lassen.

Luis strahlte und konnte sich nicht entscheiden, ob er nun zuerst die Trommel, die Trompete oder doch lieber die Ziehharmonika ausprobieren sollte.

„Eines nach dem anderen“, schlug Herzog Max vor. „Versuch es zuerst mit der Trommel, aber nicht zu laut, sonst schreckt sich das neue Kind, wenn es zur Welt kommt.“

Nené saß mit hochroten Bäckchen vor ihrem neuen Puppenhaus – und sie hatte bereits damit begonnen, die Möbel in den Zimmern umzustellen.

‘Frauen müssen immer alles umräumen, da können sie noch so klein sein’, dachte Herzog Max und beobachtete lächelnd seine Tochter.

„Und wann sieht Mama den wunderschönen Baum?“, fragte Nené, die sich mitten in ihrem Glück plötzlich daran erinnerte, dass die Mutter fehlte.

„Morgen, Nené, und morgen wird sie auch ihre Geschenke aufmachen. Kommt jetzt essen, Kinder, ich hab schon einen mächtigen Hunger!“

Nach der Mahlzeit steckte Herzog Max seine beiden Kinder ins Bett. Das tat er sonst nie, aber heute war ja, wie er richtig bemerkt hatte, ein besonderer Tag. Luis war so aufgeregt, dass er ununterbrochen redete, und er wollte nicht einschlafen, bevor Max ihm nicht versprochen hatte, dass er bei der nächsten Zirkusveranstaltung den Trommelwirbel schlagen durfte. Nené hatte ein Puppenbettchen neben ihr eigenes gestellt und darin eine kleine Puppe sorgsam zugedeckt.

‘Sie sorgt schon jetzt für das neue Geschwisterchen’, dachte Max und streichelte Nenés Lockenkopf. Dann verließ er das Zimmer und schloss ganz leise die Türe hinter sich.

Im Roten Salon war es währenddessen noch immer nicht so weit. Der alte Diener Leopold reichte den hinter dem Paravent versammelten Besuchern Erfrischungen. Die Luft war zum Schneiden und der Raum mehr als überheizt.

„Kann irgendjemand das Fenster aufmachen?“, stöhnte Ludovika.

„Da muss ich Einspruch erheben, Hoheit“, schaltete sich der Arzt ein. „Sie sind so erhitzt, es bestünde die Gefahr einer ernsthaften Verkühlung.“

„Zum Teufel mit der Verkühlung – öffnen Sie das Fenster!“ Die letzten vier Worte hatte Ludovika während einer besonders starken Wehe gebrüllt. Das Gemurmel hinter dem Paravent verstummte. Alle lauschten, ob sich die Herzogin zu einer weiteren unpassenden Bemerkung würde hinreißen lassen. Aber zum Öffnen der Fenster war es jetzt zu spät.

Die resolute Frau Sirninger scheuchte den Arzt aus dem Weg und befahl Leopold, seiner Hoheit mitzuteilen, dass es nun losginge. Leopold eilte zielstrebig in die Bibliothek, wo, wie er es erwartet hatte, Herzog Max sich ein weiteres Gläschen von Pankraz' Nussschnaps genehmigte.

„Frau Herzogin geruht niederzukommen", meldete Leopold, wie ihm aufgetragen worden war.

„Dann geruhe ich nach diesem Schnäpschen hinaufzukommen", erwiderte Herzog Max.

Leopold legte wieder einmal seine Stirn in Falten. Er mochte seinen Herrn gern, aber er konnte es gar nicht leiden, wenn dieser sich über seine Ausdrucksweise lustig machte. Er verbeugte sich knapp und verschwand.

Die stickige Luft im Roten Salon verschlug Herzog Max beinahe den Atem. Er stürmte zum Fenster und wollte es öffnen.

„Um Himmels willen, wollen Sie Ihre Hoheit umbringen?", rief ihm der Arzt zu.

In diesem Augenblick stieß Ludovika einen langen Schrei aus und die Hebamme rief: „Ein Mädchen! Es ist ein Mädchen!"

Herzog Max vergaß das Fenster und eilte ans Bett seiner Frau.

„Gut gemacht, Ludovika", lobte er diese, um das Lob im selben Atemzug sofort einzuschränken: „Aber dass die Kleine ausgerechnet am 24. Dezember Geburtstag haben muss! Da bekommt sie ja viel weniger Geschenke als die anderen!"

Ludovika fühlte sich zu schwach, um ihrem Mann irgendetwas zu entgegnen.

Wie es üblich war, diktierte der Arzt dem Stenographen: „Geboren ist am Sonntag, dem 24. Dezember 1837, ein wohlgestaltet Menschenkind weiblichen Geschlechtes um zehn Uhr abends und dreiundvierzig Minuten hernach ..."

Die Verwandten hinter dem Paravent applaudierten und gratulierten. In den Applaus mischte sich das kräftige Stimmchen des neugeborenen Mädchens.

„Hast du uns schon so viel zu sagen?", raunte Frau Sirninger der Kleinen zu, als sie diese wusch und in feine Leinentücher wickelte. Das Neugeborene riss den Mund weit auf und schrie wieder.

„Herr Doktor, Herr Doktor! Kommen S' schnell!“ Die aufgeregte Frau Sirninger winkte heftig.

„Um Gottes willen, ist etwas mit dem Kind?“, kam es aus der Richtung des Bettes. Ludovika hatte zwar erschöpft gedöst, aber die Aufregung war ihr nicht entgangen.

Doktor Reichhardt rückte seine Brille zurecht und blickte dem kleinen Mädchen interessiert in den Mund.

„Kein Grund zur Sorge, Hoheit. Es ist in der Tat außergewöhnlich und ich habe dergleichen noch nie gesehen, aber es kommt vor: Ihre kleine Tochter hat bereits einen Zahn.“

„Einen Zahn, einen Glückszahn! Du bist an einem Sonntag geboren, noch dazu am Weihnachtsabend, und jetzt hast du auch einen Glückszahn. Dir kann im Leben eigentlich nichts passieren“, murmelte Ludovika in das Ohr ihrer Tochter, nachdem ihr Frau Sirninger das kleine Bündel gereicht hatte. Die Herzogin ahnte nicht, dass die Hebamme insgeheim ganz andere Gedanken hegte: Ihre Mutter, die ebenfalls Hebamme gewesen war, hatte ihr erzählt, dass ein Zahn bei der Geburt kein gutes Omen sei: Diese Kinder, so sagte man, würden es in ihrem Leben ganz besonders schwer haben.

Ludovika wandte sich ihrem Mann zu: „Was machen die anderen beiden?“

„Die schlafen, mach dir keine Sorgen. Sie haben sich sehr über die Geschenke gefreut. Aber weißt du was? Für die Kleine haben wir kein Geschenk!“

„Sie braucht auch noch keines!“

„Natürlich braucht sie ein Geschenk! Umso eher, als heute Weihnachten und ihr Geburtstag ist. Ich kümmere mich gleich morgen darum.“

Herzog Max erhob sich, nickte Frau Sirninger und dem Arzt zu und verließ – wie immer unter lautem Gepolter – das Zimmer.

Nach und nach verließen die Gäste den Roten Salon. Ludovika bekam eine Hühnersuppe serviert, gekocht nach einem alten Hebammen-Rezept. Sie spürte die wärmende Kraft der Brühe, trotzdem fühlte sie sich unendlich müde.

„Schlafen Sie jetzt, Hoheit, ich schau dann morgen noch einmal bei Ihnen vorbei." Mit diesen Worten verabschiedete sich Frau Sirninger. Auch sie war nun rechtschaffen müde.

„Na, Steinpichler, haben S' dem Buben den Arzt geschickt?", wandte sich die Hebamme im Gehen an den Portier in seinem Häuschen.

„Jjja ... jaja, natürlich", stotterte der Angesprochene und Frau Sirninger sah nicht, dass sein Gesicht weiß war wie der Schnee, der unaufhörlich vom Himmel fiel.

Im zugigen Zimmer eines Hinterhofhauses in der Ledererstraße saß ein kleiner Bub auf dem einzigen Bett des Raumes, den Kopf seines Vaters auf seine Knie gebettet. Der Knabe hielt die Augen geschlossen und wiegte seinen Oberkörper vor und zurück, als wollte er mit der Bewegung nicht nur sich selbst, sondern auch den reglosen Körper seines Vaters warm halten.

Das erste Pferd

Als Herzog Max am nächsten Tag erwachte, hatte er das, was man gemeinhin einen „Brummschädel" nannte. Er war am Vorabend doch nicht gleich ins Bett gegangen, sondern hatte bei zwei, drei weiteren „Nussenen" über einen Namen für das Kind nachgedacht. Eigentlich hatte er bei der Namensgebung gar nicht viel mitzureden, weil diese bei einer Wittelsbacherin genauso ein Staatsakt war wie die Geburt. Seinen Namen würde das Mädchen von Ludovikas Bruder, König Ludwig von Bayern, bekommen. Ihm, Max, würde Luisa gefallen oder, ganz schlicht, Maria, aber wie gesagt, das konnte nicht er entscheiden. Mehr noch als über den Namen seiner Tochter hatte er sich den Kopf über ein Geschenk für sie zerbrochen. Natürlich konnte man dem Kind eine Puppe schenken, aber eine Puppe bekam jedes Kind. Es sollte etwas Besonderes sein. Mit diesem Gedanken war Max letzte Nacht eingeschlafen.

Nun erhob er sich rasch, schließlich wollte er mit seinen beiden Größeren zur Feiertagsmesse in der Hauskapelle. Danach vergewisserte er sich, dass es Ludovika und der Kleinen den Umständen entsprechend gut ging, und machte sich auf den Weg zum Frühschoppen im Hofbräuhaus. Wie immer war im Extrazimmer ein Tisch für den Herzog und seine Freunde reserviert. Die anderen saßen bereits da und so wurde Max mit großem Hallo empfangen.

„Ein Mädl ist es, damit ihr's gleich wisst. Sie hat auch schon einen Zahn – eine Weibsperson mit Biss eben! Herr Wirt, eine Runde! Stoßen wir auf meine Kleine an!"

Der Wirt schleppte ein Tablett mit überschäumenden Maßkrügen heran und die Männer tranken mit Genuss auf das Wohl der neuen Erdenbürgerin.

Die Freundesrunde – genannt die „guten Sieben" – bestand aus einem Gymnasialprofessor, einem Kunstmaler, einem Apotheker, einem Fuhrwerksbesitzer, einem Holz- und Kohlenhändler, einem Tierarzt und einem Kaufmann. Bis auf den Professor waren alle Männer wohlhabend, aber dessen ungeachtet nahm Professor Gutenbrunner eine Sonderstellung ein – schließlich war er ein „G'studierter".

„Leute", richtete Max das Wort an die Runde, „ich hab ein Problem: Für meine Tochter war gestern nicht nur Weihnachten, sondern auch ihr Geburtstag. Das wird jetzt ihr Lebtag lang so sein und sie wird immer weniger Geschenke bekommen als andere Kinder. Ich möcht ihr zum gestrigen Tag schon etwas schenken, aber ich weiß nicht recht, was das sein könnte."

In diesem Augenblick wurden Kraut und Knödel aufgetragen.

„Jetzt essen wir einmal alle, dann haben wir Kraft zum Denken", schloss Herzog Max seine Rede. Die Männer nickten zustimmend und machten sich über die vollen Teller her.

Der Fuhrwerksunternehmer Alois Strampfer wurde als Erster fertig. Er wischte sich mit einer großen Serviette über seinen noch viel größeren Schnurrbart und brummte: „Hm."

Der Herzog sah ihn erwartungsvoll an.

„Hm", kam es noch einmal unter dem Schnurrbart hervor.

„Kannst du heute auch was anderes sagen als 'hm'?", lachte der Herzog und boxte den Fuhrwerker mit seinem Ellenbogen in die Rippen.

„Wenn du mich nicht nachdenken lässt, sag ich gar nichts. Dabei hätt ich da eine Idee."

„Raus damit!“, befahl der Herzog.

„Also, auf dem Dachboden bei uns steht das alte Schaukelpferd von meinem Sohn. Der ist jetzt schon zu groß dafür. Es ist halt alt und man müsst es …“

„Das ist es!“, jubelte der Herzog. „Das erste Pferd für meine Kleine! Später bekommt sie von mir sicher einmal ein Pony, aber jetzt … Alois, du bist ein wahrer Freund! Darfst auch noch ein paar Mal ‘hm’ sagen.“

„Aber das Schaukelpferd gehört repariert.“

„Das macht der Tierarzt!“, meinte Max lachend.

„Die Heilungschancen wären aber bei einem Tischler besser“, entgegnete dieser.

„Den finden wir auch noch. Los, holen wir uns das Tier!“

Die Gattin des Fuhrwerksunternehmers fiel aus allen Wolken, als eine Stunde später acht Herren inklusive seiner Hoheit Herzog Max in Bayern vor ihrer Türe standen.

„Wir sind auf dem Dachboden“, informierte der Fuhrwerker seine Frau, die kopfschüttelnd dabei zusah, wie die „guten Sieben“ nacheinander erst durch ihr Wohnzimmer und dann über die Treppe zum Dachboden trampelten. Zehn Minuten später kam die Prozession retour, staubbedeckt, aber unter Triumphgeheul. Der Fuhrwerksunternehmer hielt stolz das alte Schaukelpferd seines Sohnes in Händen.

„Gundl, das kommt jetzt in einen guten Stall!“, klärte er seine Frau auf, die noch immer verständnislos dreinschaute. „Der Herzog hat gestern ein Töchterl bekommen – also, seine Frau hat es gekriegt, genau genommen. Und weil das Kind doch zu Weihnachten auch noch Geburtstag hat, braucht es ein Geschenk. Und das ist es.“

„Was, das schmutzige Ding? Ihr Mannsbilder seid’s ja alle deppert!“, schimpfte Gundl und blickte erschrocken in die Richtung des Herzogs. Schließlich war ihr klar, dass sie soeben Seine Hoheit Herzog Max in Bayern beleidigt hatte. Zu ihrer Erleichterung verzog sich dessen Mund zu einem breiten Grinsen.

„Danke, Frau Strampfer, ich lass Ihnen ausrichten, wie meiner Kleinen das Pferd gefällt.“

„Aber jetzt raus – alle“, herrschte Gundl die Männerpartie an. „Putzen könnt’s den Gaul anderswo.“

„Ich mach das“, rief der Kunstmaler Alex Hinteracher. „Ich kann das Pferd dann auch gleich frisch bemalen. Ihr werdet sehen: Morgen ist der Gaul wie neu. Ich bring ihn dir, Hoheit.“

„Abgemacht, Alex.“

„Und wir kommen morgen auch zu dir, schließlich muss man der Kleinen ja ordentlich gratulieren“, schloss Felix Stangl, der Hofapotheker. „Hoheit, passt es dir um halb elf?“

„Perfekt“, antwortete der Herzog. „Dann bis morgen, Männer.“

Tags darauf, am Stefanitag des Jahres 1837, fanden sich pünktlich um halb elf Uhr sieben Herren und ein frisch lackiertes Schaukelpferd im Palais in der Friedrichstraße ein. Ludovika ging es nicht besonders gut, sie fieberte noch, nach Aussage des Arztes war dies allerdings nicht Besorgnis erregend. Als Max ihr den Besuch meldete, war sie einer Ohnmacht nahe. Sie brauchte Ruhe und nicht sieben lärmende Herren aus dem Hofbräuhaus.

Die Männer traten ein und verneigten sich höflich. Ludovikas Laune besserte sich etwas. Als der Maler dann auch noch das wunderschön glänzende Schaukelpferd vor die Wiege der kleinen Wittelsbacherin stellte, schmolz Ludovikas Groll dahin.

„Ich danke Ihnen im Namen meiner kleinen Tochter für Ihr Geschenk, meine Herren. Sie haben in Ihrer Wahl großen Weitblick erwiesen. Zu gegebener Zeit wird sich meine Tochter sicher daran erfreuen.“

„Ganz der Papa“, meinte der Holz- und Kohlenhändler, der einen Blick in die Wiege geworfen hatte.

„Da sei Gott vor“, murmelte Ludovika.

„Die Natur“, sprang der Tierarzt hilfreich ein, um eine mögliche Missstimmung vermeiden zu helfen, „lehrt uns die Wandlungsfähigkeit alles Äußerlichen. Eines Tages wird die Kleine so schön sein wie ihre Mutter.“

Der Herzog lud seine Gäste noch auf ein Schnäpschen in die Bibliothek ein. Schließlich musste man auf die gelungene Überraschung anstoßen, darin waren sich die Männer einig.

Der Maler Alex Hinteracher war zum Fenster getreten. Man konnte von der Bibliothek aus die Straße vor dem Palais sehen. Dort stand eine kleine Gestalt und blickte zu den erleuchteten Fenstern hoch.

„Was ist mit diesem Buben los, der da vor dem Palais steht?", fragte er. „Er war schon hier, als wir gekommen sind. Ich habe versucht, ihn anzusprechen, aber er ist sofort weggelaufen. Jetzt steht er wieder da."

„Welcher Bub?", wunderte sich Herzog Max. Er öffnete das Fenster und lehnte sich hinaus – weit und breit war niemand zu sehen. „Ich werde den Portier bitten, seine Augen offen zu halten, vielleicht können wir dem Kleinen ja irgendwie helfen. Aber jetzt, meine Herren – Prost! Ich danke euch noch einmal für euren Einsatz!"

„Auf das Mädchen und seinen Vater!", rief der Tierarzt. „Auf dass sie ihm ähnlich werde!"

„Aber nur im Charakter!", ergänzte Professor Gutenbrunner.

Die Männer scherzten noch eine Weile, dann begleitete der Herzog seine Gäste hinaus.

„Sagen Sie, ist Ihnen vor dem Palais ein Kind aufgefallen?", fragte Herzog Max den Portier Steinpichler beim Hineingehen.

„Mir? Nein. Ich hab niemanden gesehen. Gar niemanden. Müsst mir doch auffallen, oder? Ich sitz schließlich den ganzen Tag hier und …"

„Ist schon recht. Sie müssen sich nicht verteidigen. Falls hier doch ein Bub auftauchen sollte, dann fragen Sie ihn, ob er etwas braucht."

„Sehr wohl, Hoheit. Immer zu Diensten, Hoheit."

Tatsächlich tauchte der Bub nicht mehr auf. Nur manchmal des Nachts – auch noch Jahre später – kam es dem Portier Steinpichler so vor, als schliche ein Schatten um das Palais. Er nahm dann einen Schluck Schnaps und versuchte, nicht an den Weihnachtsabend 1837 zu denken.

In der Schönheitsgalerie

Drei Tage später beschloss Herzog Max, seinen Schwager, König Ludwig I. von Bayern, aufzusuchen. Im Normalfall bedurfte ein Besuch beim König eines eigenen Anmeldezeremoniells, Max aber hielt sich wie immer nicht an Formalitäten, spazierte an Dienern und Lakaien vorbei und steuerte schnurstracks auf das Arbeitszimmer des Königs zu. Der für Termine zuständige Hofbeamte zwängte sich zwischen den Herzog und die Türe des königlichen Arbeitszimmers.

„Der Finanzminister ist bei Seiner Majestät, Seine Hoheit können jetzt nicht einfach …"

„Und wie lange weilt der Finanzminister schon beim König?" Herzog Max fixierte den schmächtigen Mann mit einem durchdringenden Blick.

„Zirka eine Stunde, aber …"

„Dann braucht Seine Majestät jetzt dringend eine Pause!"

Max packte den Beamten bei den Schultern und hob ihn förmlich beiseite. Er klopfte laut an die Türe, wartete aber keineswegs auf Antwort, sondern trat einfach ein. Mit ausgestreckten Armen eilte er auf seinen Schwager zu, packte dessen Rechte und schüttelte sie freundschaftlich. König Ludwig, mit Max' Verhalten wohl vertraut, winkte den Finanzminister aus dem Zimmer.

„Gut, dass du kommst, Max. Der Finanzminister wollte mir gerade weismachen, dass meine Pläne für die Stadtumgestaltungen zu teuer sind. Das will ich ohnehin nicht hören. Also, was führt dich zu mir?"

„Ludwig, es ist ein Mädchen und, stell dir vor, die Kleine hat schon einen Zahn!"

„Gratuliere, Max! Und wie geht es meiner Schwester?"

„Ein bissl schwach ist sie noch, aber Doktor Reichhardt meint, dass sich das bald geben wird."

„Weißt du was, Max", sagte der König, „wir gehen jetzt nach drüben und stoßen auf deine Kleine an."

Der Herzog hatte nicht das Geringste gegen diesen Vorschlag einzuwenden. Mit „drüben" meinte der König die so genannte „Schönheitsgalerie", einen Raum, dessen Wände mit Gemälden der schönsten Frauen seiner Regierungszeit geschmückt waren. Da hingen adelige Fräulein sowie Prinzessinnen aus der königlichen Verwandtschaft, aber auch Sängerinnen und Schauspielerinnen sowie einfache Bürgermädchen. Die besten Maler Bayerns waren damit beauftragt, die vollendetsten Frauen der Epoche festzuhalten, und Schönheit richtet sich bekanntlicherweise nicht nach dem Stand. Gerade eben entstand das Bild der Tochter eines Schuhmachermeisters. Beinahe täglich arbeitete der Hofmaler Stieler daran und der König ließ es sich natürlich nicht nehmen, wie die anderen seiner Modelle auch dieses persönlich kennen zu lernen. Ludwigs Gemahlin Therese, einer geborenen Prinzessin von Sachsen-Altenburg, waren diese „Sitzungen" alles andere als recht. Sie hatte mit ihrem kunstsinnigen Gatten ihre liebe Not: Zwar hatte es ihm besonders die Architektur seiner Residenzstadt angetan, was die rigorosen Umbauten bewiesen, die Ludwig in München plante. Leider war er aber – neben den architektonischen – auch jenen Schönheiten nicht abgeneigt, die die Natur zu bieten hatte. Und damit war nicht nur der prächtige Garten gemeint, den er hatte anlegen lassen. Ludwig liebte eben auch die Frauen – ein Umstand, der ihm später zum Verhängnis werden sollte. Besonders pikant war natürlich, dass der Hofmaler Stieler, der nun die Reize der Schusterstochter festhielt, auch das Krönungsbild des Königspaares gemalt hatte. Ludwig fand da natürlich nichts dabei und mokierte sich über seine Gattin, während er mit seinem Schwager die „Schönheitsgalerie“ betrat.

„Weißt du, Max, sie hat den Finanzminister ganz auf ihre Seite gezogen. Nur mit Müh und Not kann ich meine Pläne verwirklichen, überall heißt es: sparen, sparen, sparen. Ich kann das Wort schon nicht mehr hören. Was bedeutet denn schon Geld angesichts dieser Offenbarung!“

Ludwig war neben das halb fertige Gemälde getreten und prüfte bewundernd die lieblichen Züge der Schusterstochter. Max musste ihm Recht geben. Im Moment interessierte ihn aber mehr der chinesische Lackschrank, in dem der König erlesene Spirituosen aufbewahrte. Ludwig schickte den Lakaien hinaus, nicht ohne ihn anzuweisen, dass er jetzt nicht gestört werden wollte.

„Nimm dir, was du gerne möchtest“, sagte er zu seinem Schwager, „und gieß mir auch ein Glas davon ein.“

Max füllte zwei Kristallgläser mit einer goldgelb glänzenden Flüssigkeit und reichte eines davon dem König. Sie ließen sich in bequemen Fauteuils nieder.

„Auf deine Tochter“, prostete Ludwig seinem Schwager zu. „Auf dass sie einmal so schön werde wie dieses zauberhafte Geschöpf!“

„Das wollen wir hoffen. Im Augenblick ist allerdings noch nichts davon zu bemerken“, antwortete Max.

Wohlige Wärme durchströmte den Herzog nach dem ersten Schluck.

„Was meinst du – welchen Namen wird sie bekommen?“, fragte er den König.

„Wohl den ihrer Patin. Ich muss mir erst den Kopf zerbrechen, wen ich dazu auserwähle …“

Dann verstummte das Gespräch zwischen den beiden Männern. Zu sehr waren sie von der Anmut der Frauenporträts abgelenkt, die sie umgaben.

Patin des kleinen „Christkindls“ wurde schließlich Preußens Königin Elisabeth, eine Halbschwester des Königs und eine Schwester Ludovikas, und folglich wurde das kleine Mädchen in der königlichen Schlosskapelle unter großer Assistenz auf den Namen „Elisabeth Amalie Eugenie“ getauft. Doch es fiel niemandem ein, sie auch tatsächlich so zu rufen: Sie wurde immer nur „Sissy“ genannt.

Reisepläne

Als der Frühling in München Einzug hielt, hatte sich Herzogin Ludovika längst von den Nachwirkungen der Geburt erholt und auch die kleine Sissy gedieh prächtig. Die beiden älteren Geschwister waren auf ihre Schwester ein wenig eifersüchtig gewesen, weil sie während der letzten drei Monate die gesamte Aufmerksamkeit der Mutter auf sich gezogen hatte. Ludovika wusste natürlich, dass die beiden Älteren darunter litten. Nun aber begann sich alles wieder zu normalisieren. Luis und Nené stritten sogar darum, den Kinderwagen schieben zu dürfen, wenn die Familie sich anschickte, einen Spaziergang im vom König neu angelegten Garten zu unternehmen. Meistens war Ludovika bei diesen Ausgängen mit ihren Kindern alleine. Aber an diesem Sonntag, einem der ersten wirklich warmen Tage, schloss sich auch der Herzog an.

'Das hat etwas zu bedeuten', dachte Ludovika. Sie sollte sich nicht täuschen.

Luis und Nené schoben den Kinderwagen abwechselnd über den frisch geharkten Kiesweg. Max bot seiner Gattin den Arm – eine Geste, die Ludovika überraschte.

„Ludovika, es wird Frühling!“, begann Max die Unterhaltung.

„Das ist nicht zu übersehen“, antwortete Ludovika und deutete auf die Primeln und Veilchen am Wegesrand.

„Findest du nicht, dass die Umbauten, die der König in der Stadt vorantreibt, viel Staub und Schmutz verursachen?“

Ludovika stutzte. Seit wann interessierte sich ihr Mann für die Auswirkungen der Pläne seines Schwagers?

„Aber in unserer unmittelbaren Umgebung ist es doch nicht so schlimm“, meinte sie vorsichtig.

„Noch nicht, meine Liebe, aber du wirst sehen: Sobald es noch wärmer wird und nicht mehr so viel regnet, wird die Stadt in eine Staubwolke gehüllt sein. Das ist äußerst ungesund. Denk an die vielen Fälle von Schwindsucht, die es schon letztes Jahr gegeben hat. Das ist besonders für Kleinkinder sehr gefährlich.“

„Und was gedenkst du dagegen zu unternehmen?“, fragte Ludovika weiter.

„Man könnte aufs Land fahren – oder man sollte vielleicht überhaupt verreisen …“, schlug Max vor.

‘Aha, daher weht der Wind’, dachte Ludovika.

Es war wie jedes Jahr: Kaum steckten die ersten Frühlingsblumen ihre Köpfchen in die Sonne, kaum trugen die Bäume ein erstes zartes Grün, kaum zwitscherten die Vögel nach der langen, stillen Winterzeit zum ersten Mal, erwachte Rastlosigkeit in Herzog Max’ Seele. Es schien, als würde die laue Frühlingsluft sein Innerstes in Unruhe versetzen und die Sehnsucht nach der Ferne schüren.

„Du willst also wieder fort“, sagte Ludovika leise.

Max gab keine Antwort.

„Wo willst du eigentlich immer hin? Was willst du erreichen? Hier hast du Familie, hier ist dein Zuhause!“

„Ihr könntet mich doch begleiten!“, wich der Herzog den Fragen seiner Frau aus.

„Sei kein Narr, Max. Du weißt doch ganz genau, dass das mit den Kindern einfach nicht möglich ist. Das letzte Mal, als ich dich begleitet habe, war ich am Ende meiner Kräfte und du wolltest immer noch weiter. Wie stellst du dir das denn jetzt mit zwei kleinen Kindern und einem Baby vor?"

Max schwieg. Eigentlich hatte Ludovika Recht: Er wollte allein reisen, er wollte bei seinen Abenteuern nicht eingeschränkt sein, wollte von einem Tag auf den anderen entscheiden können, was das nächste Ziel war, wollte bleiben, wo es ihm gefiel, mit den Menschen reden, wollte verstehen, wie sie lebten und was sie dachten. Er konnte Ludovika nicht erklären, was ihn immer wieder forttrieb.

„Weißt du was, Max? Fahr du nur, ich komme schon zurecht. Weder ich noch die Kinder haben etwas davon, wenn du missmutig zu Hause sitzt. Ich werde mit unseren dreien so bald wie möglich nach Possenhofen fahren, denn in einem gebe ich dir Recht: Einen derart wunderbaren Frühling muss man nicht in der Stadt verbringen."

Max sah seine Frau an. So sehr er manchmal unter ihrem für seinen Geschmack übertriebenen Standesbewusstsein zu leiden hatte, so sehr bewunderte er sie für ihre Toleranz. Er wusste, dass sie es mit ihm nicht leicht hatte. Ihre Eheschließung war alles andere als eine Liebesheirat gewesen. Ludovikas Schwestern hatten alle in so genannte „erste Häuser" eingeheiratet, nur ihr selbst war es bestimmt gewesen, einen „Herzog in Bayern" – noch dazu den eigenen Cousin aus einer Wittelsbacher Nebenlinie – zu ehelichen. Max war darüber ebenfalls nicht gerade erbaut gewesen, aber es hätte schlimmer kommen können. Und gerade in den Momenten, in denen Ludovika großzügig über seine Eigenheiten hinwegsah und seinen Freiheitsgelüsten Raum gab, in jenen Momenten war da so etwas wie tiefe Zuneigung für sie in seinem Herzen.

„Ich dank dir, Ludovika."

„Ist schon gut, Max. Aber eines sage ich dir: Komm ja gesund zurück! Du hast jetzt drei Kinder und damit eine große Verantwortung. Vergiss das bitte nicht."

„Ich werd mich bemühen", kehrte Max zu seinem gewohnt flapsigen Umgangston zurück.

Die folgenden Wochen waren von Reisevorbereitungen geprägt: Max wollte nach Athen, wo Otto regierte, König Ludwigs zweitgeborener Sohn. Danach, dachte der Herzog, könnte er sich vielleicht noch ein wenig auf den griechischen Inseln umsehen – und wer konnte wissen, was ihm noch in den Sinn kommen mochte. Max hatte allerdings versprochen, mit seiner Abreise zu warten, bis seine Familie nach Schloss Possenhofen, das von allen liebevoll „Possi" genannt wurde, abgefahren war. Obwohl Max' Reiseziel viel weiter entfernt war als der Starnberger See, brauchte Ludovika für ihre Vorbereitungen deutlich länger als ihr Mann für die seinen. Schließlich galt es, den kompletten Haushalt vom Palais in München aufs Land zu übersiedeln, das Dienstpersonal musste mit und auch der Lehrer für Luis, denn er war bereits alt genug, um den ersten Unterricht zu bekommen.

Am Tag der Abreise strahlte die Sonne. Luis und Nené spielten zwischen den aufgetürmten Gepäckstücken und den bereit stehenden Kutschen Fangen. Der Kinderwagen mit der kleinen Sissy war das „Leo". Berührte eines der Kinder den Wagen, konnte es nicht mehr „abgeklatscht" werden.

„Kinder, hört sofort auf!", tadelte Ludovika ihre beiden Älteren. „Ihr werdet den Kinderwagen umstoßen! Außerdem ist die Straße kein Spielplatz. Austoben könnt ihr euch in Possenhofen."

Luis und Nené sahen einander mit hochgezogenen Brauen an: Mama war wieder einmal übervorsichtig.

Eine halbe Stunde später war alles bereit. Max trat vor das Palais, um sich zu verabschieden.

Er herzte Nené und gab ihr einen Kuss auf die Nasenspitze. Luis klopfte er auf den Rücken und sagte: „Sohn, du bist jetzt der Mann im Haus. Pass auf die Weiberleut auf und lass dir von ihnen nicht auf der Nase herumtanzen!"

„Ich bitte dich, Max, was redest du dem Buben denn ein!", fuhr Ludovika dazwischen.

„Ich geb ihm gute Ratschläge von Mann zu Mann!"

„Geh, dafür ist er doch noch viel zu klein!"

„Es ist nie zu früh, der Realität des Lebens ins Auge zu blicken.“ Max warf seinem Sohn einen bedeutungsvollen Blick zu, den dieser jedoch noch nicht so richtig zu deuten wusste.

Ludovika schob die beiden Älteren in Richtung Kutsche. Max beugte sich indessen über Sissys Kinderwagen und flüsterte: „Und du, meine Kleine, schau dich in Possenhofen gut um. Es ist einer der schönsten Plätze der Welt. Glaub mir das, ich hab schon viele gesehen.“

Sissy krähte fröhlich zwischen ihren Kissen, als wollte sie den Worten des Vaters zustimmen.

Ludovika packte das kleine Bündel, ein Diener verstaute auch noch den Kinderwagen auf dem Dach der Kutsche und Max küsste seine Frau auf die Stirn.

„Leb wohl und lass es dir und den Kindern gut gehen.“

„Schreib bald, Max, und vergiss uns nicht ganz.“

‘Ich vergess euch sicher nicht’, dachte der Herzog, während er den Kutschen nachwinkte, die immer kleiner wurden. ‘Und jetzt ab ins Hofbräuhaus und übermorgen geht’s in die Ferne. So stell ich mir das Leben vor!’

Max klatschte freudig in die Hände und verschwand im Palais, um seinen Hut zu holen.

„Possi"

Schloss Possenhofen lag etwa dreißig Kilometer von München entfernt. Mit der Kutsche war man mehr als drei Stunden unterwegs. Später, als es eine Eisenbahnverbindung gab, benötigte man für die Strecke nur noch etwa ein Drittel der Zeit. Jetzt aber war die Reise beschwerlich und die Straße holprig. Die Kinder verlangten immer wieder nach einer Pause. Umso erleichterter war Ludovika, als sie in der Ferne die große Wasserfläche des Starnberger Sees glitzern sah. Schon rollten die Kutschen am Westufer entlang. Ludovika hatte ihre liebe Not damit, Luis und die kleine Nené ruhig zu halten. Die Geschwister hatten eine Wette abgeschlossen: Das Kind, das früher einen der Türme von Schloss Possenhofen erspähte, konnte dem anderen einen Tag lang alles Mögliche anschaffen und dieses musste tun, was von ihm verlangt wurde. Sie drängten einander vom Fenster weg, bis aus Luis' Mund endlich das erlösende: „Da! Ich seh' ein Fähnchen! Ich bin Sieger!" ertönte. Nené begann zu weinen, aber sie war nicht lange traurig. Sobald die Kutsche um die Ecke bog und das Schloss mit seinen vier zinnenbesetzten Ecktürmen in Sicht kam, waren die Tränen getrocknet. Kaum stand die Kutsche, sprangen die Kinder heraus und liefen jauchzend ans Seeufer.

Ludovika seufzte. Auf sie wartete nun viel Arbeit. Die Führung des Haushaltes auf Schloss Possenhofen verlangte mehr Aufwand als die des Stadtpalais. Hier gab es – sehr zur Freude der Kinder – eine Menge Tiere: Pferde, Enten, Hühner und Hasen. Dazu einen großen Gemüsegarten und zahlreiche Obstbäume, die gepflegt werden wollten. Natürlich gab es auf Possenhofen Personal, das das gesamte Jahr über direkt im Schloss oder im benachbarten Dorf wohnte und das Anwesen in Schuss hielt. Dennoch mussten nach der langen Abwesenheit mit dem Verwalter Oberhuber die notwendigen Reparaturen besprochen, diverse Anschaffungen getätigt und die Bücher kontrolliert werden. Von ihrem Mann bekam die Herzogin bei all diesen Tätigkeiten kaum Unterstützung, aber das war sie ja ohnehin gewohnt. Wenn Max anwesend war, hielt er allerdings engen Kontakt zum Gesinde und zur Dorfbevölkerung, was Ludovika misstrauisch beäugte. Andererseits machte sich die Volksnähe des Herzogs auch hier bezahlt, denn die Leute arbeiteten gerne für die Herrschaft aus der Stadt.

Als das Gepäck endlich ausgeladen war, nahm Ludovika die kleine Sissy auf den Arm und wanderte mit ihr von Zimmer zu Zimmer. Überall ließ sie die Fenster öffnen, um die muffige Winterluft aus den Räumen zu jagen.

„So, meine Kleine, jetzt hast du alles gesehen. Und morgen unternehme ich mit dir einen Rundgang durch den Garten und zum See hinunter."

Ludovika rief die beiden Älteren zum Abendessen, das hier viel formloser ausfiel als in München, und packte sie anschließend ins Bett. Heute schliefen die Kinder ausnahmsweise rasch ein, was Ludovika nicht verwunderte – auch ihr fielen nach diesem ereignisreichen Tag bereits die Augen zu.

Am nächsten Morgen herrschte strahlender Sonnenschein und dem angekündigten Spaziergang stand nichts im Wege. Nach dem Frühstück, als Luis bereits beim Unterricht saß und Nené mit dem Hausmädchen zum Einkaufen ins Dorf gegangen war, marschierte Ludovika mit Sissy auf dem Arm los. Sie wanderte an prächtigen Rosensträuchern vorbei und hielt kurz vor einem großen Vogelbauer, in dem diverse Kanarienvögel zwitscherten.

„Die hat dein Vater von einer Reise mitgebracht“, erklärte Ludovika ihrer Jüngsten. „Ich möchte nicht wissen, welche Überraschung er diesmal für euch bereit hält! Und dort drüben“, erzählte sie weiter und deutete in die Richtung eines riesigen Nussbaumes mit besonders starken Ästen, „hat dein Vater eigenhändig eine Schaukel für euch Kinder aufgehängt. Noch bist du zu klein dafür, aber ich bin mir sicher, in drei, vier Jahren fliegst du darauf durch die Luft wie Nené und Luis jetzt.“

Zwischen mächtigen alten Bäumen gelangte sie schließlich zum Seeufer. Dort saß, den Rücken an die sonnenwarme Wand des hölzernen Bootshauses gelehnt, der alte Pankraz. Er war nicht nur für die Anfertigung des von Herzog Max so geschätzten Nussschnapses berühmt, sondern belieferte auch das Schloss mit den besten Forellen und Saiblingen, die der See zu bieten hatte. Pankraz war bereits an die siebzig Jahre alt, hatte ein wettergegerbtes Gesicht und hellwache Augen. Unter seinem grün-grauen Filzhut lugten struppige graue Haarbüschel hervor und auf seinem Kinn glänzten weiße Bartstoppeln.

„Pankraz, schön, Sie zu sehen“, begrüßte Ludovika den alten Fischer. Ludovika konnte sich – anders als ihr Gatte Max – nicht dazu durchringen, die Landbevölkerung mit dem sonst üblichen „Du“ anzureden.

Pankraz stand auf und bot der Herzogin seinen Platz an. „Ich freu mich, dass Ihre Hoheit wieder da sind. Und das ist die kleine Sissy?“

„Ja, Pankraz, das ist sie.“

„Darf ich sie einmal nehmen?“, fragte er.

„Gerne, aber passen Sie nur auf, dass sie Ihnen nicht herunterfällt.“

„Ich hab noch nie jemanden fallen lassen“, brummte Pankraz, ein wenig beleidigt. Er hob Sissy hoch und roch an ihrem Köpfchen. „Das wird einmal eine ganz Schöne; und g’scheit wird sie auch werden“, wandte sich Pankraz an die Herzogin.

„Und das können Sie riechen? Weil sehen kann man es ja noch nicht wirklich.“ Ludovika nahm dem Fischer das Bündel wieder ab und blickte in das fröhliche, wohlgenährte Gesicht ihrer Jüngsten.

„Ich täusch' mich nicht, Hoheit. Reden wir in fünfzehn Jahren weiter, falls ich das noch erleb."

„In der guten Luft werden Sie sicher hundert Jahre alt, Pankraz. Aber ich muss jetzt gehen, der Verwalter Oberhuber wartet auf meine Anweisungen. Irgendwann in nächster Zeit schick ich Ihnen den Luis, er will unbedingt das Angeln lernen."

„Na, dann soll er halt kommen", meinte Pankraz.

Als die Herzogin zwischen den Bäumen verschwunden war, setzte sich Pankraz wieder auf seinen Sonnenplatz, lehnte sich zurück, schloss die Augen und murmelte: „Hinten reinstechen lass ich mich, wenn ich mich irre: Schön und g'scheit wird's werden, die Kleine, aber leicht wird sie's nicht haben."

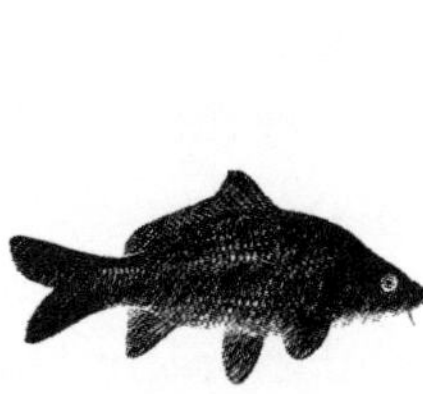

Nené lernt schwimmen

Die ersten Wochen auf Schloss Possenhofen vergingen wie im Flug. Es war mittlerweile Frühsommer und das Wetter für die Jahreszeit außergewöhnlich warm. Sissys Bäckchen wurden immer runder und hatten eine gesunde Farbe angenommen. Luis hatte sich zähneknirschend daran gewöhnt, dass er die Vormittage mit Lernen verbringen musste. Umso lieber durchstreifte er an den Nachmittagen den Garten. Oft hängte sich Nené an, was Luis gar nicht behagte.

„Heute kannst du nicht mitgehen, Nené, der Pankraz zeigt mir, wie man angelt“, belehrte Luis seine Schwester nach dem Mittagessen.

„Aber ich kann zuschauen!“, entgegnete Nené.

„Da gibt es aber nichts zu sehen. Außerdem muss man ganz still sein, darf sich nicht bewegen und nicht reden. Sonst verjagt man die Fische.“

„Ich kann still sein!“ Wie um das Gesagte zu unterstreichen, presste Nené die Lippen fest aufeinander.

„Ja, wenn du schläfst, dann bist du still“, konterte der Bruder.

„Ich will aber mit!“, trotzte Nené.

„Mama“, wandte sich Luis an seine Mutter, „sag Nené, dass sie nicht mitkommen kann. Sie kann einfach nicht lange genug still sein.“

Nenés Gesicht färbte sich dunkelrot – ein deutliches Zeichen dafür, dass sie nun gleich losheulen würde. Ludovika, die an diesem Tag von heftigen Kopfschmerzen geplagt wurde und bereits die dritte Nacht kaum geschlafen hatte, da Sissy heftig zahnte und viel weinte, wollte Frieden stiften.

„Nené, versprichst du, mucksmäuschenstill zu sein, wenn Luis dich mitnimmt?"

Nenés Gesicht nahm wieder seine normale Farbe an.

„Ja, Mama. Ganz, ganz still."

„Dann darfst du mitgehen. Aber denk dran, du hast es versprochen! Und du, Luis, passt gut auf deine Schwester auf."

Jetzt zog Luis ein beleidigtes Gesicht und Nené grinste triumphierend. Ludovika atmete auf, als die beiden aus dem Zimmer waren, und zog sich mit der kleinen Sissy in ihre Gemächer zurück, um den Brief, den sie heute von Max erhalten hatte, noch einmal zu studieren. Wie üblich stand nicht viel Informatives darin, aber Ludovika sorgte sich nicht, denn sie wusste, dass sich ihr Mann in nahezu allen Lebenslagen zurechtfand. Sissy weinte nicht mehr und so döste auch Ludovika ein, den Brief aus dem fernen Griechenland noch in der Hand.

Luis und Nené waren inzwischen beim Bootshaus angekommen. Pankraz zeigte Luis zuerst, wie man in der feuchten Erde nach Regenwürmern suchte, die als Köder besonders geeignet waren. Der Wurm wurde auf den Haken gespießt und die Angel ausgeworfen. Für Nené, die sich vor den dicken Würmern ein bisschen ekelte, aber lieber im Boden versunken wäre, als einen Laut von sich zu geben, hatte Pankraz eine Decke auf den Steg gebreitet, damit sie gemütlich sitzen und alles beobachten konnte.

Luis nahm auf einem Hocker Platz und hielt die Angel konzentriert in seinen Händen. Pankraz hatte sich auf sein Sonnenbänkchen zurückgezogen und beobachtete die Kinder mit halb geschlossenen Augenlidern.

Lange geschah gar nichts. Dann plötzlich nahm Luis auf dem Seegrund eine Bewegung wahr. Seine Handflächen begannen vor Aufregung feucht zu werden. Nené hatte den Fisch ebenfalls gesehen und kroch auf ihrer Decke weiter vor. Beide Kinder hielten den Atem an. Der Fisch umkreiste den Wurm, dann, plötzlich, schnappte er danach. Luis rief: „Pankraz!", aber der Schrei war kaum zu hören, weil Nené, die in ihrer Aufregung noch weiter an den Rand des Steges geklettert war, mit einem lauten Platschen ins Wasser fiel. Pankraz fuhr hoch und sprang ihr sofort nach. Nené aber weinte nicht etwa, sondern machte – Schwimmbewegungen. Pankraz schnappte das Mädchen und hob es aus dem Wasser. Luis, der noch immer die Angel umklammert hielt, starrte seine Schwester mit offenem Mund an.

„Mädl, was machst du denn?", fragte Pankraz und wickelte die kleine Nené in die Decke, auf der sie gerade eben noch gesessen war. Nené sagte kein Wort und schaute Pankraz mit großen, aber keinesfalls ängstlichen Augen an.

„So sag doch was!", rief Luis, aber seine Schwester machte keinen Mucks.

„Hast du die Sprache verloren? Das ist doch nur ein bissl Wasser", meinte Pankraz, den Nenés Schweigen nun doch etwas verunsicherte.

„Aber ich darf doch nichts sagen!", brach es plötzlich aus dem Mädchen heraus. „Sonst schickt mich der Luis zurück!"

Pankraz' Mundwinkel verzogen sich zu einem Lächeln. „Weißt, Nené, es gibt Situationen im Leben, da ist es besser, den Mund aufzumachen, auch wenn man versprochen hat, es nicht zu tun."

„Pankraz, der Fisch!", meldete sich nun auch Luis zu Wort. Die Angelschnur war straff gespannt und die Rute bog sich unter den Versuchen des Tieres, sich zu befreien.

Der alte Mann zog den zappelnden Fisch aus dem Wasser, löste ihn fachmännisch vom Haken und ließ ihn in einen großen, mit Wasser gefüllten Zuber gleiten, der extra dafür bereit stand.

„Aber was machen wir jetzt mit Nené? Mama wird furchbar schimpfen, weil ich nicht gut auf sie aufgepasst habe!"

„Wenn deine Mutter schimpft, dann mit mir, Luis. Aber wenn ihr ein Geheimnis bewahren könnt, wird die Herzogin nichts von dem Zwischenfall erfahren."

„Ich sag nichts!", krähte Nené.

„Kein Sterbenswort", stimmte Luis seiner kleinen Schwester bei.

Pankraz hob Nené samt ihrer Decke hoch und ging, Luis im Schlepptau, zum Dienstboteneingang des Schlosses. Lieselotte, die rundliche, unendlich gutmütige Köchin, schlug die Hände über dem Kopf zusammen, als sie die „gebadete Maus", wie sie es ausdrückte, sah. Aber auch sie half: Rasch organisierte sie über die Kammerzofe trockene Kleider für Nené. Die nassen Sachen wurden auf der Stange über dem Herd aufgehängt, Nené und Luis bekamen heißen Kakao, Pankraz einen Schnaps und in kurzer Zeit waren auch die Haare des kleinen Mädchens wieder trocken. Lieselotte pflückte die inzwischen getrocknete Kleidung von der Stange – gerade rechtzeitig, denn fünf Minuten später stand Ludovika mit Sissy in der Küche. Sie wunderte sich zwar über die kleine Versammlung und irgendetwas an Nené kam ihr verändert vor, aber die Kinder hatten derart glückliche Gesichter, dass sie nicht weiter darüber nachdachte.

Luis ergriff das Wort: „Mama, ich hab einen Fisch gefangen! Er schwimmt im Zuber am Steg, aber Pankraz soll ihn wieder freilassen, weil von einem Fisch werden wir alle miteinander ohnehin nicht satt."

„Sehr vernünftig", erwiderte Ludovika. „War Nené brav?"

„Nicht ein Wort hat sie gesagt", antwortete Luis und warf Pankraz einen bedeutungsvollen Blick zu.

„Das stimmt", bestätigte der alte Mann. „Und ich glaub, sie wird bald schwimmen lernen."

Pankraz sollte Recht behalten.

Rückkehr nach München

So verging ein wunderbarer, zwangloser Sommer. Nicht nur die Kinder genossen die Freiheiten des Landlebens. Auch Ludovika musste zugeben, dass sie durchaus Spaß daran fand, mit Lieselotte gemeinsam in der Küche zu stehen und zu kochen – worüber die Hofgesellschaft in München natürlich die Nase rümpfen würde.

Sissy war ordentlich gewachsen und sehr rund geworden.

„Wenn das so weiter geht, wird sie noch eine Kugel!", kommentierte Luis das Äußere seiner Schwester wenig schmeichelhaft.

„Luis, wenn sie erst laufen lernt, ist das alles wieder weg!", belehrte Ludovika ihren Sohn.

„Ja, und bis dahin kann sie ja rollen!"

Luis machte sich nach diesem Satz schleunigst aus dem Staub, denn solche Frechheiten hatten immer mütterlichen Tadel zur Folge.

Besonders Luis hatte seinen Vater in diesem Sommer sehr vermisst. Er wusste, Herzog Max hätte ihm nicht nur einmal erlaubt, dem Unterricht fern zu bleiben, um einen der nahen Berge zu besteigen oder mit ihm auf die Pirsch zu gehen. Dafür hatte Pankraz ihn mehrmals zum Fischen mitgenommen. Frühmorgens, lange vor dem Unterricht, waren sie mit dem kleinen Boot hinausgefahren und Luis hatte sich zu einem recht passablen Fischer gemausert.

Von Mitte Juli bis Ende August hatte Herzog Max kein Lebenszeichen von sich gegeben, dann – Anfang September – brachte die gelbe Postkutsche, die in regelmäßigen Abständen in den Schlosshof von Possenhofen einfuhr, endlich Nachricht. Und nicht etwa aus Griechenland, wie Ludovika erwartet hatte, sondern aus Kairo!

'Ägypten!', dachte Ludovika leicht verängstigt. 'Afrika! Dort ist es gefährlich! Außerdem gibt es dort ansteckende Krankheiten, die kein Arzt heilen kann.'

Die Herzogin befürchtete das Schlimmste, aber der Brief beruhigte sie dann doch einigermaßen. Luis und Nené wollten natürlich wissen, was der Vater schrieb, und so las Ludovika vor:

Ihr Lieben!

Hier in Ägypten ist es sehr heiß und der Nil ist schmutzig und voller Krokodile. Ich würde niemandem raten, hier baden zu gehen; ich tue es jedenfalls nicht, trotz der Hitze. Wie schön wäre es jetzt, in den kühlen Starnberger See zu springen! Ihr seht also, ich bin in Gedanken durchaus bei euch in Possenhofen.

Ich habe euch doch versprochen, von meiner Reise Geschenke mitzubringen. In Griechenland gab es aber nichts, nichts Originelles jedenfalls. Schals und Teller hast du, Ludovika, bereits genug und ein Stück von einem altgriechischen Tempel kann ich unmöglich mit nach München nehmen. Und ich frage mich natürlich, ob ihr damit etwas anfangen könntet.

Ich habe in Griechenland einen Wirtssohn aus Wien getroffen und einen italienischen Maler. Zu dritt sind wir losgewandert, um die Gegend zu erkunden. Wenn man zu Fuß geht, lernt man Land und Leute so richtig kennen. Das hat mich auf die Idee gebracht, euch Geschenke mitzubringen, die auf eigenen Beinen laufen können, sodass ich nichts zu schleppen brauche. Und schließlich war es nur noch ein Katzensprung hinüber nach Afrika, wo es so etwas zu kaufen gibt. Ich kann euch schon jetzt versichern, dass kein Mensch in ganz München jemals so etwas geschenkt bekommen hat, nicht einmal der König. Ihr werdet Augen machen!

Ich begebe mich nun mit den Geschenken auf den Heimweg.

Max, Vater und Ehemann

„Ein Geschenk, das laufen kann?", fragte Nené nach. „Sicher ein Pferd für den Zirkus."

Nené kannte ihren Vater gut und wusste, dass er immer auf der Suche nach besonders schönen Reittieren für seine Vorführungen war.

„In Afrika reitet man auf Kamelen", belehrte Luis seine Schwester. Von seinem Lehrer hatte er bereits einiges über die afrikanischen Länder erfahren und gemeinsam mit seiner Mutter saß er manchmal über den Missionskalendern, die ebenfalls über das Leben in fremden Ländern berichteten.

„Wie sieht ein Kamel aus?", fragte Nené interessiert.

„Es ist riesengroß, hat einen Buckel und kann lange ohne Wasser auskommen. Wenn man darauf reitet, schaukelt es ziemlich hin und her."

Ludovika hörte dem Geplapper ihrer Kinder nur mit einem Ohr zu. Sonderlich informativ war Max' Brief ja nicht, aber zumindest wusste sie nun, dass ihr Mann noch lebte. Über die Art des geheimnisvollen Geschenks wollte sie sich gar nicht den Kopf zerbrechen. Die Kinder konnten aber durchaus Recht haben – Kamele waren in München etwas vollkommen Neues. Mit leisem Schaudern malte sie sich aus, wie die Volksmassen zu den Zirkusvorstellungen im Palais strömen würden, um die seltsamen Tiere zu sehen. Sie hoffte inständig, dass ihre Kinder sich irrten.

Der Herzog würde also in absehbarer Zeit in München eintreffen. Ludovika wollte aber zumindest den Haushalt wieder einigermaßen installieren, bevor ihr Mann mit seinem Geheimnis Unruhe ins Palais brachte. Also musste man beizeiten an die Abreise denken.

Es dauerte aber dennoch weitere drei Wochen, bis die Rückübersiedlung nach München tatsächlich vonstatten ging. Das Sommerpersonal musste entlohnt werden, der Verwalter die Anweisungen für den Winter erhalten, die Möbel und Teppiche mussten eingemottet und diverse Abschiedsbesuche gemacht werden.

Nené und Luis liefen zum Bootshaus, um Pankraz Lebewohl zu sagen. Besonders Luis kämpfte mit den Tränen. Aber er ließ sich nichts anmerken, schließlich war er ja schon fast ein Mann.

Pankraz drückte dem Buben ein längliches Päckchen in die Hand. „Das gibst du deinem Vater, wenn er zurückkommt. Aber zeig's nicht deiner Mutter, das ist ein Geheimnis!"

Luis nickte ernst und versteckte das Päckchen unter seiner Jacke. So würde es die Mutter nicht entdecken, wenn er ins Haus zurückkam.

„Und du, Nené, musst für deine kleine Schwester etwas aufbewahren."

Pankraz überreichte Nené eine aus Nussholz gedrechselte, wunderbar glatt geschliffene Kugel.

„Das ist eine Wunschkugel", erklärte der alte Mann. „Wenn man sie reibt und sich etwas ganz fest wünscht, kann es gut sein, dass der Wunsch in Erfüllung geht. Jetzt ist Sissy noch ein bisschen zu klein dafür, aber die Zeit wird kommen, wo sie die Kugel brauchen kann. Du passt drauf auf und gibst sie deiner Schwester, wenn du meinst, dass es so weit ist."

Nené sah Pankraz mit großen Augen an und steckte die Kugel in die Tasche ihres Kleides.

„Und jetzt lauft – eure Mutter wartet schon!"

Die Kinder verschwanden in Richtung Schloss. Beide kamen sich sehr erwachsen vor und waren mächtig stolz darauf, von Pankraz zu „Geheimnisträgern" gemacht worden zu sein.

Zurück in München, verwahrten die Kinder die beiden Dinge sorgsam in ihren Schränken. Die Zeit würde kommen, wenn die Geschenke zu überreichen waren.

Bei der Rückkehr nach München fand Ludovika das Palais in der Ludwigstraße zu ihrer großen Erleichterung leer vor. Wie zu Beginn des Aufenthaltes in Possenhofen wurde nun abgestaubt, geputzt und gelüftet. Diverse Antrittsbesuche waren zu absolvieren. Unter anderem fand sich Ludovika in der Residenz ihres Bruders ein. Da König Ludwig gerade eine Sitzung mit seinem Ministerrat hatte, empfing sie ihre Schwägerin Königin Therese. Bei einer Schale Kaffee versuchte Ludovika ganz vorsichtig herauszubekommen, ob Therese vielleicht über Ludwig in Erfahrung gebracht hatte, was Max' ominöse Überraschung sein könnte.

„Natürlich hat Ludwig ebenfalls einen Brief bekommen. Er ist der Meinung, dass Max aus Ägypten Kamele mitbringt."

„Das glauben meine Kinder auch."

„Du hast kluge Kinder."

„Aber Therese, was sollen wir mit Kamelen? Außerdem handelt es sich, soweit ich den Brief verstanden habe, um ein Geschenk für mich und die Kinder!"

„Na, dann wird er eben nicht nur die Kinder, sondern auch dich auf den Kamelen reiten lassen."

Ludovika zog ein entsetztes Gesicht. „Nicht einmal der liebe Gott bringt mich auf den Rücken eines solchen Tieres. Ich mache mich doch nicht vor allen anderen Leuten lächerlich!"

„Es zwingt dich ja niemand. Aber du wirst sehen, dass Ludwig und deine Kinder Recht haben."

Ludovika flüchtete aus den Gemächern der Königin, sobald der Anstand das zuließ. Sie hatte sich etwas Trost erwartet, etwas Zuspruch, aber keinesfalls die Schadenfreude, die sie in den Augen der Schwägerin hatte aufblitzen sehen. Die Herzogin suchte nach der Audienz die Schlosskapelle auf, um etwas zur Ruhe zu finden.

„Heilige Maria, Mutter Gottes", betete sie inbrünstig, „verleihe meinem Mann so viel Verstand, dass er die Kamele dort lässt, wo sie hingehören. Bitte lass es etwas anderes sein."

Wie immer zeigte die heilige Maria ihr unergründliches Lächeln – und sie erhörte Ludovikas Gebet.

Schwarz wie die Nacht

Als sich Ludovika auf dem Rückweg von der Audienz dem Palais in der Ludwigstraße näherte, bemerkte sie schon von Weitem, dass sich dort eine Menschenmenge zusammengefunden hatte. Beunruhigt bat sie den Kutscher, die Pferde anzutreiben. Vor dem Portal standen mehrere Kutschen, die gerade entladen wurden.

'Max!', war Ludovikas erster Gedanke, als sie in den Hof des Palais stürmte.

Das Bild, das sich ihr bot, ließ sie jedoch mitten im Laufen innehalten: Im Hof stand ihr Gatte, auf dem Arm hatte er die kleine Sissy, links und rechts von ihm standen die beiden Älteren und fixierten mit offenen Mündern ihre Gegenüber: vier Buben mit nahezu schwarzer Hautfarbe in bunten, exotischen Gewändern. Sie mochten etwa in Luis' Alter sein.

Mittlerweile war nahezu das gesamte Personal im Innenhof des Palais versammelt, denn es hatte sich in Windeseile herumgesprochen, dass Seine Hoheit vier dunkelhäutige Kinder mitgebracht hatte. Keiner der Anwesenden hatte je einen Menschen mit einer anderen Hautfarbe als der eigenen gesehen. Die vier Buben zitterten am ganzen Leib, in ihren Augen war nicht Neugier zu lesen, sondern blanke Angst. Ludovika hätte sich am liebsten auf der Stelle umgedreht und wäre davongelaufen. Vier schwarze Heidenkinder waren eindeutig schlimmer als zehn Kamele. Und die Hofkamarilla würde nun wieder Grund haben, sich das Maul zu zerreißen. Ludovika war sich sicher, dass man sogar darüber tuscheln würde, ob Max nicht der Vater der Kinder sei.

In diesem Moment streckte Sissy ihre Arme in Richtung der Buben aus. Max trat einen Schritt näher und Sissy berührte mit ihren Händchen die Nase des Kleinsten. Gleich wich die Angst aus den Augen des Buben und über sein Gesicht huschte so etwas wie ein Lächeln.

Ludovika trat hinter ihren Mann, der ihr Kommen noch gar nicht bemerkt hatte.

„Max, was hast du dir dabei gedacht?“ Die Worte kamen leise und gepresst aus Ludovikas Mund – wie immer, wenn sie besonders wütend war und trotzdem Haltung zu bewahren versuchte.

Max fuhr herum. Als er das Gesicht seiner Gattin sah, wusste er, dass sein Geschenk bei ihr nicht besonders gut angekommen war.

„Grüß dich, Ludovika“, sagte der Herzog.

„Woher hast du sie?“, zischte Ludovika, ohne ihren Gatten zurückzugrüßen.

„Vom Sklavenmarkt in Kairo. Ich hab mir gedacht …“

„Gedacht, gedacht – gar nichts hast du gedacht! Du hast vier Neger mitgebracht. Was willst du nun mit ihnen anfangen?“

„Sie können doch mit unseren Kindern spielen und …“

„Das können sie nicht, Max. Das sind Heiden!“ Nach wie vor bemühte sich Ludovika, ihre Stimme nicht zu erheben. Zu ihrer großen Erleichterung begann sich die Menge langsam aufzulösen, der Kies knirschte unter den vielen Schritten und so konnte sie hoffen, dass das Personal die volle Tragweite ihres Streites nicht mitbekam.

„Das hab ich mir nicht überlegt“, gab Max zu.

„Das glaube ich dir gern. Die Kinder werden getauft. Und zwar so bald wie möglich.“

Ludovika winkte dem Haushofmeister und gab die Anweisung, die Buben zu baden und sie mit anderer Kleidung zu versehen. Über alles andere wollte sie sich im Moment nicht den Kopf zerbrechen. Sie ließ Max und die Kinder stehen und verschwand im Inneren des Palais.

„Na, Sissy, du scheinst die Einzige zu sein, die sich mit den vier Kleinen anfreunden kann", meinte Max zu seiner Jüngsten.

In der großen Aufregung um die vier Sklavenkinder bemerkte niemand den ärmlich gekleideten Knaben, der sich im allgemeinen Trubel bis in den Hof vorgewagt hatte. Im Schatten einer Mauernische stehend starrte auch er die seltsamen dunkelhäutigen Gestalten an.

Der Küchenmagd, die eben mit einem Korb voll Äpfel über den Hof ging, fiel der Bub auf und sie sprach ihn an: „Wer bist du?"

Der Kleine fuhr zusammen, als er die Stimme neben sich hörte.

„Ich …", begann er unsicher.

Die Magd unterbrach ihn: „Du gehörst aber nicht hierher! Mach, dass du weiterkommst!"

Ehe die Küchenmagd auch nur ein weiteres Wort sagen konnte, hatte sich der Bub einen der Äpfel aus ihrem Korb geschnappt und war damit aus der Toreinfahrt gelaufen.

„Diebsgesindel, elendiges!", rief sie ihm nach.

Nach dem Abendessen schlüpfte Max in seinen Mantel. Um weiteren Vorhaltungen seiner Frau zu entgehen, hatte er beschlossen, ins Hofbräuhaus zu seinen Freunden zu flüchten. Die würden ihn gewiss als mutigen Abenteurer feiern und er konnte seine Erzählungen über das Land am krokodilverseuchten Nil nach Herzenslust ausschmücken.

Im Stiegenhaus holte ihn Luis ein, der bereits seinen Schlafanzug anhatte und seinem Vater ein kleines, schmales Päckchen entgegenhielt.

„Vom Pankraz", flüsterte Luis, drehte auf der Stelle um, huschte die Treppe hinauf und verschwand in seinem Zimmer, noch bevor Max sich bedanken konnte. Der Herzog öffnete das Päckchen und fand darin eine Flasche mit Pankraz' berühmt-berüchtigtem „Nussenen".

'Guter Pankraz', dachte der Herzog. 'Das kann ich heute wirklich gebrauchen.'

Die Flasche wanderte in seine Manteltasche und würde später im Geheimschrank hinter den Folianten in der Bibliothek ihren Platz finden.

Im Hofbräuhaus wurde der Herzog mit großem Hallo begrüßt. Auch seine „Mitbringsel", die vier schwarzen Buben aus Kairo, wurden gutgeheißen, vor allem als der Herzog die Geschichte der Kinder erzählte: Die Buben stammten ursprünglich aus dem Sudan und waren von einer Gum, einer Raubkarawane, verschleppt worden. Diese Raubkarawanen überfielen Dörfer und nahmen die Kinder mit sich. Die Eltern wurden meist getötet. Auf diese Weise waren die vier Buben nach Kairo gelangt, wo Herzog Max sie auf dem Sklavenmarkt entdeckt hatte.

Die „guten Sieben" jedenfalls feierten Herzog Max als braven Christenmenschen und als Retter der Kinder vor einem noch schlimmeren Schicksal.

Ganz München war bei der Taufe der vier schwarzen Knaben aus Kairo dabei. Die Kinder waren immer noch sehr verschreckt, umso mehr, als sie sich im Mittelpunkt der Aufmerksamkeit wiederfanden und natürlich kein Wort von dem verstanden, was um sie herum passierte. Sie spürten aber, dass sie mit einer Mischung aus Neugier und Abscheu angestarrt wurden. Sogar der Herzog, der der Taufe natürlich beiwohnte, bezweifelte mittlerweile, ob es eine gute Idee gewesen war, die Kinder nach München zu bringen.

Die Buben erhielten die Namen Sepperl, Pepperl, Hansl und Franzl und fanden sich nach und nach in der herzoglichen Familie zurecht. Gab es im Palais Besuch, wurden sie in farbenfrohe Fantasiekostüme gesteckt und halfen beim Servieren. Zu diesem Zweck trugen sie weiße Handschuhe. So entzückend die Gäste die Knaben fanden – Speisen und Getränke wollte man dann doch nicht aus schwarzen Händen entgegennehmen.

Erzherzogin Sophies Plan

Kurz nach den Tauffeierlichkeiten für die vier schwarzen Buben bemerkte Ludovika, dass sie wieder guter Hoffnung war. Sissy war bereits zwei Jahre alt, als ihr Bruder Karl Theodor das Licht der Welt erblickte. Er wurde liebevoll „Gackel" genannt, weil seine Stimme dem fröhlichen Krähen eines Hahnes glich. Helene war mittlerweile fünf und Ludovika hielt es für angebracht, mit der Ausbildung ihrer Ältesten zu beginnen. Nun verbrachte also nicht nur Luis die Possenhofener Sommervormittage im Studierzimmer – auch Nené erhielt Unterricht, und zwar von der eigens dafür engagierten gestrengen Baronin Wulffen.

Herzog Max wunderte sich darüber, wie akribisch Ludovika darauf achtete, dass Nené keine der Stunden versäumte. Es gelang ihm zwar, Luis an einigen Vormittagen aus dem Studierzimmer zu „befreien", Helene aber musste unter allen Umständen bei ihren Büchern bleiben. Der Herzog wiederum hielt es für besonders wichtig, dass sich seine Kinder ausreichend in der frischen Luft bewegten; außerdem fand er das, was er ihnen über die Natur erzählen konnte, für mindestens ebenso wertvoll wie beispielsweise Sprachunterricht. Er nahm sich vor, mit Ludovika darüber zu reden.

Der nächste Tag bot dazu Gelegenheit: Ludovikas Stimmung war besonders gut, weil Gackel endlich eine Nacht durchgeschlafen und Sissy gerade eben ihre ersten selbstständigen Schritte getan hatte. Auf wackeligen Beinchen war sie in die weit ausgebreiteten Arme ihrer Mutter gestolpert.

„Eigentlich sollte ich mich ja schon langsam daran gewöhnt haben", sagte Ludovika mit Tränen der Rührung in den Augen. „Aber es ist doch jedes Mal ein Erlebnis, wenn sie zu laufen beginnen."

Diesen Moment nützte der Herzog aus und bemerkte wie beiläufig: „Gut gedeihen sie, unsere Orgelpfeifen. Findest du nicht?"

„Ja, Max, da hast du Recht."

„Sag, Ludovika, findest du nicht, dass Nené ein bissl blass ausschaut in letzter Zeit?"

„Blass?", entgegnete Ludovika verwundert. „Nein. Wie kommst du darauf?"

„Naja, sie ist erst fünf und du lässt sie schon so hart arbeiten. Glaubst du nicht, dass das etwas früh ist für sie?"

„Für ein bisschen Unterricht ist es nie zu früh. Erst vor unserer Abreise habe ich mit Sophie korrespondiert. Auch sie meint, dass …"

Sophie, natürlich, die Erzherzogin! Das hätte sich Herzog Max denken können. Wenn sich Ludovika von ihrer Schwester Rat holte, kam nichts Vernünftiges dabei heraus – jedenfalls nichts, was Max' Meinung nach vernünftig war.

Erzherzogin Sophie war um drei Jahre älter als ihre Schwester Ludovika. Mit neunzehn hatte sie Franz Carl, den zweiten Sohn des bereits greisen Kaisers Franz I. von Österreich, geheiratet. Dessen ältester Sohn, Ferdinand, war krank und nicht für das hohe Amt geeignet, das er nach dem Tod seines Vaters dennoch antrat. Jetzt, 1839, war Ferdinand, der den Beinamen „der Gütige" trug, bereits seit vier Jahren Kaiser. Die politischen Entscheidungen traf allerdings die so genannte „Staatskonferenz", der sowohl der mächtige Staatskanzler Fürst Metternich als auch Sophies Ehemann Franz Carl angehörten. Tatsächlich aber war Sophie politisch um einiges begabter als ihr Ehemann. Wie sehr sie auf die Politik Einfluss nahm, sollte besonders Fürst Metternich zu spüren bekommen. So weit war es aber noch nicht.

Ludovika bewunderte ihre Schwester maßlos. Gierig verschlang sie die Briefe, die mit schöner Regelmäßigkeit aus Wien eintrafen. So hatte Ludovika zumindest den Eindruck, ein wenig am Leben des Wiener Hofes teilhaben zu können.

Kurz vor ihrer Abreise nach Possenhofen, so berichtete Ludovika ihrem Mann, sei wieder ein Brief gekommen und Sophie habe darin seltsame Andeutungen gemacht.

„Sie schreibt, dass sie langsam daran denkt, nach geeigneten Ehefrauen für ihre drei Söhne Ausschau zu halten. Besonders für Franz, den Ältesten, muss sie eine besonders sorgfältige Wahl treffen."

„Und?", warf Max misstrauisch ein.

„Und sie hat betont, dass ich ja bereits zwei Mädchen habe und dass unsere Helene altersmäßig für Franz durchaus in Frage käme."

„Um Himmels willen, Ludovika, Nené ist fünf!"

Der Herzog machte aus seiner ablehnenden Haltung gegenüber Sophies Andeutungen kein Geheimnis.

„Eben! Da hat sie noch genug Zeit, sich für alle Eventualitäten zu rüsten. Schließlich könnte Franz einmal Kaiser werden!"

Sissy hatte die Unstimmigkeit zwischen ihren Eltern instinktiv wahrgenommen. Sie begann zu weinen und auch Gackel meldete sich aus seiner Wiege.

Der Herzog war zu wütend, um sich in irgendeiner Weise um seine Jüngsten zu kümmern.

„Diese ewige Heiratspackelei!", brüllte er. „Und niemand kümmert sich je darum, ob unsere Kinder glücklich werden!"

„Aber Max …"

„Du müsstest es doch am besten wissen, Ludovika: Du warst genau wie ich in jemand anderen verliebt, aber wir mussten uns dem Willen unserer Eltern beugen. Kannst du dich noch an den Tag unserer Hochzeit erinnern? Wir waren beide todunglücklich und du hast nur geheult. Wünschst du deiner Tochter das gleiche Schicksal?"

Ohne die Antwort seiner Frau abzuwarten, stürmte Max aus dem Zimmer. Hinter ihm fiel die Türe mit einem lauten Knall ins Schloss.

Ludovika hob Sissy hoch und drückte sie an sich.

„Als ob wir uns aussuchen könnten, wie unser Leben verläuft", flüsterte sie der Zweijährigen ins Ohr. Eine Träne lief über ihre Wange, als sie weitersprach: „Aber du, meine Kleine, bist ein Sonntagskind. Dir kann nichts passieren."

Sissy bekam in den folgenden Jahren noch zwei weitere Geschwister: 1841 wurde Marie geboren und 1843 Mathilde. Ludovika hatte sich also mittlerweile um sechs Kinder zu kümmern; dazu kamen noch die vier Buben aus Kairo, die Jahr für Jahr nach Possenhofen mitgenommen wurden. Obwohl die Buben natürlich einen anderen Status hatten als ihre eigenen Kinder, fühlte sich Ludovika doch irgendwie für sie verantwortlich. Sie sorgte dafür, dass sie ordentlich gekleidet waren und wie die anderen Kinder regelmäßigen Unterricht erhielten. Außerdem wies sie ihnen immer wieder kleinere Aufgaben zu wie zum Beispiel die Reinhaltung des Vogelbauers. Max war weiterhin viel auf Reisen und Ludovika kam es so vor, als meide er sie umso mehr, je hartnäckiger sie auf Helenes Ausbildung beharrte. Nené war, im Gegensatz zu ihrer Schwester Sissy, ruhig und ernsthaft und die vielen Unterrichtsstunden schienen ihr nichts auszumachen. Auch die anderen Kinder gediehen prächtig. Es gab also nicht den geringsten Grund, sich Sorgen zu machen.

Alles lief nach Plan – nach dem Gottes und dem von Erzherzogin Sophie.

Neue Freunde

Im Frühsommer des Jahres 1843 übersiedelte die Wittelsbacher Herzogsfamilie wieder einmal nach Possenhofen. Je größer die Kinderschar wurde, umso mehr glichen diese Reisen Expeditionen mit gigantischem Ausrüstungsaufwand. Und wenn die Familie am Sonntag von Schloss Possenhofen aus die Kirche im Ort besuchte, drehten sich die Dorfbewohner nach der wie Orgelpfeifen aufgereihten Kinderschar um. Als dann auch noch die vier dunkelhäutigen Buben aus Kairo in Lederhosen gesteckt wurden und sich dem Kirchgang anschlossen, war das Aufsehen groß. Die Kirchbesuche langweilten Sissy und sie hasste den betäubenden Weihrauchgeruch, es gab jedoch keine Möglichkeit, sich davor zu drücken. Also nutzte sie die Zeit in der Kirche, um Menschen zu beobachten. Sie kannte bereits alle Bäuerinnen und Bauern der Umgebung; mit deren Kindern tollte sie manchmal durch die Wiesen am Seeufer. Das durfte ihre Mutter jedoch nicht wissen, also begnügte sich Sissy damit, ihren Freundinnen und Freunden heimlich zuzuzwinkern.

An diesem Tag aber entdeckte Sissy neue Gesichter. Es schien sich um die Familie zu handeln, die in die schöne Villa auf dem an Schloss Possenhofen angrenzenden Grundstück eingezogen war. Jedenfalls hatte die

Köchin Lieselotte vor einigen Tagen so etwas angedeutet und sie wusste immer alle Neuigkeiten als Erste. Der Kleidung nach kam die Familie aus der Stadt. Das Mädchen hatte zwei lange, dunkle Zöpfe und war um einiges größer als Sissy, der Bub war sehr schmal und blass und vermutlich ungefähr in Sissys Alter.

Sissy drehte sich ein paar Mal um und versuchte, mit den beiden Kontakt aufzunehmen. Baronin Wulffen bemerkte die Unruhe ihres Schützlings und machte ein tadelndes Gesicht. Aber Sissy ließ sich davon nicht beeindrucken. Noch einmal wandte sie sich um und diesmal blickten die Kinder zu ihr hin. Sissy verdrehte die Augen und deutete gleichzeitig mit dem Daumen auf die Erzieherin. Sie sah gerade noch, wie die beiden „Neuen" die Lippen aufeinander pressten, um nicht laut loszulachen, da griff die Baronin ein und bedeutete Sissy, sich unverzüglich ruhig zu verhalten.

Sissy fand keine Gelegenheit mehr, mit den beiden Kindern zu sprechen, nahm sich aber fest vor, demnächst einen Spaziergang zum Nachbarsgrundstück zu unternehmen.

Tatsächlich gelang es ihr ein paar Tage später, der Aufsicht der Baronin Wulffen zu entwischen. Sie kletterte durch den Holzzaun, der die Grenze zwischen den beiden Grundstücken bildete, und lief im Schatten der Bäume auf die Villa zu. Auf der Terrasse erblickte sie die Geschwister, die in ein Brettspiel vertieft waren. Sissy wartete einen Augenblick, schlich dann noch näher und als weit und breit keine erwachsene Person zu sehen war, rief sie leise: „Pst! Hallo! Nicht erschrecken, ich bin's."

Die beiden fuhren herum. Sissy, die sich hinter einem Busch versteckt hatte, bog dessen Äste ein wenig auseinander, damit die Geschwister ihr Gesicht sehen konnten.

„Ich bin's. Wir kennen einander aus der Kirche", versuchte sie es noch einmal.

Das Gesicht des Mädchens hellte sich auf.

„Hast du mich erschreckt!", sagte sie. „Komm ruhig heraus, hier frisst dich niemand."

Sissy kletterte hinter dem Busch hervor und trat näher.

„Ich heiße Irene, Irene Paumgartten. Das ist mein Bruder David. Und wie heißt du?“

„Elisabeth, aber alle nennen mich Sissy. Ich wohne da drüben im Schloss und ich habe mir gedacht: Wenn wir schon Nachbarn sind, sollten wir einander auch kennen lernen.“

„Das ist eine gute Idee“, warf David ein. „Wir sind erst vor zwei Wochen hier eingezogen und kennen noch niemanden. Es ist alles ein bisschen langweilig.“

„Das kann sich ändern“, meinte Sissy forsch. „Ich muss jetzt wieder hinüber, sonst schicken sie im Schloss einen Suchtrupp los. Aber ich werde meine Mutter bitten, euch demnächst einzuladen.“

„Fein“, antwortete Irene. „Wir kommen bestimmt.“

Im Inneren der Villa hörte man Schritte. Sissy verschwand rasch zwischen den Bäumen, nicht ohne den Geschwistern noch einmal zuzuwinken.

Als Herzog Max Sissy ein paar Tage später vorschlug, ihn auf die Pirsch zu begleiten, lehnte sie ab, was ihn sehr verwunderte.

„Ich krieg Besuch, Papa. Diesmal bleib ich zu Hause. Du musst die anderen mitnehmen.“ Ausnahmsweise schloss sich Nené ihren beiden Brüdern an, Marie und Mathilde waren noch zu klein.

Zu Sissys Überraschung kam Irene allein.

„David fühlt sich nicht wohl, aber er lässt dich schön grüßen. Er ist oft krank, weißt du. Vor allem seinetwegen sind wir aufs Land gezogen. Der Arzt meint, die frische Luft sei besser für ihn als der Staub und der Lärm in der Stadt.“

„Mein Papa sagt auch immer, dass das Landleben gesünder ist. Du wirst sehen, David erholt sich hier ganz rasch.“

„Hoffentlich hast du Recht. Aber jetzt erzähl mir ein bisschen von dir!“

Und Sissy erzählte: von ihren Geschwistern, von den Reisen ihres Vaters, von den Hasen, Hühnern, Kanarienvögeln und Pferden, die zum

Schloss gehörten, von den ägyptischen Buben, von der strengen Baronin Wulffen, vom alten Pankraz und dass ihr Onkel der König von Bayern sei. Sie verriet der neuen Freundin sogar ihre geheimsten Verstecke am See.

„Ich hab auch ein Geheimnis", sagte Irene leise und blickte Sissy ernst an. „Ich höre Stimmen."

„Wie – Stimmen?", fragte Sissy verdattert.

„Ich höre manchmal Stimmen, obwohl niemand da ist. Besonders in der Nacht."

„Das ist gruselig", warf Sissy ein.

„Nein, ist es nicht. Es gibt keinen Grund, sich zu fürchten. Die Stimmen – oder Geister oder wie auch immer du sie nennen willst – tun mir nichts."

„Aber was sagen sie?"

„Ich kann sie nicht immer verstehen. Genauer gesagt: Ich verstehe sie nur sehr selten. Sie murmeln. Manchmal kann ich am Tonfall unterscheiden, ob sie gut aufgelegt oder traurig sind."

„Und David? Hört er sie auch?"

„Nein, er schläft immer ganz fest. Aber ich erzähle ihm jedes Mal davon. Er meint, das seien Stimmen aus dem Jenseits, also Menschen, die bereits gestorben sind und ihre Verwandten und Freunde suchen, die noch auf der Erde leben."

„Und du glaubst das auch?"

„Ich glaube, das kann so sein. Ich habe mich bisher nicht getraut, den Stimmen Fragen zu stellen."

„Vielleicht solltest du das einmal tun. Wissen deine Eltern davon?"

„Nein, um Himmels willen! Niemand weiß es – außer David und dir."

Die Mädchen hatten gar nicht bemerkt, wie rasch die Zeit vergangen war. Sie waren noch mitten im Gespräch, als die Kutsche kam, die Irene in die Villa zurückbringen sollte.

„Sag deinen Eltern nichts", flüsterte Irene in Sissys Ohr, als die beiden sich voneinander verabschiedeten.

„Natürlich nicht", versprach Sissy. „Und wenn David noch länger krank ist, komme ich das nächste Mal zu euch hinüber."

Sissy winkte der Kutsche nach, bis sie um die Ecke gebogen war.

Eine Stunde später kam Max mit den Geschwistern von der Pirsch zurück und es wurde zu Abend gegessen. Die Kinder – besonders Luis und Helene – wollten alles über Irene wissen, doch Sissy blieb ungewöhnlich einsilbig.

„Wenn sie so wenig spricht wie du heute, dann ist sie sicher eine langweilige Person", kommentierte Luis Sissys Schweigen.

'Hast du eine Ahnung', dachte Sissy und steckte sich noch ein Stück Fleisch in den Mund, damit sie sich nicht verplapperte.

In dieser Nacht bemühte sich Sissy krampfhaft, wach zu bleiben.

'Es wäre doch gelacht', dachte sie, 'wenn die Geister ihren Weg nicht auch zu mir fänden.'

Sissy stand sogar noch einmal auf und öffnete die Fensterflügel in ihrem Schlafzimmer besonders weit. Aber während sie darüber nachdachte, was sie sonst noch tun könnte, um die Stimmen anzulocken, war sie bereits eingeschlafen.

Auf der Suche nach den Stimmen

Sissy hatte tief und fest geschlafen – keine Rede von Geistern oder sonstigen nächtlichen Besuchern. Umso mehr dachte sie am nächsten Morgen darüber nach, wie sie selbst zu den Wesen, die Irene besuchten, Kontakt aufnehmen könnte. Irene hatte davon gesprochen, dass es die Seelen der Verstorbenen wären, die zu ihr sprächen.

'Wenn es also tatsächlich Verstorbene sind', dachte Sissy, 'dann finde ich sie auf dem Friedhof. Vielleicht muss ich einfach zu ihnen kommen, damit sie mit mir reden.'

Beim Gedanken, sich in der Nacht alleine zwischen den Gräbern rund um die Dorfkirche herumzutreiben, war Sissy alles andere als wohlig zu Mute. Sie brauchte also Unterstützung. 'Ich frage Papa', dachte sie entschlossen und machte sich auf die Suche nach ihrem Vater. Sie fand ihn weder bei den Pferden noch in der Küche, wo er oft und gerne mit dem Personal schwatzte. Dafür stand Ludovika neben der Köchin Lieselotte und besprach mit ihr die Einkäufe, die auf dem Wochenmarkt getätigt werden sollten.

„Mama, hast du Papa gesehen?“, fragte Sissy und steckte einen Finger in die große Teigschüssel, die auf dem Küchentisch stand.

„Sissy, ich habe dir schon mindestens hundert Mal gesagt, du sollst nicht aus den Schüsseln kosten. Schon gar nicht mit den Fingern! Dein Vater ist heute Morgen auf die Jagd gegangen und wird wohl so bald nicht wieder kommen. Er hat etwas von einem Gamsbock gesagt und hat das Haus mit seinem Gewehr und einem Rucksack verlassen.“

Ludovika war sichtlich ungehalten über das unvorangekündigte Verschwinden ihres Mannes. Das Wort „Gamsbock“ deutete auf eine mehrtägige Unternehmung hin, denn die Jagd in den Bergen dauerte immer länger als ein einfacher Ausflug in die umliegenden Wälder.

„Ist gut, Mama. Ich geh ein bisschen spazieren!“

Sissy beeilte sich, die Küche zu verlassen. Wenn Mama auf Papa böse war, machte man sich besser für einige Zeit unsichtbar. Sie lief hinunter zum See, denn die zweite Person, von der sie sich wenn schon nicht Unterstützung, so doch zumindest Verständnis für ihr Vorhaben erwartete, war Pankraz.

Der Alte war gerade damit beschäftigt, seine Netze auszubessern.

„Sissy, du kommst grad recht. Hältst du mir das Netz hoch?“

Sissy tat, was Pankraz von ihr verlangte, und sah dabei zu, wie dieser mit geschickten Fingern Löcher flickte und verwickelte Leinen und Fäden entwirrte.

„Du, Pankraz, hörst du manchmal Stimmen?“, fragte sie nach einer längeren Pause.

„Na, wenn jemand mit mir redet, dann schon“, sagte Pankraz, ohne von seiner Arbeit aufzublicken.

„Ich meine, wenn niemand da ist.“

„Wie bitte?“

„Na ja“, bemühte sich Sissy zu erklären, „Stimmen von Geistern oder Stimmen von Toten.“

Der Alte hob den Kopf und sah das kleine Mädchen, das ihm gegenüber saß, aufmerksam an.

„Wie kommst du denn da drauf?“, fragte er weiter.

„Du kennst doch Irene Paumgartten, die mit ihrer Familie im Nachbarhaus wohnt. Sie hört Stimmen, Stimmen von Geistern. Aber sie versteht sie nicht immer. Und sie traut sich auch nicht, Fragen zu stellen, wenn sie sie hört. Ich hab mir gedacht, wenn ich die Stimmen auch hören könnte, dann könnte ich nachfragen, wer da spricht. Irene meint auch, die Geister tun nichts, man bräuchte keine Angst zu haben."

Jetzt war es heraußen. Gespannt wartete Sissy auf die Antwort des Fischers.

„Soso, Geister."

Der alte Mann arbeitete ruhig weiter. Er war sich nicht ganz sicher, ob er mit der kleinen Prinzessin über solche Dinge sprechen sollte. Nach einer Weile meinte er: „Ich sag dir jetzt, was ich mir dazu denke, aber das heißt nicht, dass ich Recht hab: Ich glaub, dass es mehr zwischen Himmel und Erde gibt, als wir gemeinhin sehen oder hören können. Und wenn jemand stirbt, dann wird sein Körper begraben, aber die Seele eines Menschen, die fliegt anderswo hin. Wohin, weiß ich nicht genau. Wenn ein Mensch so ganz und gar nicht sterben will, weil er etwas in seinem Leben nicht zu Ende gebracht hat oder weil er eigentlich noch viel zu jung zum Sterben ist wie die Soldaten, die im Krieg ihr Leben lassen, dann kann es sein, dass seine Seele auf der Erde hängen bleibt. Und es gibt Menschen, die mit diesen Seelen in Verbindung treten können. Meine Großmutter war so eine Frau."

Sissy lauschte dem alten Fischer mit offenem Mund.

„Und wie hat deine Großmutter das gemacht?", wollte sie wissen.

„Das weiß ich nicht mehr genau. Ich war noch zu klein. Ich weiß nur, dass sie oft eine Kerze angezündet und ins Fenster gestellt hat. 'Damit die Seelen wissen, dass wir an sie denken', hat sie immer gesagt."

Sissy dachte angestrengt über Pankraz' Worte nach.

„Pankraz", fragte sie nach einer Weile, „gehst du heute Nacht mit mir auf den Friedhof?"

„Bist du verrückt, Mädl? Was willst du denn dort?"

„Dort ist man den Toten am nächsten und dort kann man sicher auch eine Seele treffen."

„Nein, Sissy, das tut man nicht. Man geht die Seelen nicht suchen. Sie kommen von selber, wenn sie das wollen."

„Aber …"

„Kein Aber. Ich werd sicher nicht mit dir auf den Friedhof gehen, das schlag dir aus dem Kopf. Ich will schließlich noch ein bissl leben und deine Mutter tät mir sicher den Kopf abreißen, wenn ich mit dir in der Nacht spazieren gehen würd."

Damit hatte Pankraz Recht und Sissy hielt es für klüger, das Thema Geister nicht weiter zu erwähnen. Sie half dem alten Mann noch ein wenig beim Netzeflicken und machte sich dann auf den Weg zurück ins Schloss, wo aus der Küche bereits heftiges Pfannengeklapper zu hören war. Sissy lief das Wasser im Mund zusammen. So ein gutes Mittagessen am helllichten Tag war – zumindest im Moment – eindeutig attraktiver als der Gedanke an ein nächtliches Treffen mit einem Gespenst.

In der darauf folgenden Nacht stellte Sissy eine brennende Kerze ins Fenster – ganz so, wie es Pankraz' Großmutter getan hatte. Nichts geschah.

In der nächsten Nacht erwachte Sissy von Schlagen eines lockeren Fensterflügels gegen die Hausmauer. Draußen war Vollmond und es war alles andere als stockdunkel.

'Jetzt oder nie!', dachte Sissy, schlüpfte in ihre Kleider, zog die festen Schuhe an und schlich aus dem Haus. Den Weg kannte sie von den sonntäglichen Kirchbesuchen und bald schon spazierte sie die Friedhofsmauer entlang. Mit der Schulter stemmte sie sich gegen das schmiedeeiserne Tor, das sich quietschend öffnete. Sie setzte sich auf eine Bank unweit des Eingangs und wartete. Fledermäuse zogen auf der Suche nach Insekten ihre Zickzack-Bahnen durch die Nacht, die Stimme eines Käuzchens war zu hören, aber all das kannte Sissy bereits. Eine Katze kam auf sie zugelaufen und schmiegte sich laut schnurrend an ihre Beine.

„Pst, leise, sonst weckst du mit deinem Schnurren noch den Mesner auf!"

Wie auf das Stichwort erklang in der Ferne das Geräusch von Schritten. Dann vernahm Sissy Teile einer Melodie, ebenfalls ganz leise.

'Die Geister singen', schoss es Sissy durch den Kopf. Die Katze machte einen Buckel und verschwand in der Finsternis.

Dann sah Sissy auf dem Hauptweg durch den Friedhof eine Gestalt auf sich zukommen. Pechschwarz hoben sich die Konturen gegen den vom Mond erleuchteten Himmel ab. Sissy rutschte von der Bank und versteckte sich dahinter. Die Gestalt hatte keine Arme, dafür aber so etwas wie Flügel – und von ihrem Kopf standen zwei Hörner ab!

'Jetzt holt mich der Teufel, weil ich in der Nacht auf den Friedhof gegangen bin!', dachte Sissy und begann zu zittern.

Die Melodie wurde lauter, die Gestalt kam wankend näher und ließ sich schließlich mit einem lauten Plumpsen auf die Bank fallen, hinter der Sissy kauerte.

Sissy schloss vor Schreck die Augen. Als sie sie langsam wieder öffnete, weil das Gespenst vor ihr Laute von sich gab, die verdächtig nach Schnarchen klangen, sah sie, dass die Hörner in Wirklichkeit zwei Federn auf einem Hut waren und die Flügel die Stoffbahnen eines Wetterflecks, der auch die Arme verbarg. Sissy kam die Gestalt seltsam vertraut vor. Sie schlich um die Bank herum, um besser sehen zu können. Da saß Pankraz und schlief. Sein Kopf war zur Seite gesunken und der Hut mit den Federn verrutscht. Sissy grinste. Sie pflückte einen langen Grashalm und kitzelte den Alten an der Nase. Dieser fuchtelte ohne aufzuwachen mit der Hand vor seinem Gesicht herum, als wollte er ein lästiges Insekt verscheuchen – und schnarchte weiter. Sissys zweiter Versuch war von mehr Erfolg gekrönt. Pankraz riss die Augen auf und gleichzeitig rief Sissy: „Ein Gespenst! Ein Gespenst!"

Der Alte fuhr hoch und drehte sich um die eigene Achse. Statt des erwarteten Geistes sah er die kleine Wittelsbacher Prinzessin neben der Bank stehen, mit einem langen Grashalm in der Hand.

„Mädl, der Schlag hätt mich treffen können! Du kannst einen alten Mann doch nicht so erschrecken! Was machst du überhaupt da? Noch dazu ganz allein?"

„Ich suche Geister, was sonst? Und außerdem bin ich ja nicht allein, weil du bist ja da. Und was machst du eigentlich hier?“

„Ich … ja … ich bin auf dem Heimweg … äh … vom Wirtshaus. Der Weg über den Friedhof ist eine Abkürzung. Und wenn ich … naja … ein bissl zu viel getrunken hab, dann ruh ich mich manchmal hier auf der Bank aus. Ist ein friedliches Platzerl.“

„Finde ich auch – ein viel zu friedliches Plätzchen! Es ist nämlich gar nichts passiert. Aber jetzt gehen wir nach Hause, Pankraz. Komm, ich führ dich.“

Arm in Arm spazierten sie im Vollmond Richtung Schloss und keiner der beiden erwähnte das nächtliche Zusammentreffen je wieder.

Kinderstreiche

Obwohl außer Pankraz und natürlich Irene niemand von Sissys Interesse für die Geisterwelt wusste, fiel es doch auf, dass sie, die normalerweise nicht ins Bett zu bringen war, sich nun abends immer als eine der Ersten in ihr Zimmer zurückzog. Auch der gesteigerte Verbrauch an Kerzen war nicht zu übersehen. Immer wieder schlich sich Sissy in den Vorratsraum neben der Küche, um ein neues „Geisterlockmittel" zu holen. Eines Abends wurde sie dabei von Sepperl überrascht, einem der Buben aus Kairo. Die vier schwarzen Knaben wohnten während der Aufenthalte in Possenhofen im Gesindetrakt, der ebenfalls an den Vorratsraum angrenzte. Sie bekamen Unterricht in Lesen und Schreiben und die von Ludovika oder dem Verwalter angeleiteten kleinen Arbeiten, die sie zu verrichten hatten, verlangten mit der Zeit immer mehr Verantwortung. Sepperl etwa war dafür zuständig, bei Ausfahrten die einspännige Kutsche zu lenken.

„Was hast du denn da im Ärmel?", fragte er Sissy, die ein erschrockenes Gesicht machte.

„Nichts!", antwortete sie kurz angebunden.

„Und was tust du dann hier?", bohrte Sepperl weiter.

„Ich wollte nur noch ein Glas Milch trinken, bevor ich schlafen gehe“, versuchte sich Sissy herauszureden. Sie wusste, dass, wenn sie sich verplapperte, bereits morgen das ganze Schloss über ihre Geisterexperimente lachen würde.

„Und seit wann holst du dir die Milch selbst? Normalerweise wird sie dir doch gebracht!“

Sepperl hatte genau gesehen, dass Sissy an der Kerzenschachtel hantiert hatte. Und natürlich war es ihm bereits aufgefallen, dass in ihrem Fenster seit einiger Zeit in der Nacht ein Licht brannte. Auch hatte er aus ihrem Mund das Wort „Gespenst“ gehört, als er neulich an der Laube vorbeigekommen war, in die sich Sissy mit Irene zurückgezogen hatte.

„Es ist ja schon spät und ich wollte nicht, dass Lieselotte meinetwegen noch einmal in die Küche muss“, verteidigte sie sich.

„Das ist aber sehr nobel von dir. Und wo ist jetzt das Glas Milch?“ Sepperl ließ nicht locker.

„Das hab ich schon getrunken. Warum interessiert dich das überhaupt so brennend?“

„Ach, nur so“, antwortete Sepperl und trollte sich.

Sissy war froh, keine weiteren Fragen mehr beantworten zu müssen, und verschwand in ihrem Zimmer. Wie in den Nächten zuvor stellte sie eine Kerze ins Fenster, legte sich nieder und schlief auch recht bald ein.

Etwa eine Stunde später erwachte sie, weil Wind aufgekommen war. Die Kerzenflamme flackerte und malte tanzende Schatten an die Zimmerwände. Sissy erhob sich, um die Fensterläden mit der dafür vorgesehenen Eisenstange zu fixieren. Als sie danach griff, fuhr vor dem Fenster ein schreckliches Wesen aus der Tiefe zu ihr hoch. Es war ganz in Weiß gehüllt, hatte rötlich flackernde Augen und ein breites, ovales Maul mit mächtigen spitzen Zähnen – und wuchs und wuchs. Sissy stand wie angewurzelt und konnte ihren Blick nicht von der Erscheinung abwenden.

‘Ich habe es übertrieben’, dachte sie. ‘Ich habe die Verstorbenen zu sehr sekkiert und jetzt rächen sie sich.’

Noch bevor Sissy weiter überlegen konnte, was es mit der Erscheinung sonst noch auf sich haben mochte, gab es einen Knall und das Gespenst war in der Dunkelheit verschwunden. Das Einzige, was davon übrig blieb, war ein weißer Stofffetzen, der an der Befestigungsstange des Fensterladens baumelte. Sissy griff danach und wusste sofort, dass das Gespenst nicht echt gewesen war. Unter dem Fenster hörte sie leises Gejammer und unterdrückte Flüche – und wenn sie sich nicht täuschte, waren das die Stimmen von Sepperl, Pepperl, Hansl und Franzl.

'Na wartet!', dachte sie. 'Was ihr könnt, kann ich auch. Rache ist süß!'

Am nächsten Tag entdeckte Sissy unter dem Fenster die Reste eines ausgehöhlten Kürbisses und einen Kerzenstummel.

'Sie haben einander die Räuberleiter gemacht und wollten mich mit einem Kürbisgesicht schrecken. Offensichtlich haben sie es in der Finsternis nicht geschafft, alle Relikte ihres Streiches zu beseitigen', kombinierte Sissy.

Die vier erschienen wie immer beim Unterricht. Allerdings hatte Pepperl ein geschwollenes Auge und Hansl eine Beule am Kopf. Sepperl hinkte. Nur Franzl schien unbeschädigt. Sissy kommentierte den Zustand der vier Buben mit keinem Wort und lauschte amüsiert der Ausrede, die sie sich für ihren Zustand ausgedacht hatten.

„Wir haben dem Verwalter beim Heueinbringen geholfen und sind vom Heuboden gefallen."

„Alle vier?", erkundigte sich Luis verwundert.

„Nein, der Franzl hat nur zugeschaut."

Den Buben war es sichtlich unangenehm, über ihre Blessuren zu sprechen. Folglich waren sie zum ersten Mal in ihrem Leben wirklich froh, als der Unterricht begann.

Sissy überlegte den ganzen Tag hin und her, wie sich rächen könnte.

'Vor meinem Gesicht werden sie sich ja nicht fürchten', dachte sie, 'aber vielleicht vor ihrem eigenen!'

Am frühen Morgen des darauf folgenden Tages schlich sich Sissy bereits vor Sonnenaufgang in die Küche. Im Schloss war kein Laut zu hören. Das konnte sich allerdings schnell ändern – das Gesinde würde bald wach sein und auch Ludovika war eher eine Frühaufsteherin. Sissy musste sich also beeilen, damit ihr Streich gelang. In der Küche kannte sie sich gut aus und konnte sich darin bewegen, ohne Licht zu machen. Links stand der große, mit Holz und Kohle zu befeuernde Herd, gegenüber die mächtige Kredenz mit dem Geschirr und dem übrigen Küchenbedarf. Sissy schnappte sich eine Schale und ein Sieb und öffnete die Tür zur Speisekammer. Sie tauchte die Schale in den Mehlsack und schlich, nicht ohne vorher alle Türen zu schließen, in die angrenzende Schlafkammer der vier Buben. Dort stand rechts und links je ein Stockbett an der Wand. In dem einen schliefen Sepperl unten und Franzl oben, in dem anderen unten Pepperl und oben Hansl. Mit Hilfe eines Schemels konnte derjenige, der oben schlief, bequem in seine Bettstatt gelangen.

Im Zimmer rührte sich nichts, nur leises Schnaufen war zu hören. Sissy stand nun vor einem Problem: Stiege sie auf die Schemel, um zu den oben Schlafenden zu gelangen, würden diese sicher aufwachen. Nachdem sie aber ohnehin nicht wusste, wer von den Buben sich die Sache mit dem Kürbisgeist ausgedacht hatte, beschloss sie, ihren Plan einfach nur bei den unteren beiden auszuführen. Erschrecken würden, so dachte sie, ohnehin alle vier.

Sissy tastete sich vorsichtig an das linke untere Bett heran und legte das Gesicht des schlafenden Buben behutsam frei. Dann füllte sie etwas Mehl von der Tasse ins Sieb und rüttelte dieses über dem Gesicht des Schlafenden, sodass dessen dunkles Gesicht immer bleicher und bleicher zu werden schien. Auch die krausen Haare ergrauten. Die Träume mussten gut sein, denn der Bub rührte sich nicht im geringsten. Dann schlich Sissy zum anderen Bett und wiederholte den Vorgang. Der dort schlafende Sepperl nieste fürchterlich, als das Mehl sein Gesicht berührte, wachte aber nicht auf. Sissy trippelte aus dem Zimmer zurück in die Küche. Dort machte sich allerdings bereits die Küchenmagd Aloisia am Herd zu schaffen.

„Jo mei, das Prinzesserl!“, rief sie erstaunt. „Es ist aber doch noch gar nicht Zeit zum Aufstehen. Und was machen S’ denn mit dem Sieb und dem Mehl? Wollen S’ Kuchenbacken in aller Früh?“

„Pst, Aloisia, leise! Verrat mich nicht, ich hab mir eine Überraschung ausgedacht."

„Eine Überraschung mit einem Sieb und Mehl?"

Die gutmütige Küchenmagd beutelte den Kopf.

„Der Sepperl, der Pepperl, der Hansl und der Franzl haben mir vorgestern in der Nacht einen Streich gespielt, drum waren sie auch so marod beisammen. Und ich hab beschlossen, mich zu rächen."

„Jessasmaria", stöhnte Aloisia, „das wird wieder einen Krawall geben! Wollen S' vielleicht schon eine heiße Milch, Prinzessin?"

„Das wär fein, schlafen kann ich ja ohnehin nicht mehr."

Aloisa stellte eine Schale dampfende Milch vor Sissy hin und schnitt eine Scheibe duftendes Brot vom Laib.

„Das schmeckt ja viel besser als die Kipferln, die ich immer zum Frühstück krieg", stellte Sissy fest.

In diesem Moment kam aus der Schlafkammer der Buben ein Heidenlärm. Sepperl war verschlafen zum Waschtisch geschlichen, neben dem auch ein großer Spiegel hing. Was er darin sah, war nicht sein gewohntes dunkelhäutiges Gesicht, sondern eine grau-weiße Grimasse. Vor Schreck fing er an wie am Spieß zu schreien. Pepperl war, nachdem auch er unten schlief, als Nächster auf den Beinen und lief ebenfalls zum Spiegel, um zu sehen, was Sepperl so beunruhigte. Auch ihm starrte eine bleiche Fratze entgegen. Die beiden oben liegenden Buben waren nun ebenfalls munter und quietschen – erst vor Schreck, dann aber vor Vergnügen, sie hatten nämlich eine Mehlspur entdeckt, die sich von ihren Betten bis zur Zimmertür hinzog. Sie sprangen aus den oberen Etagen der Betten herunter und verfolgten die Spur bis in die Küche. Hinterdrein liefen die beiden Weißbestäubten.

Aloisia schlug die Hände über dem Kopf zusammen und schickte die „Bleichgesichter" sofort zurück zum Waschtisch. „Ihr machts ja alles schmutzig, ihr zwei Mehlköpfe! Los, unters Wasser mit euch!"

„Jetzt sind wir quitt!", rief Sissy den Buben hinterher und kaute genüsslich an ihrem Frühstücksbrot.

Das Jahr 1846

Die Jahre vergingen und Sissy genoss die Possenhofener Sommer in vollen Zügen. Zu Irene und David Paumgartten hatte sie eine tiefe Freundschaft aufgebaut, ganz im Gegensatz zu ihren Geschwistern, die mit den beiden stillen Nachbarskindern nicht viel anfangen konnten. Irene und David wussten als Einzige über Sissys nächtlichen Ausflug zum Friedhof Bescheid, hatten aber versprochen, niemandem auch nur ein Sterbenswort davon zu erzählen. Und sie hielten ihr Versprechen. Sie lachten auch nicht über Sissys vergeblichen Versuch, mit den Geistern Verstorbener in Kontakt zu treten. Im Gegenteil – Irene gab ihrer Freundin immer wieder Ratschläge, wie dieser Kontakt am leichtesten herzustellen sei. Nie aber meldete sich auch nur eine einzige der Stimmen bei Sissy.

Zu dem elfjährigen David fühlte sich die mittlerweile achtjährige Sissy auf besondere Art und Weise hingezogen. Sie bewunderte den nach wie vor kränklichen, aber extrem zartfühlenden Buben und saß stundenlang an seinem Bett, wenn er es wieder einmal nicht verlassen durfte.

Auch Sissy erhielt nun bereits Unterricht. Unter den strengen Augen der Baronin Wulffen und einiger anderer Lehrer verbrachte sie die Vormittage im Studierzimmer. Nie aber wurden bei ihr so strenge Maßstäbe angelegt, wie sie für Nené galten. Diese hatte zusätzlichen Sprachunterricht, vor allem Französisch, man brachte ihr höfische Etikette bei und legte ihr die Geschichte des österreichischen Kaiserreiches ans Herz. Sissy tobte inzwischen durch die Wälder und kümmerte sich um die zahlreichen Tiere des Possenhofener Anwesens. Vor allem die Pferde hatten es ihr angetan. Sie besaß ein eigenes Pony, das auf den Namen Schackel hörte, und im vergangenen Sommer hatte ihr der Vater erstmals erlaubt, ein „richtiges" Pferd zu reiten, die sanfte Stute Sandra.

„Sissy wird noch einmal Bäuerin – oder Zirkusreiterin", behauptete Herzog Max augenzwinkernd, wenn man ihn auf die Vorlieben seiner Tochter ansprach. Er sagte diesen Satz jedoch nie in Anwesenheit seiner Frau, denn er wusste, dass er sich mit derartigen Aussagen, auch wenn sie nur als Scherz gemeint waren, ihren Zorn zuzog.

Die Auswirkungen der Politik drangen normalerweise nicht bis in das ländliche Idyll vor. Um so überraschter waren Max und Ludovika über die Nachrichten, die ihnen zwei Wochen vor ihrer Abreise nach München im Herbst 1846 zugetragen wurden: Die Brauereien hatten den Bierpreis erhöht, die Leute gingen auf die Straße und protestierten lauthals. Bier war nicht nur das Lieblingsgetränk der Bayern, sondern wegen seiner Nahrhaftigkeit auch ein wichtiger Bestandteil der Mahlzeiten der ärmeren Bevölkerungsschichten.

Während Hofbaudirektor Leo von Klenze im Auftrag des Königs um viel Geld den Königsplatz und den Odeonsplatz gestaltete, die Pinakothek, die Glyptothek und die Hofkirche errichtete und unter seiner Leitung auf der Theresienwiese die Ruhmeshalle gegen den Münchner Himmel emporwuchs, entstanden an der Peripherie Münchens riesige Arbeiterviertel. Die Menschen auf dem Land wurden von der Stadt, in der sie sich durch die rege Bautätigkeit und die beginnende Industrialisierung Arbeit und damit ein besseres Auskommen erhofften, magisch angezogen. Die Löhne waren niedrig, die Preiserhöhung traf das entstehende Proletariat ins Mark und so waren die Proteste angesichts der anhaltenden Bauwut des Königs mehr als verständlich.

Die erneut schwangere Ludovika machte sich ernstliche Sorgen und Max versuchte sie mit allen Mitteln zu beruhigen.

„Die Leute demonstrieren vor der königlichen Residenz und nicht vor unserem Haus, Ludovika. Du wirst sehen, alles ist halb so schlimm, wie es scheint. Aber ich kann die Proteste verstehen. Ich weiß auch nicht, was deinem Bruder eingefallen ist, der Bierpreiserhöhung zuzustimmen. Gleich nach unserer Rückkehr werde ich persönlich mit ihm reden."

Abgesehen von einem verstärkten Auftreten von Polizei und Militär war bei der Ankunft in der Ludwigstraße von den Unruhen nichts zu bemerken. Die Sicherheitskräfte hatten scheinbar ein Auge auf das Wittelsbacher Palais und in der Ludwigstraße waren die Krawalle bisher ausgeblieben.

Die einigermaßen beruhigte Ludovika überwachte das Abladen der „Bagage". Herzog Max stand sinnierend neben ihr und betrachtete seine über die Sommermonate verwaist gewesene Zirkusarena.

„König Ludwig wird doch demnächst sechzig. Wie wär es, wenn ich für ihn eine Galavorführung veranstalte? Ich würd einen richtigen Zirkus engagieren und Sissy könnte erstmals ihre Reitkünste in der Öffentlichkeit zeigen. Und die Hohe Schule reit ich natürlich selber! Ich wollt ja ohnehin zu Ludwig, da kann ich ihm das auch gleich vorschlagen."

Ludovika verzog das Gesicht. So etwas konnte nur ihrem Mann einfallen.

„Ludwig sollte lieber versuchen, die Lage zu beruhigen, anstatt sich feiern zu lassen. Das solltest du ihm vorschlagen – und nicht eine pompöse Zirkusgala!"

'Ausnahmsweise hat meine Frau nicht ganz Unrecht', dachte Max und schickte sich an, nach der langen Abwesenheit den Inhalt des Geheimschrankes in der Bibliothek zu kontrollieren.

Die Kinder zogen sich in ihre Zimmer zurück und packten die Schätze aus, die sie aus Possenhofen mitgebracht hatten. Sissy hatte unter ihrem Bett eine Schachtel, in der sie die Mitbringsel aufbewahrte. Darin lagen Muscheln aus dem See, ein Album mit getrockneten Blumen, ein Rehkrickel, das sie im Wald gefunden hatte, bunte Federn von Wildenten und eine dunkle Haarlocke, ein Abschiedsgeschenk von David. Sissy beschloss, sie zwischen zwei Seiten ihres Blumenalbums zu legen.

'Da passt sie hin', dachte sie. 'Die Locke sieht ja auch aus wie eine Pflanze, wie eine dunkle, sich schlängelnde Wasserpflanze.'

Ein lautes Klirren riss Sissy aus ihren Gedanken. Eine Fensterscheibe war zerborsten, in der Mitte ihres Zimmers lag ein faustgroßer Stein. Erregte Stimmen drangen von der Straße herauf.

„Kind, ist dir was passiert? Bist du verletzt?"

Ludovika hatte, gefolgt von Baronin Wulffen, das Zimmer betreten.

„Man randaliert auf der Straße vor dem Palais, die Polizei schreitet bereits ein", erklärte die Baronin die Situation.

Ludovika umarmte Sissy, die sich aber bereits von ihrem Schreck erholt hatte. Nun erschien auch noch Luis, der Älteste, und beruhigte: „Es ist nichts weiter, nur eine Handvoll Ruhestörer. Papa ist selbst vor das Palais gegangen, um mit den Menschen unten zu sprechen. Er findet sicher die richtigen Worte, um sie zum Heimgehen zu bewegen."

„Max ist unten?", rief Ludovika entsetzt.

„Papa passiert schon nichts", versicherte nun auch Sissy ihrer aufgeregten Mutter. Sie hob den Stein auf, der die Scheibe zerschmettert hatte, trat zum Fenster und warf ihn einfach wieder hinaus.

„Wie können Sie so etwas tun, Prinzessin!", rief Baronin Wulffen, die Sissy seit ein paar Wochen mit dem respektvollen „Sie" anredete. „Sie könnten doch jemanden treffen!"

Sissy erschrak. Sie rannte zum Fenster und öffnete es ganz. Im Dämmerlicht nahm sie eine Gruppe von Menschen wahr, die um einen auf dem Boden liegenden Mann einen Kreis bildeten. Sissy rannte los.

„Jemand soll sie aufhalten!", rief Baronin Wulffen durch das Treppenhaus, aber Sissy war schon draußen. Der Portier Steinpichler lief hinter ihr her und kam gleichzeitig mit ihr am Schauplatz des Geschehens an.

Sissy drängte sich durch die Menge. Inmitten der Menschen lag ein schmächtiger junger Bursche, vielleicht fünfzehn, sechzehn Jahre alt.

„Er lebt!", sagte Herzog Max, der neben dem Verletzten kniete. „Es ist wahrscheinlich nicht so schlimm, wie es aussieht. Bringen wir ihn hinein. Und Sie", wandte er sich an den Portier, „holen sofort einen Doktor!"

Der Portier Steinpichler reagierte nicht. Er stand wie zur Salzsäule erstarrt neben dem auf dem Boden liegenden jungen Mann.

„Was ist?", herrschte der Herzog ihn an. „Laufen Sie!"

Der Portier sagte kein Wort und rannte los, so schnell ihn seine Beine trugen.

„Ich wollte doch niemandem etwas tun, ich wollte doch nur den Stein loswerden!", schluchzte Sissy.

„Ist ja gut, Kind, du kannst nichts dafür. Jetzt kümmern wir uns einmal darum, dass der Bursche verarztet wird."

Als er ins Palais getragen wurde, erwachte der junge Mann aus seiner Ohnmacht. Trotz der Tumulte in der Stadt war der Arzt rasch zur Stelle und versorgte die Wunde.

„Er hat Glück gehabt", meine der Doktor. „Der Stein hat nur seine Schulter erwischt. Das ist zwar langwierig und schmerzhaft, aber es wird wieder."

Herzog Max trat zu dem Sofa, auf das man den Burschen gebettet hatte und sagte: „Meine Tochter hat den Stein geworfen, aber es war keine Absicht. Es tut ihr schrecklich Leid und mir natürlich auch. Selbstverständlich werden wir uns um Sie kümmern."

Der junge Mann, der bis jetzt kein Wort gesagt hatte, flüsterte: „Das hat schon einmal jemand aus diesem Haus zu mir gesagt – und nichts ist geschehen."

Herzog Max runzelte die Stirn. War der Bursche irr oder war er einer, der aus seiner Situation Gewinn schlagen wollte?

„Wie meinen Sie das? Reden Sie!"

Der junge Mann erzählte leise und stockend: „Es ist viele Jahre her, ich war noch ein Kind. Mein Vater sollte am Weihnachtstag Christbaumschmuck liefern, aber er war seit Tagen krank und hat stattdessen mich geschickt. Ich hab das Haus nicht gefunden und bin deshalb erst am späten Nachmittag hier gewesen. Der Mann am Tor wollte mir den Schmuck nicht mehr abnehmen, aber da war eine Frau, die ihn dazu gezwungen hat. Der Mann hat auch versprochen, einen Arzt zu schicken, aber es ist keiner gekommen. Mein Vater ist am nächsten Morgen gestorben. Ich hab damals geschworen, mich zu rächen. Eine Zeit lang hab ich das Haus beobachtet, aber dann hab ich mir gedacht, ich komme erst wieder, wenn ich erwachsen bin. Und heute bin ich wiedergekommen."

Der Herzog hatte schweigend zugehört. Nach einer Pause sagte er: „Ich kann Ihren Vater nicht wieder lebendig machen. Aber ich versichere Ihnen, dass ich den Schuldigen zur Verantwortung ziehen werde. Und nun haben Sie mein Wort, das des Hausherrn, dass wir für Sie alles tun werden, was in unserer Macht steht."

Herzog Max gab Anweisung, dem Verletzten einen Imbiss zu richten und verließ den Raum. Wortlos ging er an der fragend blickenden Ludovika vorbei zum Portiershüttchen. Es war leer. Auf dem wackeligen Holztisch lag ein Zettel. In krakeliger Schrift stand da geschrieben:

Hoheit,

es tut mir Leid. Ich komme nicht wieder.
Hochachtungsvoll,

Steinpichler

Der Verletzte bekam ein Zimmer im Bedienstetentrakt und erholte sich rasch. Herzog Max sorgte dafür, dass er eine Arbeitsstelle in der Brauerei erhielt. Ludovika und Sissy gegenüber erzählte der Herzog nie, was der junge Mann zu ihm gesagt hatte. Beide, Mutter und Tochter, hätten es als schlechtes Omen für die Zukunft betrachtet, dass am Tag von Sissys Geburt ein Mann sein Leben hatte lassen müssen, weil jemand aus ihrem Haus herzlos und unachtsam gewesen war. Und auch Herzog Max konnte nicht leugnen, dass es ihn beim Gedanken daran schauderte.

Besuch beim König

Herzog Max in Bayern mischte sich nicht gerne in politische Angelegenheiten, aber wenn es um das Wohl der Menschen ging, mit denen er in München fast täglich am Wirtshaustisch saß, kannte er kein Pardon. Er begab sich am nächsten Morgen schnurstracks ins Königsschloss. Wie immer spazierte er an den Wartenden vor dem Audienzzimmer vorüber und war bereits an der Türe zum Sprechzimmer des Königs, als Graf Lerchenfeld, der Flügeladjutant seines Schwagers, auf ihn zuschoss. Er zwängte sich zwischen die Türe und den Herzog und flüsterte: „Es tut mir aufrichtig Leid, Hoheit, aber heute müssen Sie warten. Nicht so lange wie die anderen selbstverständlich, aber zumindest bis der Polizeipräsident den König verlassen hat."

„Da komme ich ja gerade recht. Es geht sicher um die Krawalle gestern Abend."

„Genau genommen handelt es sich allerdings nicht um die Krawalle, über die Seine Majestät aber selbstverständlich bereits unterrichtet wurde."

„Und was um Himmels willen kann dann so wichtig sein, dass ich nicht dabei sein darf?"

„Es handelt sich – wie soll ich mich ausdrücken – um eine diskrete und sehr heikle Angelegenheit."

„Dann geht's um eine Weibergeschichte. Da braucht der König erst recht meinen Rat!"

Wieder wollte Max die Türe öffnen, aber Graf Lerchenfeld blieb hart.

„Ich bitte Sie, Hoheit, zwingen Sie mich nicht, tätlich gegen Seine Hoheit vorzugehen."

„Dann sagen Sie endlich, was los ist!", herrschte Max den Grafen an.

„Es geht um das Gastspiel einer spanischen Tänzerin", erwiderte dieser beinahe flüsternd.

„Doch nicht etwa um die Montez?"

„Pst, leise!"

Graf Lerchenfeld neigte sich Herzog Max zu, denn die anderen Audienzwerber waren plötzlich sehr still geworden.

„Aber Lola Montez ist fabelhaft!" Der Herzog hatte Mühe, seine Stimme zu senken, so groß war seine Begeisterung. „Ich würde auch hingehen, wenn sie in München aufträte."

„Das glaube ich Ihnen gern, Hoheit. Die Damen der Gesellschaft sehen das allerdings ein bisschen anders."

„Naja, die gehen wenigstens nicht auf die Straße und protestieren", knüpfte der Herzog an die Krawalle der vergangenen Nacht an.

„Da wäre ich mir nicht so sicher. Die Königin zumindest tobt bereits. Die Montez ist nämlich schon da!"

„Was?"

„Ja. Und sie ist nicht nur schon hier, sie ist in diesem Augenblick da drinnen."

Graf Lerchenfeld zeigte auf die Türe hinter sich.

„Es gab Einspruch aus der Kirche nahe stehenden Kreisen – und offenbar zu Recht", erklärte der Flügeladjutant. „Frau Montez heißt angeblich gar nicht Montez, sondern Gilbert, und kommt auch keineswegs aus Spanien. Aber Genaueres weiß ich nicht. Jedenfalls meinen diese gewissen Kreise, der Ruf der Dame rechtfertige keinesfalls ihr Auftreten am Königlichen Theater."

„Aber schön soll sie sein und tanzen soll sie auch können", warf Herzog Max ein.

„Ich habe in der Tat noch nie eine schönere Frau gesehen, aber die Zeitungen berichten eben nicht nur von ihrer Schönheit, sondern auch von ihrem zweifelhaften Lebenswandel ..."

„Papperlapapp, Papier ist geduldig. Lerchenfeld, jetzt, wo ich weiß, dass Lola Montez da drin ist, muss ich umso eher hinein. Ich kann mir einen solchen Anblick doch nicht entgehen lassen!"

In diesem Moment wurde die Türe zum Sprechzimmer von innen aufgestoßen. Der Polizeipräsident lief sichtlich erregt davon und ihm hinterher stürmte Lola Montez mit vor Wut verzerrtem Gesicht. Der Herzog stieß beinahe mit der Tänzerin zusammen, wollte er doch eben das königliche Sprechzimmer betreten.

„Pardon, Madame", murmelte er mit einer kleinen Verbeugung, trat zur Seite und erntete dafür einen kühlen Blick aus zwei großen, graublauen Mandelaugen. Lola Montez hob nur kurz ihren Fächer, als Zeichen dafür, dass sie die Entschuldigung angenommen hatte, und eilte dem Polizeipräsidenten nach. Der Herzog drehte sich nach ihr um und sah gerade noch den Rockzipfel und einige Strähnen ihres üppigen dunklen Haares, bevor sie wie ein Wirbelwind um die Ecke bog.

Max nutzte den Moment der allgemeinen Erstarrung, welchen der Vorfall verursacht hatte, huschte ins Sprechzimmer des Königs und zog die Türe hinter sich zu, noch bevor der Flügeladjutant Einspruch erheben konnte.

„Das war also Lola Montez", sagte Max beim Eintreten.

„Ja", erwiderte der König, „das war sie."

Max wunderte sich: König Ludwig wirkte fahrig, fast fiebrig und sprach schnell: „Ich muss sie für mein Theater haben, Max, unbedingt! Und auch für meine Schönheitsgalerie. Kaulbach soll sie malen. Wenn einer fähig ist, diese außergewöhnliche Schönheit auf Leinwand zu bannen, dann er. Findest du sich nicht auch atemberaubend?"

„Ich muss zugeben, sie ist außergewöhnlich. Und dir hat sie in jedem Fall schon den Atem geraubt. Übrigens: Servus."

„Ja, servus, Max. Aber weswegen kommst du heute schon zu mir? Ihr seid doch erst gestern eingetroffen? Jedenfalls hat Therese das erzählt."

„Das stimmt. Und kaum waren wir hier, hat uns die Politik eingeholt."

„Du meinst die paar Radaubrüder von gestern Abend?"

„Genau die meine ich, Ludwig. Aber eigentlich geht es mir nicht um die armen Teufel vor unserem Palais, eigentlich geht es mir darum, dass du der Bierpreiserhöhung zugestimmt hast. Wie konntest du das nur tun? Es war klar, dass es Krawalle geben würde!"

„Meine Berater sagen mir, das Bier sei zu billig. Lass es gut sein, Max. Wir beide sind keine Geschäftsleute, wir kennen uns da nicht aus."

„Stimmt, ich bin kein Geschäftsmann, aber was die Stimmung der Leute betrifft, kenne ich mich aus. Und in Bezug auf die Montez hörst du ja auch nicht auf deine Berater. Die sagen sicher nicht, dass sie hierbleiben soll."

„Weil sie keinen Sinn für die menschliche Schönheit haben. Da bin ich der Fachmann."

„Vielleicht, aber für menschliche Nöte bist du scheinbar kein Fachmann. Ich finde das nicht richtig, Ludwig, – obwohl es mir natürlich nicht wirklich zusteht, dich zu kritisieren."

„Ist schon recht, Max. Ich danke dir für deine Ehrlichkeit, aber vertrau mir: Ich weiß schon, was ich tue."

„Das will ich hoffen. Aber versprich mir, dass du wenigstens noch einmal über die Sache nachdenkst."

Diesen Satz hatte der König schon nicht mehr gehört, so sehr beschäftigte ihn die schöne Tänzerin.

Max war in Gedanken noch bei seinem Besuch beim König, als er die Treppen des Palais hinaufstieg. Als er oben angelangt war, flog die schluchzende Sissy in seine Arme. In der Hand hielt sie einen Brief.

„Sissy, Mädl, was ist denn?"

„David ist tot! Heute ist der Brief aus Possenhofen gekommen."

Herzog Max hielt seine Tochter ganz fest – so lange, bis sich ihr kleiner, vom Weinen geschüttelter Körper ein wenig beruhigt hatte.

Freud und Leid

Zum ersten Mal in ihrem jungen Leben wurde Sissy mit dem Tod eines ihr vertrauten Menschen konfrontiert. Verstört erkundigte sie sich bei ihrem Vater, ob David denn nun im Himmel sei. Herzog Max hatte inzwischen seinen Mantel abgelegt und es sich im Salon bequem gemacht, soweit es diese traurige Gelegenheit zuließ.

„Vermutlich, Sissy, aber ganz genau weiß ich es nicht."

„Der Pankraz sagt auch, dass die Seelen der Menschen anderswo hingehen. Der Körper aber bleibt im Grab."

„Da hat der Pankraz völlig Recht. Möchtest du nicht einen Brief an Irene schreiben? Ich glaube, sie könnte deine tröstenden Worte jetzt gut gebrauchen."

„Ich hab ohnehin schon angefangen, Papa. Ich hab ein Gedicht geschrieben. Möchtest du es lesen?"

„Ganz sicher möchte ich das, Sissy. Du scheinst meine Neigungen geerbt zu haben!"

Sissy nahm ihren Vater an der Hand und führte ihn in ihr Zimmer, wo auf dem Schreibtisch ein Blatt Papier mit einem Vierzeiler lag. Max nahm das Blatt und las:

„Du bist so jung gestorben
Und gingst so rein zur Ruh';
Ach, wär' mit dir gestorben,
Im Himmel ich, wie du!"

„Das ist sehr schön, Sissy, aber sehr, sehr traurig. Es ist dir doch nicht ernst damit, dass du auch gerne sterben würdest?"

Darauf wusste Sissy keine Antwort. Zu sehr wurden ihre Gefühle – die große Sehnsucht nach David und ihre prinzipielle Lebenslust – im Augenblick durcheinandergewirbelt.

Herzog Max studierte noch einmal die Todesanzeige aus Possenhofen. Daraus ging hervor, dass David an Lungenentzündung gestorben war.

„Weißt du", versuchte er seine Tochter zu trösten, „vielleicht war David schon lange lungenkrank. Die Paumgarttens haben doch erzählt, dass sie der besseren Luft wegen von der Stadt aufs Land gezogen sind. Wenn das so ist, dann ist dem Buben durch seinen frühen Tod vielleicht langes und schweres Leiden erspart geblieben."

„Vielleicht, Papa, aber traurig bin ich trotzdem."

„Du darfst auch traurig sein, Sissy. Wein dich aus, danach sieht die Welt wieder ganz anders aus."

Das Vater-Tochter-Gespräch fand ein jähes Ende, als Luis ins Zimmer gepoltert kam. Er hatte sich zu einem prächtigen jungen Mann ausgewachsen und besuchte bereits die Universität. Ungeachtet der Tränen in Sissys Augen plapperte er los: „Papa, hast du schon gehört? Die Tänzerin Lola Montez ist in der Stadt!"

„Ich hab schon so etwas läuten gehört", antwortete der Herzog mit einem Seufzer.

„Heute Abend ziehen wir vor das Hotel 'Zur Goldenen Kugel'. Die Montez ist dort abgestiegen und meine Kommilitonen und ich wollen ihr unsere Aufwartung machen."

„Und du glaubst, dass sie mit einer Horde Studenten, die alle noch grün hinter den Ohren sind, ihre Freude haben wird?"

„Eine Frau nimmt Huldigungen doch immer gerne entgegen, noch dazu eine wie die Montez!“

„Da hast du wahrscheinlich sogar Recht“, antwortete der Herzog und legte seine Stirne in Falten. „Aber versprich mir eines, Bub: Lass dich in keine Scharmützel mit der Polizei ein. Man greift in diesen Zeiten hart gegen Ruhestörer durch, egal wessen Ruhe sie stören.“

Ludovika war ins Zimmer getreten und hatte die letzten Sätze des Gespräches mitangehört. Sie war von den Plänen ihres Ältesten naturgemäß nicht sehr begeistert.

„Sag, hast du nicht auf der Universität zu tun, anstatt fremde Schönheiten zu bejubeln?“

„Die Universität ist heute geschlossen, Mama. Die Vorlesungen sind auf allerhöchste Anordnung hin abgesagt – so steht es jedenfalls auf dem Anschlag.“

„Aber doch nicht, weil die Montez in der Stadt ist!“, warf die erboste Ludovika ein.

„Nein, wahrscheinlich wegen der zahlreichen Unruhen. Aber mir macht’s nichts aus. Grüß euch, ich muss mir noch eine Fackel besorgen. Schließlich wollen wir die Schönheit der Lola Montez auch im rechten Licht erscheinen lassen.“

Und schon war Luis verschwunden.

Der Kurzbesuch ihres Bruders hatte Sissy ein wenig von ihrer Trauer abgelenkt. Sie hielt noch immer den Papierbogen mit dem Gedicht in der Hand.

„Glaubt ihr, dass das Gedicht Irene gefallen wird? Ich will nicht, dass sie noch trauriger wird, als sie ohnehin schon ist.“

„Schick ihr das Gedicht, Sissy. Wie ich schon gesagt habe: Sie wird froh sein zu wissen, dass du in diesen schweren Stunden an sie denkst“, meinte Herzog Max.

„Und ich werde im Namen unserer Familie ein offizielles Beileidsschreiben verfassen und einen schönen Kranz schicken lassen“, ergänzte Ludovika.

Sissy nickte.

„Ich möcht jetzt ein noch bisschen alleine sein. Vielleicht fällt mir ja noch etwas ein, womit ich Irene trösten könnte."

Ludovika warf ihrem Mann einen besorgten Blick zu. Dieser aber wies mit dem Kopf Richtung Türe, zum Zeichen, dass sie nun beide das Zimmer verlassen sollten.

„Bist du dir sicher, dass wir Sissy nun alleine lassen können?", fragte Ludovika, kaum dass die Türe hinter ihnen geschlossen war.

„Sie ist nicht mehr so klein, wie du denkst, Ludovika. Und so, wie sie dichtet, kann sie auch mit Trauer und Verlust umgehen."

„Dein Wort in Gottes Ohr", murmelte Ludovika, bevor sie sich wieder ihren täglichen Verpflichtungen widmete.

In dieser Nacht schrieb Sissy einen zweiten Brief an Irene, den sie am nächsten Tag abschickte. Das Gedicht legte sie nicht bei, sondern verwahrte es bei Davids Haarlocke.

Unruhige Zeiten

„Verzeihen Sie die Störung, Hoheit, aber es ist wichtig."

Herzog Max blickte von seiner Zeitung auf, als am nächsten Morgen der neu angestellte Portier Bichlmaier in sichtlicher Aufregung ungewöhnlich früh ins Frühstückszimmer trat.

„Ihr Herr Sohn ist doch gestern mit den anderen Herren Studenten vor die 'Goldene Kugel' gezogen. Ich krieg ja unten mit, was die Leut reden, und sie sagen, es habe Unruhen gegeben und die Polizei habe eingegriffen."

„Aber Luis liegt sicher in seinem Bett. Geh, Nené, sei so lieb und lauf hinüber und weck den Luis auf, damit unser lieber Bichlmaier sich beruhigen kann", wandte sich der Herzog an seine älteste Tochter.

„Angeblich sind Dutzende Studenten in Ketten abgeführt worden!"

„Bichlmaier, lassen Sie Ihre Raubersg'schichten. Sie werden sehen, dass …"

Weiter kam der Herzog nicht. Nené kehrte zurück und berichtete, dass Luis' Bett leer sei.

Die ebenfalls im Zimmer anwesende Ludovika wurde blass. „Um Himmels willen, Max! Du musst sofort zum Polizeipräsidium fahren und dich erkundigen. Vielleicht ist Luis verletzt oder unter den Arretierten!“

Herzog Max fluchte innerlich. Er hatte den dummen Buben doch gestern ausdrücklich gewarnt. Und jetzt sollte er sein gemütliches Frühstück unterbrechen und sich aller Wahrscheinlichkeit nach auch noch auf eine Diskussion mit dem Polizeipräsidenten einlassen.

„Heilige Mutter Gottes, wenn dem Luis nur ja nichts geschehen ist! So beeil dich doch, Max!“ Ludovika wurde immer aufgeregter.

„Eine Stunde länger im Gefängnis ist auch schon egal“, brummte Herzog Max, fuhr in seine Stiefel, die ihm der Diener Leopold diensteifrig hinhielt, und in seinen Wintermantel, denn es war am Morgen bereits empfindlich kühl. Kaum hatte der Herzog den Mantel zugeknöpft, öffnete sich die Tür zum Frühstückszimmer und der Vermisste erschien leibhaftig.

„Bub, bin ich froh, dass dir nichts passiert ist!“

Ludovika lief auf ihren Ältesten zu und umarmte ihn heftig.

„Wieso soll mir etwas passiert sein?“

Luis löste sich vorsichtig aus der Umarmung seiner Mutter.

„Schließlich warst du heute Nacht nicht in deinem Bett“, warf Nené altklug ein.

„Ich war in der ‘Goldenen Kugel’. Das hab ich doch gestern gesagt.“

„Und dort hast du übernachtet?“, meldete sich nun auch Sissy zu Wort.

„Sissy!“, fuhr Ludovika erbost dazwischen.

„Aber sie hat Recht, Mama. Ich habe, bevor das Ganze gestern losgegangen ist, beschlossen, statt mit einer Fackel mit einem Strauß Rosen ins Hotel zu gehen – und zwar bevor die anderen da sind. Ich hab mich bei der Montez melden lassen und sie hat mich liebenswürdigerweise empfangen und … Um Himmels willen, Mama!“

Ludovika war mit einem Seufzer in Ohnmacht gefallen. Leopold und Herzog Max konnten sie gerade noch rechtzeitig auffangen.

Max rief nach der Baronin Wulffen, die sich um die Kinder kümmern sollte, wies die Kammerzofe an, seine Gattin wieder zu Bett zu bringen, schälte sich aus seinem Mantel und setzte sich seinem Sohn gegenüber an den Frühstückstisch.

„Kaffee?“, fragte er seinen Ältesten.

„Danke, Papa. Aber gefrühstückt hab ich auch schon.“

Herzog Max blickte Luis ernst an.

„Jetzt schau nicht so, Papa. Es war nicht, wie du denkst – leider! Ich war dort, sie hat mich empfangen und mir etwas zu trinken angeboten. Dann haben wir noch ein Glas getrunken und noch eines. Irgendwann bin ich eingeschlafen – im Sessel ihres Salons – und erst am Morgen wieder erwacht.“

Herzog Max seufzte.

„Bub, ich sag dir eines: Verbrenn dir an der Montez nicht die Finger! Glaub mir, es gibt auch höher gestellte Personen, die ihretwegen mit dem Feuer spielen.“

Luis sah seinen Vater verständnislos an.

„Mehr kann ich dir leider im Moment nicht sagen. Aber um das Frühstück mit der Montez beneid ich dich.“

Trotz der frühen Tageszeit goss der Herzog aus einer Kristallflasche Cognac in zwei kleine Gläser und prostete seinem Sohn mit schelmischem Blick zu.

Das Tagebuch

Die Trauer seiner Tochter um den kleinen David Paumgartten ging Herzog Max nicht aus dem Kopf. Sissy konnte so vergnügt sein, wenn ihr etwas gefiel. Selbst eine kleine, unscheinbare Wiesenblume oder der Anblick einer schönen Landschaft konnte vollkommene Euphorie auslösen. Nun aber hatte der Herzog gesehen, dass Sissys tiefe Gefühle auch ins Gegenteil umschlagen konnten. Das machte ihn nachdenklich, denn er kannte diese intensiven Gefühlsregungen von sich selbst. Er wusste, dass er dadurch unendlich großes Glück spüren konnte, er kannte aber auch die Abgründe: die Trauer, die Wut, die Verzweiflung. Ob Sissy ihm ähnlicher war, als er bisher gedacht hatte? Sie hatte ihre Trauer in ein Gedicht verpackt – genau auf dieselbe Art und Weise versuchte auch er seine Gefühle auszudrücken oder auch zu bändigen, wenn sie ihn zu überwältigen drohten.

Wenn Sissy wirklich ähnliche Neigungen hatte wie er selbst, dann war es Zeit für ihr erstes Tagebuch. Dort würde sie alles niederschreiben können, was sie bewegte. Mit diesen Gedanken machte sich Herzog Max auf den Weg, um für seine Tochter ein besonders schönes Exemplar zu erstehen.

In einem kleinen Laden fand er, was er suchte: ein Buch mit zartgelben Seiten aus feinem Papier, der weiche schwarze Ledereinband wurde von einem Bändchen zusammengehalten.

„Ich hätte auch gerne eine Schreibfeder", sagte der Herzog.

Der Verkäufer zeigte sein Sortiment vor und der Herzog wählte aus. Er erstand ein ganz besonderes Stück, von dem der Verkäufer behauptete, es stamme aus Amerika. Es handelte sich um eine kleine silberne Füllfeder mit Goldspitze. Im verschraubten Zustand sah sie aus wie ein Schmuckstück und tatsächlich konnte man sie an einer Kette um den Hals tragen. Wenn man den Verschluss aufschraubte und hinten an den Federhalter steckte, hatte man ein passables Schreibgerät. Das war das Richtige für Sissy. Der Herzog kaufte auch ein Fläschchen mit schwarzer Tinte. Er war schon an der Türe, da drehte er sich noch einmal um: „Geben Sie mir auch ein Fläschchen mit roter Tinte. Manchmal muss man wichtige Dinge hervorheben."

„Da haben sie allerdings Recht", erwiderte der Verkäufer und freute sich, ein derart gutes Geschäft zu machen. „Ich danke für den Einkauf und beehren Sie mich bald wieder", sagte er zum Abschied und öffnete dem Herzog mit einer dezenten Verbeugung die Ladentüre.

Sissy war überrascht, mitten unterm Jahr ein Geschenk zu bekommen.

„Du bist ja ohnehin arm dran – immer Weihnachten und Geburtstag auf einmal. Ich habe mir gedacht, so ein Geschenk zwischendurch kann nichts schaden."

„Papa, du bist der Beste", jubelte Sissy.

Sie öffnete die Schachtel, schlug das Seidenpapier zurück und staunte nicht schlecht, als das Buch, die Tintenfläschchen und die Feder zum Vorschein kamen. Beinahe ehrfürchtig strich sie über die Seiten und schnupperte an dem Ledereinband.

„Weißt du, auch ich habe in deinem Alter zu dichten begonnen. Deshalb habe ich mir gedacht, du brauchst ein Buch, in dem du deine Gedanken niederschreiben kannst. Egal, ob es Gedichte sind oder nur Ideen oder schlicht und einfach Tagesereignisse – es ist gut, die Dinge festzuhalten. Ich habe kein einziges meiner Bücher weggeworfen und blättere noch oft in den alten Aufzeichnungen."

„Das ist ein wunderbares Geschenk, Papa. Aber jetzt erklär mir doch einmal, wie das mit dem Dichten genau geht. Ich habe bis jetzt ja nur vier Zeilen zustande gebracht."

„Dichten zu können ist sicherlich eine Begabung, da gibt es nicht allzu viel zu erklären. Aber ich gebe dir ein Beispiel: Wenn ich mit meinen Freunden im Hofbräuhaus sitze, wetteifern wir etwa darin, Scherzreime zu erfinden. Wir nennen sie 'Leberreime', weil in der ersten Zeile – die im Übrigen immer gleich bleibt – das Wort Leber vorkommt. Also: Die Leber ist von einem Hecht und nicht von einem … – und jetzt muss einer der Anwesenden ein Tier nennen und ein anderer wird dazu angehalten, darauf einen Reim zu machen. Das klingt dann zum Beispiel so:

Die Leber ist von einem Hecht und nicht von einem Spatz."

Sissy antwortete wie aus der Pistole geschossen: „Ich weiß schon, was ich gerne möcht: Ich geb dir einen Schmatz!" Dabei fiel sie ihrem Vater um den Hals und küsste ihn wie angekündigt auf die Wange.

„Du bist eindeutig begabt", meinte der Herzog lachend.

Sissy wurde ernst: „Weißt du, das Seltsame ist, dass mir Reime immer nur dann einfallen, wenn ich traurig bin."

„Das ist nicht weiter seltsam, das war bei mir anfangs auch so. Aber mit der Zeit bin ich draufgekommen, dass sich alle möglichen Gefühle in einem Gedicht ausdrücken lassen. Ich habe zum Beispiel ein Gedicht über meine Zither gemacht. Es ist sogar ein Lied daraus geworden."

„Spiel es mir vor, Papa!", bettelte Sissy und der Herzog erhob sich, um sein Instrument zu holen. Vater und Tochter saßen noch lange beieinander. Der Herzog spielte für Sissy nicht nur sein eigenes Zither-Lied, sondern auch viele Volkslieder, die er ganz besonders liebte und von Zeit zu Zeit auch in diversen Wirtshäusern zum Vortrag brachte. Er las ihr Beispiele von Gedichten anderer Autoren zu den verschiedensten Themen vor und so eröffnete er ihr an diesem Nachmittag eine neue Welt: die der Poesie.

Wiedersehen mit Irene

Einige Zeit nach dem Vorfall im Hotel 'Goldene Kugel' kam Luis als Offiziersanwärter zum Militär und war so Lola Montez bis auf weiteres entzogen. Dadurch bekam er auch nichts von den Unruhen mit, die ihr weiterer Aufenthalt in München verursachte.

Unruhen gab es aber nicht nur in München. Seit der Hinrichtung von Ludwig XVI. und seiner Gattin Marie Antoinette im Jahre 1793 bahnte sich das Schlagwort „Republik" seinen Weg durch Europa. In den Staatskanzleien der diversen Höfe herrschte Alarmstimmung. In Österreich versuchte Staatskanzler Metternich unter Mithilfe seiner brillant organisierten Geheimpolizei jede Art von Aufruhr bereits im Keim zu ersticken. Aber die Zeiten änderten sich und selbst die kaiserliche Familie blieb nicht von direkt aus dem Volk kommenden Umwälzungen verschont. Kaiser Ferdinand von Österreich musste dabei zusehen, wie sein eigener Bruder, Erzherzog Johann, sich als Privatmann in die Steiermark zurückzog und trotz hartnäckigem Widerstand seiner Familie die bürgerliche Postmeisterstochter Anna Plochl heiratete.

Jeder kluge Monarch vermied in diesen Zeiten die Provokation der öffentlichen Meinung. Ganz anders verhielt sich König Ludwig I. von

Bayern. Er, der mittlerweile 60-Jährige, war der schönen Lola Montez vollends verfallen. Er richtete ihr ein Palais in der Münchner Gabelsbergerstraße ein, beschenkte sie reichlich und verlieh ihr obendrein den Titel einer Gräfin Landsfeld. Immer wieder kam es auf Grund der bei der Bevölkerung extrem unbeliebten Tänzerin zu Unruhen und Handgreiflichkeiten und der König geriet mehr und mehr unter Druck.

Auch die Familie von Herzog Max in Bayern spürte die Auswirkungen der Krawalle. Der Herzog wurde – ganz im Gegensatz zu seinen sonstigen Gewohnheiten – in diesem Frühjahr nicht vom Fernweh gepackt. Im Gegenteil – er verspürte den Wunsch, in diesen turbulenten Zeiten seiner Familie nahe zu sein. Man brach gemeinsam nach Possenhofen auf und war froh, sich durch den Sommeraufenthalt am See den Unruhen zumindest für eine Zeit lang entziehen zu können.

Im Schloss am Starnberger See verlief das Leben wie immer. Helene stand nach wie vor sehr unter dem Druck des ihr auferlegten Lernpensums und hatte sich zu einem stillen, etwas mürrischen Mädchen entwickelt. Sie war mit ihren Gefühlsäußerungen sehr zurückhaltend – auch das hatte man ihr beigebracht –, ein aufmerksamer Beobachter konnte ihr allerdings anmerken, dass sie darunter litt. Trotz allem entwickelte sie sich zu einer auffallenden Schönheit, ganz im Gegensatz zu ihrer pausbäckigen Schwester Sissy. Diese entzog sich nach wie vor so oft wie möglich dem Unterricht und jagte auf ihrer Stute Sandra über die Wiesen am Seeufer. Außerdem versprach der Aufenthalt in Possenhofen das Wiedersehen mit Irene. Ein knappes Jahr war seit Davids Tod vergangen und die beiden Mädchen hatten eifrigen Briefkontakt gepflegt.

Gleich am Nachmittag nach ihrer Ankunft lief Sissy zur Nachbarsvilla.

„Sissy, endlich!“, rief Irene der Freundin entgegen. Die beiden umarmten einander und zogen sich in Irenes Zimmer zurück.

„Sag mir, wie es dir geht, Irene“, eröffnete Sissy das Gespräch.

„Was soll ich dir sagen – David fehlt mir. Er hat hier auf dem Friedhof ein schönes Grab bekommen.“

„Wir könnten ihn doch einmal gemeinsam besuchen!", schlug Sissy vor und dachte dabei an ihren einstigen nächtlichen Friedhofsbesuch auf der Suche nach den Stimmen der Geister.

„Das könnten wir, obwohl es nicht unbedingt notwendig ist hinzugehen, um David nahe zu sein."

„Wie meinst du das?"

„Er ist nicht wirklich dort – das heißt, seine Knochen liegen dort, das stimmt, aber seine Seele ..."

Sissy hielt den Atem an. Was Irene da erzählte, erinnerte sie sehr an das, was Pankraz einst gesagt hatte. Konnte es sein, dass Davids Seele „hängen geblieben" war und Irene nun mit ihrem Bruder Kontakt aufnehmen konnte?

„Seine Seele ist hier bei mir im Haus", berichtete Irene weiter. „Du darfst aber zu niemandem ein Wort sagen. Auch meine Eltern wissen es nicht, sie würden sich nur aufregen. Ich habe versucht, ihnen zu erklären, dass ich mit David kommuniziere, aber sie glauben mir nicht. Sie haben mir auch verboten, darüber zu reden oder gar weitere Versuche in die Richtung zu machen. Sie sind ohnehin der Meinung, ich sei ein bisschen verrückt. Ich habe sie dabei belauscht, als sie darüber sprachen, mich in eine Nervenheilanstalt zu stecken. Aber ich bin nicht verrückt, mir geht es im Gegenteil sehr gut. David besucht mich regelmäßig, ich habe schon oft mit ihm gesprochen."

„Irene, das ist unheimlich!"

„Ich finde es eher tröstlich. Und was der Pfarrer immer wieder sagt, nämlich dass die Seele unsterblich ist, das stimmt wirklich. Aber du musst mir glauben, Sissy: Ich bin nicht verrückt."

„Natürlich glaube ich dir. Und ich werde auch niemandem verraten, dass du mit David Kontakt hast."

„Du bist wirklich der einzige Mensch auf der Welt, der das weiß."

Sissy fühlte sich durch den Vertrauensbeweis geschmeichelt. Sie konnte sich allerdings nicht vorstellen, wie diese „Besuche" Davids vonstatten gehen sollten. Natürlich fragte sie Irene danach und bekam auch prompt eine Antwort: „Ich lege ein Blatt Papier auf den Tisch und nehme einen

Bleistift zur Hand. Dann kommt David, ergreift meine Hand und schreibt die Antworten auf die Fragen, die ich mir ausdenke. So einfach ist das.“

„Und siehst du ihn dabei?“

„Nein, aber ich spüre, dass er neben mir steht.“

„Das ist ein bisschen verwirrend“, kommentierte Sissy Irenes Bericht über die Begegnungen mit ihrem Bruder. „Wie bist du denn darauf gekommen, dass du ihm auf diese Weise Fragen stellen kannst?“

„Das hat er mir gesagt!“

„Wie gesagt?“

„Ich habe eines Nachts wieder Stimmen gehört und eine davon war ganz eindeutig die von David. Er hat mir gesagt, ich solle zu meinem Schreibtisch gehen, einen Bleistift zur Hand nehmen und so könne er auf meine Fragen antworten.“

„Einfach so?“ Sissy kam aus dem Staunen nicht heraus.

„Ja, es ist wirklich ganz leicht. Wenn du möchtest, kannst du dabei sein, wenn ich das nächste Mal mit ihm beisammen bin.“

„Ich weiß nicht recht, Irene. Ich glaube, ich fürchte mich ein bisschen davor.“

„Du brauchst wirklich keine Angst zu haben. Du fürchtest dich doch auch nicht vor mir, oder?“

Irene sah Sissy drängend, fast flehend an. Sissy blickte ihrer Freundin in die Augen. Irgendetwas an deren Blick ließ sie schaudern, aber sie wollte sich nichts anmerken lassen.

„Nein, natürlich nicht“, antwortete sie mit fester Stimme.

„Du hast vor mir keine Angst, weil du mich kennst. Und ich kenne David – er ist schließlich mein Bruder und ich vertraue ihm. Es kann nichts passieren, glaub mir!“

Sissy sagte nichts weiter. Ihre Beklemmung wuchs. Wäre es nicht die beste Freundin gewesen, die ihr da den Vorschlag machte, mit einem Verstorbenen in Verbindung zu treten, sie hätte ganz gewiss abgelehnt. Dann erinnerte sie sich aber an die Nacht auf dem Friedhof und wie mutig sie damals gewesen war und fasste sich ein Herz.

„Gut, Irene. Ich will dabei sein. Schließlich habe auch ich David gern gehabt, sehr gern sogar, und es liegt mir viel daran zu erfahren, ob es ihm gut geht."

Draußen vor der Villa hatte sich der Himmel verdüstert. Dichte Gewitterwolken zogen über dem See auf und Sturmböen peitschten die Äste des Kirschbaums vor Irenes Zimmerfenster. Der Wind riss einzelne Früchte vom Baum. Einige davon fielen mit lautem Klopfen auf das Fensterbrett. Irene lachte, als Sissy zusammenzuckte.

„Das ist nicht David, das ist nur der Wind. Die Seelen kommen viel leiser! Weißt du was? Wir versuchen es gleich jetzt. Los, setz dich neben mich, damit du alles genau sehen kannst. Wenn ich schreibe, darfst du mich nicht ansprechen, denn nicht ich male die Buchstaben, sondern mein Bruder."

Sissy versprach es und ließ sich mit einem Seufzer auf dem Stuhl neben Irene nieder. Diese legte ein Blatt Papier vor sich auf den Tisch, nahm einen Bleistift zur Hand und wartete. Sie schloss dabei die Augen und Sissy schien es, als horche die Freundin auf etwas, das ihr verborgen blieb. Sissy wagte kaum zu atmen. Sie sah Irene ins Gesicht und merkte, dass ihre Hände feucht wurden. Das Einzige, was Sissy hörte, war ihr eigenes Herz, das vor Aufregung wie wild klopfte.

„David", hörte Sissy ihre Freundin rufen. „David, bist du da?"

Es geschah nichts, nur der Wind heulte weiter vor dem Fenster.

„David", versuchte es Irene noch einmal. „David, komm! Sissy ist hier."

Obwohl Irene ihr untersagt hatte zu sprechen, hatte Sissy den unwiderstehlichen Drang, ihrer Freundin zu helfen.

„David", rief Sissy. „David, komm, wir warten!"

Sissy starrte wie gebannt auf Irenes Hand, die sich aber nach wie vor nicht bewegte. Ihr Blick wanderte höher und blieb an Irenes Gesicht hängen, das sich merkwürdig verändert hatte. Es glich dem einer Schlafenden, der Kopf war leicht zu Seite geneigt und schien jeden Augenblick nach vorne zu kippen.

„Irene!", rief Sissy erschrocken. „Irene, ist dir nicht gut?"

Sissy war gerade dabei aufzuspringen und Hilfe zu holen, als sie sah, wie sich die Hand mit dem Bleistift zu bewegen begann. Alles ging so vor sich, wie Irene es angekündigt hatte. Sie schrieb und Sissy starrte gebannt auf das Blatt, auf dem in merkwürdig eckigen Buchstaben Folgendes zu lesen stand:

„Du bist so jung gestorben
Und gingst so rein zur Ruh';
Ach, wär' mit dir gestorben,
Im Himmel ich, wie du!"

Sissy schrie auf: „Mein Gedicht! Um Gottes willen, woher weiß …"

Sie musste ihre Hand vor den Mund pressen, um nicht laut aufzuschluchzen. Tränen stiegen ihr in die Augen. Draußen hatte es heftig zu regnen begonnen. Wie durch einen Nebelschleier hörte Sissy Irenes Stimme: „Sissy, bist du in Ordnung? Du bist ganz blass! Warum weinst du?"

Sissy wischte sich die Tränen aus den Augen und sah, dass ihre Freundin wieder ihren normalen Gesichtsausdruck hatte. Sie wirkte erschöpft, aber sonst erinnerte nichts daran, dass sie noch vor ein paar Sekunden in einer anderen Welt gewesen zu sein schien.

„Das Gedicht", stammelte Sissy, „ich habe es geschrieben, als ich von Davids Tod erfahren habe. Ich wollte es dir schicken, habe es aber nie getan, weil ich dachte, es wäre zu traurig!"

Irene betrachtete das bekritzelte Papier und entzifferte den Text.

„Das ist sehr schön, Sissy. Du hast das gedichtet?"

Sissy nickte. Noch immer zitterte sie am ganzen Leib.

„Es muss David sehr gefallen haben. Er wollte dich sicher nicht erschrecken. Ich glaube, er wollte sich auf diese Weise bei dir bedanken. Und ich danke dir auch, Sissy. Für das Gedicht und dafür, dass du mir geglaubt hast."

Irene ergriff die Hand der Freundin und hielt sie, bis sie merkte, dass Sissy sich beruhigt hatte. Die beiden Mädchen waren nun sehr still. Nicht einmal Abschiedsworte brachten sie über die Lippen, als Sissy sich aufmachte, nach Hause zu gehen. Irene blickte ihrer Freundin nach, bis diese zwischen den Bäumen verschwunden war. Das Gewitter hatte sich in der Zwischenzeit verzogen und die Spätnachmittagssonne tauchte den Kirschbaum vor Irenes Fenster in goldenes Licht.

Fieberträume

Als Sissy am nächsten Morgen erwachte, war ihr heiß und sie fühlte sich wie zerschlagen. Mühsam kroch sie aus dem Bett, kleidete sich an und ging ins Frühstückszimmer.

„Um Himmels willen, Sissy, wie siehst du denn aus?", rief Ludovika entsetzt. Sofort fühlte sie ihrer Tochter die Stirn.

„Kind, du hast Fieber. Sofort zurück ins Bett!"

„Jetzt lass sie doch erst einmal etwas Heißes trinken", warf Herzog Max ein. „Lieselotte soll ihr heiße Milch mit Honig machen. Das ist bei Fieber das Beste."

„Es wird doch nicht ansteckend sein", meinte Nené und rückte ein wenig von ihrer Schwester ab.

„Es ist nichts, ich hab nur so gut wie nicht geschlafen", versuchte Sissy ihren Zustand zu erklären.

„Ja aber warum denn nicht? Wir müssen auf jeden Fall schnell den Arzt kommen lassen", beschloss Ludovika, ohne Sissys Antwort abzuwarten.

„Ich will auch Honig", krähte Gackel, als Lieselotte mit der dampfenden Milch und dem Honigtopf erschien.

Sissy schlürfte ihre Milch. Anschließend bat Ludovika Baronin Wulffen, Sissy wieder auf ihr Zimmer zu bringen. Die Gouvernante packte das Mädchen ins Bett und erkundigte sich noch einmal nach der unruhigen Nacht.

„Es war nichts, wirklich. Vielleicht bin ich kurz eingeschlafen und habe schlecht geträumt."

„Waren Sie nicht gestern bei der kleinen Paumgartten, Prinzessin?"

„Ja, ich war dort, aber doch nicht in der Nacht."

„Ich dachte nur. Sie scheinen ja immer recht aufgewühlt, wenn Sie mit ihr Kontakt haben."

„Das einzig Aufwühlende gestern war das Gewitter, aber das war ja auch schon vorbei, als ich wiedergekommen bin."

Um nichts in der Welt hätte Sissy verraten, was sie am Vortag bei Irene erlebt hatte. Zum Glück äußerte die Baronin eine ganz andere Vermutung zur plötzlichen Erkrankung ihres Schützlings.

„Was steht den heute auf dem Stundenplan? Mathematik! Sind Sie sicher, Prinzessin, dass Ihnen nicht die Zahlen einen heißen Kopf machen? Heute bleibt Ihnen das Lernen zwar erspart, aber Sie wissen, Sie müssen alles nachholen!"

Sissy atmete auf. Solange die Baronin vermutete, sie wolle sich vor dem Unterricht drücken, würde sie keine weiteren Fragen stellen. Also kommentierte sie die Bemerkung der Gouvernante nicht, sondern zog sich die Decke über den Kopf. Baronin Wulffen ging zum Fenster, um die Vorhänge zu schließen.

„Lassen Sie sie doch bitte offen, ich kann mich auch im Tageslicht ausruhen", kam es unter der Bettdecke hervor. Der Gedanke an ein abgedunkeltes Zimmer war Sissy nach der gestrigen Séance nicht gerade angenehm. Die Baronin nickte und verließ das Zimmer.

Den ganzen Vormittag über hing Sissy ihren Gedanken nach. Um die Mittagszeit erschien der Doktor, der aber keinerlei schwere Erkrankung feststellen konnte.

„Ihr Puls und ihre Temperatur sind erhöht wie nach einem Schock. Vielleicht ist es auch nur eine allgemeine Erregtheit. Das kommt bei

Mädchen in Sissys Alter immer wieder einmal vor", meinte der Arzt. „Aber es besteht kein Grund zur Besorgnis. Sie soll heute im Bett bleiben und Salbeitee trinken. Ich denke, ihr Zustand hat sich bis morgen wieder normalisiert."

Nach dem Nachmittagsunterricht besuchte Nené ihre Schwester. Sie glaubte fest daran, dass Sissys Fieber etwas mit dem Besuch bei Irene Paumgartten zu tun hatte.

„So ein Unsinn!", antwortete Sissy auf Nenés Frage. „Wir haben uns nur ein bisschen über David unterhalten und Irene hat mir vorgeschlagen, mit ihr gemeinsam Davids Grab zu besuchen."

„Sonst war nichts?"

„Gar nichts", log Sissy.

Es war ihr unangenehm, dass Nené Fragen stellte. Wenn jemand bemerkte, dass sie schwindelte, dann war es Nené.

„Sicher?"

„Wenn ich's dir doch sage! Tee getrunken haben wir und das Gewitter beobachtet."

„Naja, wenn du mir nicht die Wahrheit sagen willst, dann lass es eben bleiben. Aber du brauchst nicht zu glauben, dass ich nicht ahne, dass sich da noch etwas abgespielt hat. Irene Paumgartten ist eine seltsame Person, das habe ich immer schon gewusst."

Nené erhob sich aus dem Sessel, den sie neben Sissys Bett gestellt hatte, und verließ beleidigt das Zimmer. Sissy streckte ihrer Schwester hinterrücks die Zunge heraus.

'Die altkluge Nené', dachte Sissy. 'Immer muss sie überall Geheimnisse wittern.'

Diesmal hatte Nené mit ihrer Vermutung allerdings ins Schwarze getroffen. Dass Sissy standhaft geblieben war und ihrer Schwester nichts verraten hatte, erfüllte die kleine Wittelsbacherin mit Stolz.

'Versprochen ist versprochen', dachte Sissy, rollte sich zur Seite und war ein paar Sekunden später eingeschlafen.

Weihnachtsvorbereitungen in Possenhofen

Als die Familie im Herbst 1847 wieder nach München übersiedelte, hatte sich die Stimmung in der Bevölkerung alles andere als beruhigt. Die Münchner wollten Lola Montez nicht mehr dulden und hatten absolut kein Verständnis für die Haltung ihres Königs. Es gab Aufmärsche und Protestkundgebungen sowohl vor der Residenz als auch vor der Villa der neu ernannten Gräfin Landsfeld. Sie konnte sich längst nicht mehr öffentlich blicken lassen geschweige denn als Tänzerin auftreten. Man hatte sie auf offener Bühne mit Tomaten beworfen. Auf den Straßen sang man Spottlieder auf den König und seine Geliebte und in den Zeitungen erschienen Karikaturen, die die königliche Liaison zum Inhalt hatten. Sogar in Paris zerriss man sich öffentlich über den Bayernkönig das Maul und der Funke des Aufruhrs schien auch auf Wien überzugreifen. Erzherzogin Sophie richtete jedenfalls besorgte Briefe an ihre Schwester in Bayern.

König Ludwig entließ den Polizeipräsidenten, weil dieser mit allen ihm zur Verfügung stehenden Mitteln versucht hatte, die Tänzerin des

Landes zu verweisen und einen aufmüpfigen Minister versetzte er in vorzeitigen Ruhestand.

Herzog Max versuchte noch einmal, seinen Schwager zur Vernunft zu bringen, und riet ihm, seine Verbindung zu Lola Montez ein für alle Mal abzubrechen, aber auf diesem Ohr war der König taub.

Einige Tage später stand in der Zeitung, die Montez wolle allen Protesten zum Trotz in ihrer Villa ein riesiges Silvesterfest geben. Als Max den Artikel las, wurde er blass und ließ seine Frau rufen.

„Ludovika, wir fahren nach Possenhofen. Wir verbringen dieses Jahr Weihnachten und den Jahreswechsel dort. Wer weiß, was deinem Bruder einfällt – am Ende lädt er uns im Namen der Montez zu diesem Silvesterfest ein. Wenn wir nicht da sind, kommen wir nicht in die Verlegenheit, daran teilnehmen zu müssen. Die armen Teufel, die dorthin zitiert werden! In ihrer Haut möchte ich nicht stecken."

Der Herzogin war es nur recht, sich den politischen Kalamitäten entziehen zu können. Mit Feuereifer stürzte sie sich in die Reisevorbereitungen und auch die Kinder sahen Weihnachten in Possenhofen als willkommene Abwechslung. Für die kleine Sophie, das im Februar des Jahres 1847 geborene jüngste der Wittelsbacher Kinder, war es bereits der zweite Aufenthalt im Schloss am See.

Als die herzogliche Familie in Possenhofen ankam, war weit und breit kein Schnee in Sicht. Die Kinder waren enttäuscht – sie hatten sich auf Schneeballschlachten und rasante Rodelwettfahrten gefreut. Aber bereits am folgenden Tag wurden die Wolken über den nahen Bergen dichter. Pankraz, der Feuerholz ins Schloss brachte, meinte zur Köchin Lieselotte: „Es riecht nach Schnee. Ich geh und mach den Schlitten flott."

„Ach, Pankraz", meinte die Köchin, „was du immer riechst! Es ist doch viel zu warm. Wenn das so weitergeht, können wir die Liegestühle auspacken lassen und die Hoheiten werden ihre Nachmittagsjause auf der Terrasse einnehmen."

„Wirst schon sehen, Liesl, dass ich Recht hab."

Zwei Tage später fielen dicke Flocken vom Himmel. Noch blieb der Schnee nicht liegen und im Schlosshof standen große Pfützen. Nené und

Sissy saßen am Fenster und schauten den kleinen Geschwistern zu, wie sie in festen Schuhen durch die Pfützen platschten.

„Hoffentlich sieht Mama das nicht“, meinte die vernünftige Nené.

„Aber geh, das ist doch nicht schlimm. Lieselotte stellt die Schuhe vor den Küchenherd und im Nu sind sie wieder trocken.“

„Jaja, wenn wir die Lieselotte nicht hätten.“

Natürlich erinnerte sich Nené an den Sommer, als sie vor den Augen von Pankraz und Luis ins Wasser gefallen war und Lieselotte heimlich ihre Kleider getrocknet hatte. In diesem Augenblick fiel ihr plötzlich die Holzkugel ein, die ihr der alte Fischer für Sissy mitgegeben hatte. Sie hatte sie völlig vergessen. Wahrscheinlich lag sie noch immer in der untersten Schublade ihrer Kommode in München.

‘Sissy darf ohnehin alles, was sie will’, dachte sie. ‘Da braucht sie die Wunschkugel gar nicht. Aber ich werde gleich nach unserer Rückkehr in die Stadt nachsehen, ob sie noch da ist.’

In den folgenden Tagen wurde die Luft kälter und der Schnee blieb liegen. Bald versank die Landschaft um Schloss und See unter einer wie Watte aussehenden weißen Decke und die Kinder konnten ihre Schneeballschlachten austragen.

Hin und wieder besuchte Sissy Irene. Die Freundin war noch stiller geworden als früher. Sissy konnte sie nicht dazu bringen, mit ihr Schlitten zu fahren oder Spaziergänge durch die herrliche Winterlandschaft zu machen. Nur einmal besuchten die beiden Mädchen gemeinsam den Dorffriedhof. Da im Winter natürlich keine frischen Blumen zu bekommen waren, hatte Sissy aus dunkelrotem Papier eine Rose gebastelt, die sie nun auf Davids Grab niederlegte. Die Freundinnen warfen einander über das Grab hinweg einen bedeutungsvollen Blick zu. Keine der beiden hatte das Geheimnis ausgeplaudert, das sie verband, und kurz, nur ganz kurz konnte Sissy in Irenes Augen deren frühere Fröhlichkeit entdecken.

Die Tage vergingen. Luis sollte Urlaub bekommen und rechtzeitig vor Weihnachten in Possenhofen eintreffen. Ludovika wartete bereits sehnlichst darauf, ihren Ältesten in die Arme schließen zu können, zumal sie sich wegen der anhaltenden Unruhen ernstlich Sorgen machte. In München, so der Bericht eines Besuchers aus der Stadt, hatte in den vergangenen Tagen mehrmals das Militär ausrücken müssen. Jeder, der die Ereignisse einigermaßen nüchtern betrachtete, musste erkennen, dass man sich am Vorabend einer Revolution befand. Nur derjenige, den es am meisten betraf, sah die Angelegenheit alles andere als nüchtern: der König. Er missachtete weiter den dringenden Rat, die Person, die im Zentrum der Unruhen und des Unwillens der Bevölkerung stand, wegzuschicken, mit dem Argument, ein Einlenken seinerseits würde Schwäche ausdrücken und zu Prestigeverlust führen. Der König war felsenfest davon überzeugt, die Beziehung zu Lola Montez sei seine Privatsache und ginge niemanden etwas an. Demnach reagierte er auf keine der Anschuldigungen und machte die Sache damit nur noch schlimmer.

Possenhofen aber war weit und man versuchte tunlichst, die Politik vor der Tür zu lassen. Momentan war etwas anderes wichtiger: Christbäume mussten beschafft werden.

Herzog Max, der normalerweise Familienfeierlichkeiten möglichst aus dem Weg zu gehen versuchte, fand daran Gefallen, dass Weihnachten in diesem Jahr anders verlief als sonst, und hatte auch eine unkonventionelle Idee: Es sollte nicht ein großer Weihnachtsbaum geschmückt werden, sondern jedes Familienmitglied seinen eigenen kleinen Weihnachtsbaum bekommen, unter den dann die jeweiligen Geschenke gelegt würden. Auch für die Gesindestube musste ein Baum beschafft werden. Also machte Pankraz den Schlitten fertig, legte warme Schaffelle auf den Kutschbock, packte die Zugsäge ein und verstaute zusätzlich ein ominöses Fläschchen in der Innentasche seines Mantels. So ausgerüstet erschien er im Schloss. Der Herzog war bereits fertig angezogen und damit beschäftigt, seine Kinder abzuwimmeln, die natürlich gerne mitgekommen wären – alle bis auf Nené, der ein solcher Ausflug eindeutig zu kalt war.

Die beiden dick vermummten Männer stiegen auf den Kutschbock und Pankraz lenkte den Schlitten in den Winternachmittag. Im dichten Wald hielt er das Pferd an.

„Ist dir nicht kalt, Pankraz?“, fragte der Herzog den Alten.

„Naja, Hoheit, ein bissl schon, aber es wird uns bei der Arbeit wärmer werden, als uns lieb ist.“

„Erst wärmen wir uns aber anderwärtig“, warf der Herzog verschmitzt ein, griff in die Innentasche seines Umhangs und förderte eine flache metallene Flasche zutage.

Pankraz grinste. Er griff ebenfalls in seine Manteltasche und zog das Fläschchen heraus.

„Na dann, prost, Hoheit. Erfrieren werden wir jedenfalls nicht.“

„Und verdursten auch nicht“, erwiderte der Herzog.

Nach jedem umgesägten Bäumchen stärkten sich die Männer mit einem Schluck aus ihren Flaschen und so waren sie bereits äußerst guter Stimmung, als sie in der Dämmerung wieder im Schoss eintrafen. Die Bäume wurden im Wirtschaftsgebäude untergebracht, damit die Kinder sie noch nicht sehen konnten. Sissy schlich sich – neugierig, wie sie war – noch am Abend dorthin, um die „Beute“ zu betrachten, aber für die Kleinen blieben die „Extrabäumchen“ ein Geheimnis.

Sissy und ihre Geschwister hatten Unmengen an Weihnachtsschmuck gebastelt. In verschiedenen Schachteln, sorgfältig sortiert, lagen Strohsterne, Lebkuchen und winzige, aus Wachs gegossene Engel. Nüsse waren mit Goldfarbe bemalt worden und kleine rote Äpfel baumelten an goldenen Bändern. Die Kerzen sollte Baronin Wulffen im Dorf besorgen.

Drei Tage vor Weihnachten schaffte Pankraz die Christbäumchen in den Festsaal des Schlosses. Zusätzliches Tannenreisig wurde herbeigeschleppt, um die Räume zu schmücken. Ludovika hatte alle Mühe, ihre Kinder davon abzuhalten, den Festsaal zu stürmen. Die Türen wurden versperrt. Nur Sissy durfte dabei helfen, die Bäumchen aufzuputzen. Aber auch auf sie wartete eine Überraschung. Ludovika hatte Lieselotte angewiesen, eine riesige Geburtstagstorte zu backen. Und natürlich warteten auf die zweitälteste Tochter der Herzogin ein paar Geschenke mehr als auf ihre Geschwister.

Luis war noch immer nicht eingetroffen und hatte auch kein Telegramm geschickt. Als der Schlitten beladen wurde, der die Geschenke nach München bringen sollte, entschloss sich der Herzog kurzfristig mitzufahren. Er erklärte Ludovika, er wolle dem Münchner Personal die Geschenke selbst überreichen, schließlich sei es das erste Mal, dass man Weihnachten auswärts verbringe. Ludovika wunderte sich zwar über Max' plötzliches Pflichtbewusstsein, hatte aber kein stichhaltiges Gegenargument vorzubringen. In Wirklichkeit wollte Max seine Freundesrunde vor den Festtagen noch einmal treffen und natürlich fragte auch er sich langsam, wo sein Ältester so lange stecken könnte. Er ließ sich seine Sorge aber nicht anmerken.

„Pass auf dich auf, Max", sagte Ludovika beim Abschied.

„Da hab ich schon in ganz anderen Situationen auf mich aufgepasst, Ludovika. Glaub mir, du willst es gar nicht wissen."

'Stimmt, ich will es nicht wissen', dachte Ludovika, als sie dem Schlitten hinterhersah.

Münchner Weihnachts-überraschung

Bei der Einfahrt in die Stadt wurde das Gefährt von Gendarmen angehalten und die Beamten schickten sich an, es zu durchsuchen. Als Max sich als Schwager des Königs auswies, war erst nicht ganz klar, ob die Gendarmen nun besonders eifrig suchen oder den Herzog weiterfahren lassen würden. Schließlich aber entschuldigten sie sich respektvoll und ließen den Schlitten unbehelligt passieren. Das Haus in der Ludwigstraße lag im Dunkeln, das Portiershäuschen war nicht besetzt, vor dem Haus patrouillierte Militär mit aufgepflanzten Bajonetten.

„Ja, haben wir denn Belagerungszustand oder was ist da los?", murmelte der Herzog und klopfte laut an seiner eigenen Türe. Diese öffnete sich einen Spalt und das Gesicht des alten Leopold erschien. Anstatt die Türe ganz zu öffnen, machte er ein verdutztes Gesicht und stotterte: „Äh, Seine Hoheit, der Herzog ... Das ist aber eine Überraschung ... Frohe Weihnachten!"

„Leopold, jetzt mach keine Schpompernadeln, sondern endlich die Tür auf! Soll ich hier anfrieren samt dem Schlitten?"

„Äh … ja, ich meine: nein“, stammelte der ansonsten nicht so unbeholfene Diener und riss die beiden Torflügel weit auf, sodass der Schlitten einfahren konnte.

Der Herzog nahm sich Leopold zur Brust: „Jetzt sag mir, was los ist, Leopold, sofort! Hier stimmt doch etwas nicht.“

„Hoheit“, stammelte Leopold und sank in sich zusammen, „Hoheit, es ist jemand im Haus. Jemand, der normalerweise nicht da ist, jemand, von dem keiner wissen darf, dass er da ist.“

Der Herzog schubste Leopold zur Seite und stürmte die Treppe hinauf.

Das nach außen wie im Dornröschenschlaf anmutende Palais war innen warm geheizt, im Salon brannten Kerzen auf einem üppig gedeckten Tisch und statt nach weihnachtlichem Tannenreisig roch es nach teurem Damenparfüm. Gerade als sich der Herzog fragend nach dem hinterdrein laufenden Leopold umdrehen wollte, öffnete sich die Türe zum Salon und – Luis erschien, noch dazu nicht in Uniform, sondern im Hausrock!

„Luis!“, entfuhr es dem entgeisterten Herzog. „Erklär mir sofort, was hier los ist! Und vor allem: Wo ist sie und wer ist sie? Ich ahne doch – nein, ich rieche es –, dass hier irgendwo ein Frauenzimmer versteckt ist!“

„Servus, Papa“, murmelte Luis verlegen.

„Also?“, herrschte Max seinen Sohn noch einmal an.

„Es ist die Montez.“

„Lola Montez? Hier? Bist du von allen guten Geistern verlassen? Was machst du mit der Geliebten des Königs in meinem Haus?“

„Der Onkel ist auch hier, Papa“, ergänzte Luis zaghaft.

Dem Herzog blieb, was normalerweise so gut wie nie vorkam, die Sprache weg. Luis nutzte diesen Umstand zu einer weiteren Erklärung.

„Im Palais in der Gabelsbergerstraße waren die beiden nicht mehr sicher. Man hat bereits ein paar Mal die Scheiben eingeschlagen. Einige Randalierer, die ins Haus eindringen wollten, wurden verhaftet. Vor ein paar Tagen sind der König und die Montez heimlich hier hergezogen.“

„In mein Haus", seufzte der Herzog und ließ sich erschöpft in einen Fauteuil fallen. „Wenn das öffentlich bekannt wird, können wir uns in München nicht mehr blicken lassen."

„Eben! Darum sieht es nach außen aus, als wäre – abgesehen von ein paar Dienern und mir – niemand im Haus. Alle wissen ja, dass die Familie nach Possenhofen abgereist ist. Offiziell hat Lola Montez München bereits verlassen, tatsächlich aber ist sie hier in diesem Haus."

„Das eigentlich mein Haus ist", tönte plötzlich die Stimme des Königs aus der hintersten Ecke des Salons. Er hatte den Raum unbemerkt betreten. „Ich habe es bauen lassen und meiner Schwester geschenkt. Vergiss das nicht, lieber Schwager! Aber mach dir keine Sorgen: Außer ein paar Eingeweihten weiß niemand, dass Lola und ich hier sind."

„Aber wenn es sich doch herumspricht? Du weißt so gut wie ich, dass das Personal tratscht."

„Dann werde ich dafür sorgen, dass denjenigen der Teufel holt!", verkündete der König drohend.

„Aus diesem Grund bin ich ja auch noch nicht zu euch nach Possenhofen gekommen", erklärte Luis weiter. „Ich kann hier ein und aus gehen, ohne mich verdächtig zu machen. Ich mache für den König die Besorgungen."

„Er hat die Weihnachtsgeschenke für Lola beschafft, Max. Möchtest du sehen, was ich gekauft habe?"

„Gar nichts will ich sehen, Ludwig!" Der Herzog war nun wirklich aufgebracht. „Das Frauenzimmer hat dich total verblendet! Sie ist doch nicht wirklich an einem Leben mit dir interessiert, du bist schließlich mittlerweile über sechzig! Sie ist Tänzerin, das Theater liegt ihr im Blut. Die Frau sucht keine feste Bleibe, sie sucht Bewunderung. Und solange ihr deine Bewunderung genügt, weil von anderer Seite bekommt sie die in München sicher nicht mehr, wird sie bleiben. Fragt sich nur, wann sie weiterzieht. Wenn du mich fragst – je eher, desto besser."

„Jetzt gehst du zu weit", zischte der König, aber der Herzog ließ sich nicht aufhalten. Selbst Luis hatte seinen Vater noch nie derart in Rage gesehen.

„Was ist mit deiner Frau, Ludwig? Weiß Therese, dass du mit der Montez hier bist?“

„Ich befinde mich offiziell auf einer Truppeninspektion anlässlich eines Geheimmanövers.“

„Truppeninspektion, Geheimmanöver – ausgerechnet zu Weihnachten! Hältst du deine Frau für so dumm? Ich sehe schon die Schlagzeilen vor mir: Der König hält Geheiminspektion unter den Röcken der Montez!“

„Ludwig, nun ist es aber wirklich genug! Sei still oder …“

„Ich bin noch lange nicht still! Hast du auch nur einmal daran gedacht, wie sich Therese fühlt? Du machst sie in der Öffentlichkeit lächerlich!“

„Da redet der Richtige“, entgegnete der König. „Du tust gerade so, als wärest du ein Heiliger! Denkst du an Ludovika, wenn du auf deinen Reisen wie auch immer geartete Zerstreuung suchst?“

Herzog Max hielt kurz die Luft an und warf einen Seitenblick auf seinen Sohn.

„Aber ich bin nicht der König von Bayern, Ludwig, ich habe nicht deine Verantwortung.“

Die beiden Männer starrten einander schweigend an. Nach einer Weile lenkte der König, im Tonfall nun bereits etwas sanfter, ein: „Max, es tut mir Leid, dass ich dir Unannehmlichkeiten bereite, aber ich wusste keinen anderen Ausweg. Dass ich Luis für meine Privatangelegenheit missbraucht habe, tut mir ebenso Leid, aber sei versichert, bei seiner Einheit weiß keiner, zu welcher Mission ich ihn gerufen habe. Jetzt begib dich mit deinem Sohn zurück nach Possenhofen und feiere mit den Deinen Weihnachten.“

„Ich pack schon einmal ein paar Sachen zusammen“, warf Luis ein. Er war erleichtert, seine heikle Mission nun abbrechen zu können, und verschwand so schnell wie möglich aus dem Salon.

„Und, Max, gewähre mir noch zwei, drei Tage in deinem Haus. Ich schwöre dir, dann sind wir ein für alle Mal verschwunden. Glaubst du, ich weiß nicht, dass die Geschichte mit Lola und mir zu Ende geht?“

„Noch einmal, Ludwig: je früher, desto besser."

Bei diesen Worten griff Herzog Max in die Innentasche seines Mantels, den er noch immer anhatte, zog ein Fläschchen mit dunkelbrauner Flüssigkeit heraus und überreichte es dem König.

„Da, Ludwig. Hat mir der Pankraz vor meiner Abreise in die Hand gedrückt, damit ich auf dem Schlitten nicht so sehr friere. Es hilft aber auch gegen Liebeskummer. Frohe Weihnachten!"

Der Herzog drehte sich um und verließ den Raum ohne ein weiteres Wort. Noch nie war er so froh gewesen, sein eigenes Haus zu verlassen.

Im Hof verteilte Max rasch die Geschenke an das Personal, das ohnehin nur in sehr geringer Anzahl anwesend war. Als Vater und Sohn den Kontrollposten am Stadtrand passierten, kam Max sein kurzer Münchenbesuch bereits sehr unwirklich vor.

„Mama wir Augen machen, wenn ich ihr die Geschichte erzähle", sagte Luis zu seinem Vater.

„Du wirst ihr kein Sterbenswort von dem erzählen, was sich heute in unserem Palais zugetragen hat, Bub. Mama regt sich nur unnötig auf. Wir werden ihr einfach erzählen, ich hätte dich auf dem Weg nach Possenhofen getroffen und wir hätten beschlossen, in einem einzigen Schlitten weiterzufahren."

„Ich glaube, du hast Recht", meinte Luis nachdenklich. „Aber weißt du, so schlimm war diese Geheimmission eigentlich gar nicht. Die Montez ist wirklich ein Prachtweib. Zum Abschied habe ich sogar einen Kuss bekommen …"

'Mein Sohn!', dachte der Herzog und sah Luis mit sichtlich gespieltem Tadel an.

Revolution

Lola Montez war aus dem Palais in der Ludwigstraße inzwischen zwar wieder abgezogen, weilte aber noch immer in München und der König ordnete – allen Beraterstimmen zum Trotz – der Beziehung zu ihr seine Staatsgeschäfte nach wie vor unter. Er ging zwar auf einige Forderungen der Revolutionäre ein, aber es nützte alles nichts. Als Lola die Universität besuchte, kam es zu Handgreiflichkeiten. Daraufhin ordnete der König die Schließung der Universität an und befahl allen Studenten, München binnen drei Tagen zu verlassen. Bürger und Geschäftsleute protestierten und die Universität wurde einen Tag später wieder geöffnet. Und Lola Montez musste Hals über Kopf aus München fliehen.

Mitte März hieß es, sie sei zurückgekehrt, was den Zorn der Bevölkerung neuerlich entfachte. Es kam wieder zu Unruhen. Ludwig sah ein, dass es an der Zeit war, den Thron zu räumen. Er tat das am 20. März 1848 zugunsten seines Sohnes Maximilian II.

Unruhen gab es nicht nur in München. Von Frankreich ausgehend breiteten sich demokratisch und liberal denkende Kräfte über ganz Europa aus und es brodelte an allen Ecken und Enden. Auch Wien blieb nicht verschont. Im Habsburgerreich herrschte Krisenstimmung. Der Herbst

1847 hatte eine katastrophale Ernte gebracht und die Bevölkerung hungerte. In den von den Habsburgern regierten italienischen Provinzen kam es zu Aufständen und in Wien verlangte man eine neue Verfassung. Eine riesige Demonstration vor dem Landhaus in der Wiener Herrengasse wurde blutig niedergeschlagen, was dazu führte, dass die Aufständischen in der Stadt Barrikaden errichteten. Die Unruhen griffen auf die Vorstädte über, Fabriken wurden in Brand gesteckt und Wachstuben gestürmt. Als Folge dieser Vorkommnisse wurde zwar die Pressezensur aufgehoben, im Kaiserhaus wusste man aber, dass es höchste Zeit war, dem Volk ein weiteres „Opfer" zu bringen. Was konnte populärer sein, als den verhassten Staatskanzler Metternich zu entlassen, der wie kein anderer den restriktiven Polizeiapparat des Kaiserhauses repräsentierte? Erzherzog Franz Carl und vor allem dessen Gattin Sophie, Ludovikas politisch geschickte Schwester, unterstützten die Absetzung Metternichs – er musste mit seiner Familie aus Wien flüchten. Damit war dem Volk jedoch nicht Genüge getan. Metternichs Nachfolger lavierten und machten hinhaltende Versprechungen. Die Studenten, Arbeiter und Nationalgarden waren mit ihrer Geduld am Ende und gingen weiter auf die Straße. Unter der Oberfläche des nach außen hin so gemütlich wirkenden Wien mit seinen Landlern und Walzern und Schubert-Liedern, den Feuerwerken, den Paraden und den Fahrten im „Zeiserlwagen" zum Heurigen nach Grinzing brodelte es gewaltig. Die Ära des Biedermeiers neigte sich ihrem Ende zu.

Die in Possenhofen weilende Ludovika erhielt von ihrer Schwester Briefe, denen zu entnehmen war, dass Sophie ebenfalls damit rechnete, Wien verlassen zu müssen.

„Immer habe ich sie beneidet, dass sie in die Wiener Hofgesellschaft eingeheiratet hat, aber jetzt bin ich direkt froh, hier zu sitzen und nichts mit diesen schrecklichen Dingen zu tun zu haben. Was wollen die Leute denn eigentlich?", kommentierte Ludovika einen Brief ihrer Schwester aus Wien.

„Mehr Freiheiten wollen sie, mehr Rechte, die Möglichkeit der Mitbestimmung. Denk nur an England: Dort gibt es neben dem Königshaus das Parlament. Und die Menschen wollen nicht mehr hungern. Die Bauern wollen Unabhängigkeit von ihren Grundherren und sie wollen nicht mehr Zins und Robot zahlen – das ist verständlich, wenn man bedenkt, wie viel Armut es auf dem Land gibt. Die Menschen strömen in die Städte, weil sie sich in den Fabriken Arbeit erhoffen, aber auch dort werden sie nicht gerecht entlohnt. Deswegen gehen sie auf die Straße, Ludovika. Die Zeiten haben sich geändert, auch der Hof in Wien muss das einsehen."

Die mittlerweile elfjährige Sissy hatte den Ausführungen ihres Vaters still zugehört. Es leuchtete ihr ein, dass die Menschen etwas ändern wollten, wenn sie sich ungerecht behandelt fühlten.

„Aber Papa", warf Helene ein, „warum vertrauen die Menschen ihrem Kaiser in Wien nicht mehr? Er ist von Gott eingesetzt und eine solche Ordnung kann man doch nicht so mir nichts dir nichts umstoßen."

„Weißt du, Nené, manchmal ist es besser, die Dinge selbst in die Hand zu nehmen als nur auf Gott zu vertrauen …"

„Max, wie kannst du vor deiner Tochter solche Dinge sagen!"

Ludovika war erbost und heilfroh, dass ihre Schwester Sophie weit weg war und die Ansichten, die Herzog Max der unter Umständen zukünftigen Schwiegertochter Sophies mitteilte, nicht hören konnte.

Dem nächsten, sehr kurzen, weil scheinbar in großer Eile geschriebenen Brief ihrer Schwester entnahm Ludovika, dass Sophie schon nicht mehr in Wien weilte, sondern auf dem Weg nach Innsbruck war. Sophie schlug Ludovika vor, sie dort doch zu besuchen. Die Situation schien sehr kompliziert. Sophie deutete an, dass ein Thronwechsel bevorstehe. Der als Herrscher alles andere als geeignete Ferdinand konnte in diesen komplizierten Zeiten keinesfalls Kaiser bleiben – aber wer sollte nach ihm regieren? Eigentlich stünde der Thron nun Sophies Ehemann Erzherzog Franz Carl zu. Ludovika war sicher, bei einem Zusammentreffen in Innsbruck mehr in Erfahrung bringen zu können.

Ludovika überlegte hin und her, wie sie ihre Schwester in Innsbruck besuchen könnte, ohne im Vorfeld allzu viel Staub aufzuwirbeln. Dass Max einige Zeit vor Ostern wieder einmal von der Reiselust gepackt wurde und sich anschickte, seine Familie für einige Wochen alleine zu lassen, kam der Herzogin in diesem Fall sehr gelegen.

„Fahr nur, Max. Ich denke daran, mit Helene und Sissy nach Oberammergau zu den Passionsspielen zu fahren. Auch wir brauchen einmal Tapetenwechsel."

Max wunderte sich zwar über Ludovikas plötzliche Reisefreudigkeit, war aber in Wahrheit froh, durch seine Abreise den, wie er es nannte, „lamentablen" Passionsspielen entgehen zu können, und fragte nicht weiter.

Sissy und Nené sahen in der Reise vor allem die Gelegenheit, den verhassten Unterrichtsstunden zu entfliehen, und stimmten begeistert zu.

„Wir nehmen Luis und Gackel mit", verkündete Ludovika weiter, „dann sind wir in männlicher Begleitung. Luis wird aufpassen, dass uns nichts passiert."

Luis konnte sich zwar aufregendere Dinge vorstellen, als mit Mutter und Geschwistern die Passionsspiele zu besuchen, aber immerhin wurde ihm durch seine offizielle Rolle als männlicher Reisebegleiter sein Urlaub verlängert.

Die verdatterte Baronin Wulffen wurde kurzfristig dazu angehalten, das Haus zu hüten und auf die beiden Jüngsten, Mathilde und Sophie, aufzupassen. Die Baronin hasste jede ihren geregelten Tagesablauf unterbrechende Unternehmung, aber es blieb ihr nichts anderes übrig, als gute Miene zum bösen Spiel zu machen und der Herzogin beim Packen zu helfen.

„Wir nehmen nicht allzu viel auf die Reise mit, nur ein paar Koffer mit dem Nötigsten. Wir reisen mit der Post", erklärte Ludovika und traf ihre Anordnungen. Nach wie vor ahnte niemand, dass Oberammergau nicht das eigentliche Reiseziel war.

Die Postkutsche, die den Possenhofener Schlosshof einige Tage später verließ, war mit den drei Damen und den beiden Herren komplett ausgebucht. Die Koffer türmten sich auf dem Dach der Kutsche und mussten besonders sorgfältig fixiert werden. Der Kutscher hatte sich beklagt, dass das Gewicht für die Pferde eigentlich zu groß sei, aber Ludovika hatte begütigend auf ihn eingeredet. Es waren ja ohnehin nur die nötigsten Dinge eingepackt worden, aber ein Geheimaufenthalt in Innsbruck und ein Treffen mit der noblen Wiener Verwandtschaft verlangten eben doch eine gewisse Grundausrüstung.

Der Kutscher hatte Mühe, die Pferde auf das gewohnte Tempo zu bringen, aber bald ging es flott dahin, einem zumindest den Kindern unbekannten Ziel entgegen.

Bedeutsame Tage

Als Ludovika nach einigen Tagen Aufenthalt in Oberammergau ihren Kindern mitteilte, sie habe Nachricht erhalten, dass Erzherzogin Sophie mit ihren drei Söhnen in Innsbruck weile, und ihnen vorschlug, diese zu besuchen, freuten sich Nené, Sissy und Gackel sehr. Luis war nicht ganz so enthusiastisch, zeigte sich allerdings froh darüber, das provinzielle Oberammergau mit dem doch etwas größeren Innsbruck vertauschen zu können.

Die Begrüßung der beiden Schwestern, die einander Ewigkeiten nicht gesehen hatten, verlief überaus herzlich und wären die Umstände, die zu dieser Zusammenkunft geführt hatten, nicht dermaßen dramatisch gewesen, hätte sich Sophie mit einem leichten Herzen in dieses Familientreffen stürzen können.

„Jetzt erzähl, Sophie: Was ist eigentlich los in Wien?"

„Ach Ludovika, wenn das nur so einfach wäre! Ich werde versuchen, die Dinge zusammenzufassen: Ich habe dir doch geschrieben, dass im Zuge der Unruhen, die zurzeit in Wien im Gange sind, ein Thronwechsel unumgänglich ist. Ferdinand ist nicht einmal fähig, wirklich zu erfassen, was politisch im Reich vor sich geht. Seine Krankheit schreitet voran, er kann nicht weiter regieren. Wie du weißt, wäre mein Gatte der Nächste in der Reihe. Ich glaube allerdings, dass auch er nicht der Richtige ist.“

„Nicht? Aber Franz Carl ist doch ein guter Mensch und …“

„Das ist es ja eben: Er ist ein guter Mensch – zu gut. Er ist nicht entschlussfreudig, sehr zögerlich, und das sind keine ideale Voraussetzungen in diesen Zeiten. Ich habe mir vorgenommen, ihn davon zu überzeugen, dass er auf den Thron verzichten soll.“

„Aber dann wäre ja Franz Joseph …“

„Du sagst es, Ludovika! Franz Joseph ist jung, im August wird er achtzehn. Viele dieser Unruhestifter sind in seinem Alter. Ich denke also, dass wir eine Generation überspringen müssen. Einem jungen Monarchen wird man viel eher zutrauen, dem Geist der neuen Zeit aufgeschlossen gegenüberzustehen.“

Ludovika bewunderte einmal mehr den politischen Scharfsinn ihrer Schwester. Langsam verstand sie, warum man ihr nachsagte, am Wiener Hof der „einzige Mann“ zu sein. Sie verstand es wirklich, Probleme zu erfassen, eine Lösung zu suchen und diese dann auch zielstrebig umzusetzen.

„In Bayern hat es ebenfalls einen Thronwechsel gegeben, wie du ja weißt, aber Maximilian scheint die in ihn gesetzten Hoffnungen nicht erfüllen zu können.“

„Genau das ist es, was ich Franz Carl ersparen möchte. Ich will nicht, dass er sich selbst dabei zusehen muss, wie er scheitert. Und er würde scheitern, da bin ich mir sicher.“

„Aber das bedeutet ja, dass du nicht Kaiserin wirst. Dabei bist du doch wie für dieses Amt geschaffen!“

Sophie erhob sich und ging zum Fenster. Sie drehte ihrer Schwester den Rücken zu, aber Ludovika merkte dennoch, wie schwer es Sophie fiel, die folgenden Worte auszusprechen.

„Seit ich nach Wien gekommen bin, habe ich mir gewünscht, Kaiserin zu werden. Ich wäre so gerne an der Spitze dieses Reiches gestanden, glaube mir. Aber auch in meiner jetzigen Position muss ich die richtige

Entscheidung für das Reich treffen – und die bedeutet in diesem Fall den Thronverzicht."

Mit einem Ruck drehte sich Sophie um und ließ sich wieder neben ihrer Schwester nieder.

„Aber nun zu dir, Ludovika!" Sophies Stimme strotzte bereits wieder vor Tatkraft. „Hast du Helene mitgebracht?"

„Helene, Sissy, Gackel und Luis."

„Du musst verzeihen, dass mich die anderen nicht in dem Maße interessieren. Erzähl mir von Helene!"

„Nun, sie ist mittlerweile vierzehn Jahre alt und verspricht eine stille, damenhafte Schönheit zu werden. Sie hat die besten Lehrer und eine vorzügliche Gouvernante. Sie wird weit mehr gefördert als ihre Geschwister. Manchmal macht sie das ein bisschen missmutig, dann ist sie aber wieder sehr stolz darauf, mehr zu wissen als ihre Geschwister."

„Du machst mich wirklich neugierig, Ludovika. Stell sie mir doch bitte vor."

Die Herzogin ließ ihre älteste Tochter rufen. Im Türrahmen erschien ein schlankes, dunkelhaariges Mädchen, das sehr erwachsen wirkte. Sie begrüßte ihre Tante mit einem vollendeten Hofknicks und Ludovika konnte am Gesichtsausdruck ihrer Schwester ablesen, dass diese mehr als zufrieden war.

„Ich freue mich, dich zu sehen", eröffnete Sophie das Gespräch. „Wie du weißt, habe ich meine Söhne mitgebracht – das heißt, die beiden jüngeren sind mit mir aus Wien angereist. Franz Joseph ist gestern direkt aus Italien hierher gekommen, wo er an der Seite von Feldmarschall Radetzky gegen die Aufständischen gekämpft hat."

Sophie versuchte eindeutig, ihren Ältesten für die Vierzehnjährige interessant zu machen.

„Geh doch hinunter in den Garten, Helene, du wirst deine Cousins dort treffen. Sie werden sich gewiss freuen, deine Bekanntschaft zu machen."

Mit einem ebenso perfekten Hofknicks zog sich Helene wieder zurück. Ludovika war bei Helenes Anblick das Herz stehen geblieben. Erst in diesem Augenblick wurde ihr bewusst, dass sie unter Umständen soeben der zukünftigen Kaiserin von Österreich gegenübergestanden war.

„Sie wird jetzt Gelegenheit haben, Franz Joseph kennen zu lernen", riss Sophie ihre Schwester aus deren Gedanken. „Ich bin mir sicher, wenn es so weit ist, werden die beiden ein vortreffliches Paar abgeben, das wir den Völkern Europas stolz präsentieren können."

Nené war erleichtert, die „Vorführrunde" überstanden zu haben, und lief hinunter in den Park der Innsbrucker Hofburg. Jetzt, im späten Frühling, stand er in voller Blüte und Nené genoss es sehr, die sorgfältig gepflegten Wege entlang zu spazieren. Sie tat das ohne wirkliches Ziel. Es war ihr im Augenblick gar nicht danach, ihre Cousins zu treffen.

Es gab noch eine zweite Person, die ganz und gar nicht darauf erpicht war, sich mit den Verwandten abzugeben, schon gar nicht mit halben Kindern. Franz Joseph hatte sich auf einer Parkbank niedergelassen und weilte mit seinen Gedanken bei Feldmarschall Radetzky in Italien. Nené sah die Gestalt in der Ferne. Sie näherte sich vorsichtig. Da saß ein dünner, blasser, nicht sehr großer junger Mann und grübelte.

„Cousin Franz?", fragte Nené, als sie bei der Bank angekommen war.

Franz Joseph zuckte zusammen und sprang auf.

„Ja. Ah, und Sie müssen eine meiner Cousinen aus Bayern sein."

„Stimmt, ich bin Helene."

„Cousine Helene, nett, Sie kennen zu lernen. Sie müssen verzeihen, ich bin erst gestern hier angekommen und noch nicht ganz bei der Sache. Die Aufstände in Italien, Ungarn und Wien beschäftigen mich sehr."

„Ich habe davon gehört", sagte Nené ausweichend. Sie konnte sich mit ihrem Cousin nicht auf eine politische Diskussion einlassen. Sie hatte zwar Geschichtsunterricht erhalten und war mit den Häusern Habsburg und Wittelsbach wohl vertraut, aber hier ging es um die Gegenwart, um Politik, und da konnte sie nicht wirklich mitreden. Sie wechselte also einige höfliche Worte mit Franz Joseph und zog sich dann wieder zurück.

Nené war also in keiner Weise Gesprächspartnerin für den jungen Erzherzog und es war kein Wunder, dass er sie in den folgenden Tagen, die die Familie gemeinsam unter einem Dach verbrachte, einfach übersah. Aber Franz Joseph nahm niemanden wahr, so sehr war er in seinen Gedanken bei der Politik.

Ganz anders verhielt sich sein jüngster Bruder Karl Ludwig. Er war ein hübscher, aufgeweckter Fünfzehnjähriger, der mit dem ihm eigenen Wiener Charme bereits in seinem jugendlichen Alter die Herzen der Damen eroberte – auch die der älteren Semester. Es gab nicht nur ein weibliches Wesen am Wiener Hof, das sich gewünscht hätte, doch ein paar Jährchen jünger zu sein. Erzherzog Karl Ludwig blieb das ihm entgegengebrachte Interesse der Damenwelt natürlich nicht verborgen. Er war zwar noch ein Knabe, aber alles andere als schüchtern. An seiner Cousine Helene zeigte er wenig Gefallen, umso mehr beschäftigte er sich mit der kleinen Sissy. Sie war natürlich, lustig und nahm sich kein Blatt vor den Mund – das imponierte dem Erzherzog. Sissy wiederum musste ein Vorurteil revidieren. Sie hatte sich vorgestellt, die Wiener Cousins seien alle zusammen vornehme Lackaffen. Karl Ludwig aber war ganz „normal", wie Sissy es ihren Geschwistern gegenüber bezeichnete. Mit ihm konnte man herumalbern, er verwendete auch nicht das förmliche „Sie" und mit seiner Lebenslust erinnerte er sie an ihren Vater. Sissy dachte allerdings nicht im Traum daran, dass Karl Ludwig in ihr mehr sehen könnte als die kleine Cousine, und doch sprach er eine Seite in ihr an, die sie bisher noch nicht gekannt hatte. Freilich, sie hatte sich zu David hingezogen gefühlt, aber Karl Ludwig war forsch und machte ihr Komplimente. Außerdem fanden sie viele gemeinsame Gesprächsthemen.

Erstmals in ihrem Leben fand sich Sissy an der Seite eines jungen Mannes in einer Laube wieder. Der Erzherzog erzählte vom Wiener Hof, von den dortigen Sitten und Gebräuchen. Seine Schilderungen waren so plastisch und bunt, dass Sissy das Wiener Leben beinahe bildlich vor Augen hatte.

„Und bei einem Karussellreiten in der Winterreitschule solltest du einmal dabei sein!", schwärmte er Sissy vor.

„Karussellreiten? Das machen wir in München auch! Papa hat im Hof unseres Palais einen Zirkus bauen lassen, mit Manege und Zuschauertribünen. Dort findet das Karussellreiten statt. Papa und ich sind dabei unschlagbar!"

„Bist du wirklich eine so gute Reiterin? Dann sollten wir einmal ein kleines Wettrennen veranstalten."

Karl Ludwig sah seine kleine Cousine schelmisch an.

„Jederzeit!", rief Sissy mit blitzenden Augen. „Du wirst sehen, ich schlage dich."

„Abgemacht! Komm nach Wien und wir reiten um die Wette."

„Das würde ich gerne", warf Sissy ein. „Überhaupt möchte ich später einmal viel reisen, genau wie mein Papa. Ich möchte so viel wie möglich von der Welt sehen."

„Ich reise auch gerne. Im Moment ist es in einigen Teilen der Welt aber sehr unruhig! Da bin ich schon lieber hier bei dir in Innsbruck."

Sissy wurde rot. Noch nie hatte ihr ein Mann ein derartiges Kompliment gemacht. Sie senkte den Blick, dann sprang sie ganz plötzlich auf.

„Ich glaub, ich muss jetzt nachschauen, was Gackel macht!", rief sie und beendete das Beisammensein ein bisschen zu abrupt.

„Vielleicht sehen wir einander ja beim Abendessen", rief ihr Karl Ludwig nach.

Sissy drehte sich noch einmal um.

„Ja, vielleicht …"

Dann lief sie davon – und machte dabei den einen oder anderen Luftsprung, aber erst, als sie sich sicher war, dass ihr Cousin sie nicht mehr sehen konnte.

Auch Erzherzog Karl Ludwig verließ den Garten, um sein Zimmer aufzusuchen. Er pfiff leise vor sich hin – ein untrügliches Zeichen für seine gute Laune. Je mehr ihm seine Erzieher einschärften, dass sich Pfeifen für einen jungen Erzherzog nicht schicke, umso lieber tat er es, wenn es dazu einen Anlass gab. Und heute gab es einen.

Junge Liebe

Zu einem gemeinsamen Abendessen war es an diesem Tag nicht mehr gekommen, denn Ludovika hatte es vorgezogen, gemeinsam mit ihren Kindern in den ihnen zugedachten Gemächern zu speisen.

'Macht nichts', dachte Sissy, als sie abends im Bett lag. 'Wir wohnen ja unter einem Dach. Morgen sehe ich ihn sicher wieder.'

Die Gardinen waren zurückgezogen, Mondlicht erhellte die Schlafkammer. Durch das halb geöffnete Fenster hörte Sissy den Wind in den Bäumen säuseln.

Karl Ludwig geisterte durch ihre Gedanken. Er könnte doch nach Possenhofen kommen und sie würden gemeinsam am Seeufer entlang reiten. Aber schön wäre es auch, käme er im Sommer nach München – die Reitalleen im Englischen Garten waren himmlisch. Die hatte Onkel Ludwig, als er noch König war, wirklich prächtig anlegen lassen. Überhaupt könnte er noch König sein, wäre da nicht die dumme Geschichte mit der Tänzerin gewesen. Er sei furchtbar in sie verliebt gewesen, war getratscht worden. Sissy hatte Baronin Wulffen gefragt, was das denn bedeute, verliebt zu sein. Ob das so etwas sei wie eine Krankheit, wie Masern zum Beispiel? Die Wulffen hatte ein strenges Gesicht gemacht und mit spitzen Lippen erklärt: „Liebe ist keine Krankheit, sondern ein Zustand. Im Fall unseres Königs allerdings ein krankhafter Zustand. Wer davon betroffen ist, ist nicht zu beneiden. Und Liebe macht bekanntlich blind."

Sissy schreckte aus ihren Träumereien auf. Konnte es sein, dass dieses Gefühl, dieses wehmütige und gleichzeitig wunderbar leichte, das sie irgendwo in ihrer Magengegend lokalisierte, Verliebtheit war? War sie nun ebenfalls zu bedauern?

'Egal, es fühlt sich jedenfalls nicht schlecht an', dachte Sissy, bevor ihr endlich doch die Augen zufielen.

Am nächsten Morgen befragte Sissy ihre Mutter: „Wenn man verliebt ist, Mama, kriegt man dann Kinder?"

Ludovika traute ihren Ohren nicht und schlug die Hände über dem Kopf zusammen: „Kind, woher hast du denn diesen Unsinn?"

„Der Pankraz hat gesagt ..."

„Pankraz, natürlich. Aber jetzt zerbrich dir nicht über solche Dinge den Kopf, geh lieber Tennisspielen."

Sissy zockelte davon und war so klug wie zuvor. Niemand wollte ihr zum Thema Verliebtheit nähere Auskünfte erteilen.

Am darauf folgenden Tag sah sie Karl Ludwig bei der Frühmesse in der Schlosskirche wieder. Zwar waren sie durch die gesamte Breite des Kirchenschiffes voneinander getrennt, aber Sissy spürte die Blicke des Cousins in ihrem Rücken und auch sie musste sich immer wieder nach ihm umdrehen. Wenn sich ihre Blicke trafen, schaute Sissy blitzschnell weg und tat, als versenke sie sich in ihr Gebetbuch.

Beim Verlassen der Schlosskirche gesellte sich Karl Ludwig zu seinen Münchner Verwandten.

„Guten Morgen, liebe Tante", begrüßte er Ludovika und Sissy schoss das Blut ins Gesicht. Sie hielt den Kopf gesenkt, damit niemand die Röte auf ihren Wangen sehen konnte.

„Karl Ludwig, guten Morgen!", antwortete die Herzogin. „Ich habe gar nicht erwartet, dich hier beim Gottesdienst zu treffen."

„Haben Sie etwa eine so schlechte Meinung von mir?", konterte Karl Ludwig keck.

„Ich muss zugeben, ich hätte dich eher bei einer sportlichen Betätigung vermutet als in der Kirche."

„Ich habe viele Seiten, liebe Tante. Gestern habe ich Sissy übrigens nach Wien eingeladen."

Sissy wäre bei diesen Worten am liebsten im Erdboden versunken. Ängstlich blickte sie ihre Mutter an. Aber die antwortete zerstreut: „Wie nett! Vielleicht lässt sich das ja wirklich einmal einrichten. Du kannst uns auch gerne in München besuchen. Aber im Moment ist keine gute Reisezeit."

Sissy traute ihren Ohren nicht. Hatte ihre Mutter Karl Ludwig wirklich gerade eingeladen?

Luis waren Sissys Gefühlswallungen nicht entgangen.

„Sissy würde sich über deinen Besuch sicher ganz besonders freuen", ergänzte er.

Sissy sah ihren Bruder zornig an, doch der grinste nur.

„Wie geht es Franz?", erkundigte sich Ludovika beiläufig.

„Ach, der Franz, der hat nichts als seine Politik im Kopf. Er läuft den ganzen Tag im Zimmer hin und her wie ein Tiger im Käfig. Ich vermute, er wäre jetzt am liebsten in Italien oder in Ungarn oder mitten in den Krawallen in Wien, um die Aufständischen eigenhändig zu beruhigen. Ich glaube, er merkt überhaupt nicht, dass Frühling ist."

„Und was für ein Frühling!", entschlüpfte es Sissy.

„Da hast du Recht, Sissy", antwortete Ludovika auf den Einwurf ihrer Tochter, „es ist wundervoll. Da fragt man sich wirklich, wie es sein kann, dass es Menschen gibt, die einander totschießen und erschlagen."

„Franz meint, sollte er einmal Kaiser werden, würde er derlei niemals zulassen. Es müsste immer Frieden sein", erklärte Karl Ludwig.

„Es wäre schön, wenn ihm das gelänge", meldete sich erstmals Helene zu Wort, die bisher schweigend daneben gestanden war. „Aber er ist ja nicht Kaiser."

„Aber vielleicht bald", sagte Ludovika und sah ihre älteste Tochter ernst an. „Jedenfalls halte ich ihn für einen sehr pflichtbewussten jungen Prinzen."

„Ich werde Franz sagen, dass Sie solche Lobeshymnen über ihn singen, liebe Tante. Aber das Leben besteht nicht nur aus Pflichtbewusstsein – man soll es auch genießen!“

„Da kann man Karl Ludwig nur zustimmen, nicht wahr, Mama?“, mischte Sissy sich ein. Ludovika blickte ihre Tochter überrascht an.

„Schön, dass du für mich Partei ergreifst, Sissy. Sehen wir einander heute Nachmittag um drei Uhr auf unserer Bank? Ich warte auf dich!“, verabschiedete sich Karl Ludwig und machte sich davon, ohne eine Antwort abzuwarten.

„Unsere Bank?“, fragte Ludovika. „Ist mir da vielleicht etwas entgangen? Mir scheint, du hast eine Eroberung gemacht, Sissy.“

Sissy trat verlegen von einem Bein auf das andere.

„Darf ich ihn treffen, Mama?“

„Du darfst nicht nur, du musst sogar“, schmunzelte Ludovika. „Er ist ein Erzherzog. Das ist ein Prinz aus dem Kaiserhaus und einem Prinzen muss man folgen.“

Die Zeit bis zum Nachmittag verstrich quälend langsam. Sooft Sissy an einer der zahlreichen Uhren vorbeikam, warf sie einen Blick auf das Zifferblatt. Als die Stunde des Zusammentreffens endlich doch näher rückte, verschwand sie in ihrem Zimmer und ließ sich vor dem Spiegel nieder. Sie sah darin ein Gesicht mit runden, rosigen Backen. Sissy begann an ihrer Frisur zu nesteln.

Zum ersten Mal in ihrem Leben hatte sie eine Menge an sich auszusetzen: Sie fand sich zu klein und zu dick. Ihre Nase sah plötzlich so groß aus – und waren da nicht zwei Pickel auf ihrer Stirn? Sissy seufzte. Sie konnte sich wirklich nicht vorstellen, was Karl Ludwig an ihr anziehend fand. Dass es dennoch der Fall war, erfüllte sie mit Stolz.

Pünktlich um drei erschien sie bei der Bank im Hofgarten. Der Erzherzog stand schon da, einen Frühlingsblumenstrauß in seinen Händen.

‘Noch nie’, dachte Sissy und nahm die Blumen errötend in Empfang, ‘noch nie habe ich von einem jungen Mann Blumen bekommen.’

Wünsche und Hoffnungen

„Wie gefällt dir die junge Wittelsbacherin, mein Sohn?"

Sophie hatte sich vorgenommen, die Aufmerksamkeit ihres ältesten Sohnes gezielt in Richtung Helene zu lenken.

„Welche meinen Sie, Mama?" Franz Joseph war geistesabwesend wie immer.

„Helene natürlich."

„Ehrlich gesagt habe ich nicht sehr auf sie geachtet. Warum fragen Sie?"

„Nun, sie ist ja schließlich eine deiner Cousinen."

„Und sie ist ein bayrisches Landmädel", ergänzte Franz Joseph verächtlich. „Im Augenblick steht mir der Sinn wirklich nicht danach, mich mit halbwüchsigen Mädchen auseinanderzusetzen, da habe ich Besseres zu tun."

„Ich gebe dir ja Recht – aber auch ein Mensch, der seine Pflichten ernst nimmt, muss sich ab und zu entspannen."

„Und dabei soll mir ausgerechnet meine Cousine helfen? Nein, Mama. Ich entspanne mich bei interessanten Gesprächen mit Politikern, Wissenschaftlern oder Militärs."

„Die hast du doch ohnehin stets um dich!"

„Ich habe aber noch viel zu lernen, Mama. Da ist mir jede Sekunde mit einem politisch gebildeten Menschen wichtiger als ein Gespräch mit einem langweiligen Landmädel."

Sophie seufzte. Natürlich konnte sich ein zukünftiger Kaiser nicht ernsthaft genug auf die ihm bevorstehenden Aufgaben vorbereiten, aber neben politischem und militärischem Geschick verlangte ein Volk eine Kaiserin an der Seite seines Herrschers – und vor allem einen Thronfolger. Wenn Franz Joseph weiterhin nur an der Politik Interesse zeigte, würde es nie dazu kommen. Dabei waren auch kaiserliche Eheschließungen hohe Politik, da konnte sich Franz Joseph an Maria Theresia ein Beispiel nehmen.

Der junge Erzherzog zog sich mit der Entschuldigung zurück, er habe zu arbeiten. Er wusste, gegen diese Ausrede war seine Mutter machtlos. Was hatte sie nur plötzlich mit dieser Wittelsbacherin? Natürlich gab es Frauen in seinem Leben. Er genoss die Aufmerksamkeit, die ihm die jungen Damen der Gesellschaft entgegenbrachten, er war ein ausgezeichneter und leidenschaftlicher Tänzer und den Lustbarkeiten des Lebens ganz und gar nicht abgeneigt. Aber ausgerechnet jetzt hatte er wirklich keinen Kopf für solche Dinge.

Erzherzogin Sophie ließ jedoch nicht locker. Für den Abend war eine Theatervorstellung angesagt und sie hatte beschlossen, es so zu arrangieren, dass Franz Joseph in der Hofloge neben ihrer Nichte Helene zu sitzen käme. Wollte er nicht geradezu unhöflich erscheinen, musste er seiner Cousine zumindest in den Pausen etwas Aufmerksamkeit entgegenbringen. Für eine solche Begegnung waren allerdings noch einige Vorkehrungen zu treffen. Sophie suchte Ludovika auf und fand sie zu ihrer Überraschung gemeinsam mit ihren Töchtern und den Hofdamen beim Zupfen von Scharpie, einem Wundverbandmaterial aus Baumwoll- oder Leinenstoff. Ludovikas Töchter erhoben sich respektvoll von ihren Stühlen, als die Tante ins Zimmer trat.

„Wir müssen doch etwas für unsere verwundeten Kämpfer tun", meinte Ludovika auf Sophies fragenden Blick hin. „Verbandszeug und Mull werden in großer Menge gebraucht. Leider kann man in den heutigen Zeiten gar nicht genug davon vorrätig haben."

„Lasst euch bei eurer Arbeit nicht stören, Kinder. Ich habe mit eurer Mutter ein paar Kleinigkeiten zu besprechen."

Sophie winkte ihre Schwester in einen Nebenraum.

„Die Sache mit Helene läuft nicht sehr gut", begann sie das Gespräch. „Mein Sohn ist gegenwärtig blind für alles, was nicht mit Politik zusammenhängt, und übersieht dabei völlig, dass auch eine Heirat dazugehört."

„Das liegt aber doch gewiss nicht an Nené", meinte Ludovika vorsichtig. „Vielleicht ist Franz einfach noch zu jung."

„Ist er nicht, glaub mir!" Sophie warf ihrer Schwester einen bedeutungsvollen Blick zu. „Vielleicht müssen wir Helene einfach noch attraktiver machen. Ich habe folgenden Plan: Bei der heutigen Theatervorstellung setze ich deine Tochter neben meinen Franz. Und du musst sie herausputzen. Sie muss heute Abend strahlend schön sein. Und noch etwas: Franz ist im Moment ausschließlich an Gesprächen über die gegenwärtige Lage interessiert. Du musst Helene darauf vorbereiten."

„Um Himmels willen! Wie soll denn das möglich sein in ein paar Stunden! Außerdem habe ich doch selber viel zu wenig Ahnung."

„Da hast du allerdings Recht. Wir machen es am besten so: Ich lasse die heutigen Tageszeitungen in deine Gemächer bringen. Ich werde die Artikel markieren, die besonders wichtig sind. Helene soll sie zumindest lesen oder, wenn du das besser findest, lies du sie und erzähl deiner Tochter davon."

„Mein Gott, all dieser Aufwand! Glaubst du nicht, dass Nené unseren Plan durchschaut?"

„Sie darf ihn nicht durchschauen! Wenn sie merkt, was wir vorhaben, würde sie beim Zusammentreffen mit Franz Joseph vor Nervosität einen Fehler nach dem anderen machen. Also, ich verlasse mich auf dich, Ludovika!"

Und schon war Sophie mit forschem Schritt und raschelnden Röcken aus dem Zimmer verschwunden. Ludovika war nicht einmal mehr dazu gekommen, ihr die Neuigkeiten in Bezug auf Sissy und Karl Ludwig zu berichten.

Für Helene war es nun vorbei mit dem Mullzupfen, nur Sissy blieb noch ein wenig sitzen und überließ sich ihren Gedanken: Wenn sie nun bald wieder abreisten, könnte sie sich sicher binnen kürzester Zeit nicht mehr an Karl Ludwigs Gesicht erinnern. Wie schön wäre es also, ein Bild von ihm zu besitzen, ein ganz kleines nur! Vielleicht sogar eingebettet in ein Medaillon, das sie immer bei sich tragen könnte. Aber wen sollte sie um ein solches Medaillon bitten? Ihren Vater?

Sissy fand, dass es ganz schön kompliziert war, verliebt zu sein. Ob sich Karl Ludwig ebenfalls solche Gedanken machte? Vielleicht empfand er ja gar nichts für sie, vielleicht beschäftigte er sich nur aus Mitleid mit ihr, der kleinen Schwester der schönen Nené? Im Vergleich mit Nené war sie ja wirklich ein kleines, hässliches, dickes Entlein. Vielleicht sollte sie einfach ein bisschen weniger essen. Ja, das war es! Um der Schönheit willen – nein, eigentlich nur um Karl Ludwig zu gefallen – würde sie ab nun nur mehr halbe Portionen zu sich nehmen. Auch bei Selchfleisch mit Kraut und Knödel, ihrem erklärten Lieblingsgericht, würde sie ab nun auf den Nachschlag verzichten. Von diesem Gedanken beflügelt zupfte Sissy ihre Scharpie schneller als alle Hofdamen rundherum.

Währenddessen erhielt Ludovika durch einen Lakaien einen Packen Zeitungen zugestellt. Sophie hatte es offensichtlich sehr gut gemeint – überall waren mit rotem Stift Artikel gekennzeichnet. Kopfschüttelnd überflog Sophie die Überschriften: „Aufstand in Prag – die Revolte von Windischgrätz niedergeschlagen“ stand da zum Beispiel. Oder: „Radetzky sammelt Truppen bei Sommacampagna“. Ein anderes Blatt berichtete ausführlich über die Niederschlagung eines Putsches in Paris.

„Alles andere als erfreuliche Zeiten“, seufzte Ludovika und überlegte im Stillen, wie sie all diese Informationen in Nenés Kopf hineinbekommen sollte.

Alles Theater

An diesem Abend wurde im Hoftheater „Der Barometermacher auf der Zauberinsel“ geboten, eine „Zauberposse mit Gesang und Tanz in zwei Aufzügen“ von Ferdinand Raimund. Sissy freute sich sehr darauf. Sie hatte den ganzen Nachmittag dazu gebraucht, um das richtige Kleid auszusuchen – mehrmals hatte sie sich umgezogen und immer wieder neue Frisuren ausprobiert –, dann aber war die Zeit bereits knapp und sie schlüpfte wieder in die Garderobe, die sie zuallererst gewählt hatte.

Als Nené aus ihrem Zimmer trat, stockte Sissy der Atem. Ihre Schwester war unglaublich schön, die Friseusen und Zofen hatten wahrlich ein Wunder vollbracht. Mit der Hilfe von ein wenig Schminke sah die vierzehnjährige Helene zumindest wie sechzehn aus, also wie eine junge Frau im heiratsfähigen Alter. Neben ihr kam Sissy sich plump und unförmig vor.

„Vielleicht hätte ich doch das dunkelblaue Kleid nehmen sollen“, schoss es ihr durch den Kopf. „Das macht ein bisschen schmäler.“

Aber es war zu spät, sich noch einmal umzukleiden.

Trotz ihrer Schönheit sah Helene ein bisschen verstört aus. Ihre Mutter hatte ihr den ganzen Nachmittag aus den Tageszeitungen vorgelesen.

Sie hatte ihre Verwandlung in eine schöne junge Frau ganz und gar nicht genießen können – ununterbrochen war von Krawallen und Aufständen die Rede gewesen. Sie verstand auch nicht, aus welchem Grund sie das alles plötzlich wissen musste. Gut, sie würde während der Vorstellung neben ihrem Cousin Franz Joseph sitzen und ihre Mutter wollte sich wahrscheinlich nicht blamieren, wenn der Erzherzog das Wort an ihre große Tochter richtete, aber dermaßen viel Aufwand war eigentlich unverständlich.

Helene hatte sich heftig dagegen gewehrt, den Platz neben Franz Joseph zugewiesen zu bekommen, aber all ihr Widerstand war zwecklos gewesen. Wenn Franz Joseph sich allerdings so wortkarg und unhöflich verhielte wie bei ihrer ersten Begegnung, dann nutzte es Helene auch nichts, wenn sie wusste, wie viele Tote und Verletzte es bei den letzten Unruhen in Prag gegeben hatte. Warum konnte nicht ihr Bruder Luis neben Franz Joseph sitzen? Die beiden hätten einander sicher mehr zu erzählen.

Mit derartigen Gedanken stieg Helene in die Kutsche, Sissy kletterte hinterher. Beide Schwestern machten ein finsteres Gesicht. Eine halbe Stunde später konnte Sissy schon wieder lachen – Karl Ludwig hatte sie als Erste begrüßt und ihr zugewinkt, als sie ihre Plätze einnahmen. Franz Joseph war erst erschienen, als sich bereits der Vorhang hob, und hatte seiner Cousine Helene nur flüchtig zugenickt, bevor er sich auf seinem Stuhl niederließ, den er vorsichtshalber noch ein bisschen von ihr weggerückt hatte.

Helene litt entsetzlich. Das Stück gefiel ihr, aber sie getraute sich nicht zu lachen, weil Franz Joseph auch bei den lustigsten Szenen nicht eine Miene verzog.

Als die Pause eingeläutet wurde, blickte Franz Joseph seine schöne Cousine kurz an und diese erwartete nun, angesprochen zu werden.

Nichts geschah.

Nach einigen Sekunden, die Helene wie eine Ewigkeit vorkamen, sagte Franz Joseph: „Entschuldigen Sie mich, verehrte Cousine, aber ich mache mir nichts aus Theater."

Mit diesen Worten verschwand er aus der Loge und kehrte auch am Ende der Pause nicht wieder zurück.

Helene stieg die Zornesröte ins Gesicht. Dafür hatte sie den ganzen Nachmittag politische Litaneien über sich ergehen lassen müssen, dafür war sie von ihrer Mutter derart gequält worden? Dann aber beruhigte sie sich. Schließlich konnte sie nun die zweite Hälfte der Aufführung in vollen Zügen genießen.

Sophie und Ludovika, die die Szene überaus interessiert mitverfolgt hatten, saßen für den Rest der Aufführung betroffen schweigend nebeneinander. Ihr Plan war schief gelaufen.

Nach Vorstellungsschluss verabschiedete sich Sophie mit einem Schulterzucken von ihrer Schwester: „Diesmal hat es wohl nicht geklappt, aber noch ist ja nicht aller Tage Abend."

„Dafür scheint es bei den beiden Jüngeren zu klappen. Sieh einmal dort hinüber!"

Sophie wandte sich um und erblickte Sissy und Karl Ludwig, die die gerade genossene Vorstellung angeregt diskutierten.

„Leider das falsche Paar", meinte Sophie lakonisch. „Und noch ein bisschen jung für Heiratspläne."

„Wer denkt denn ans Heiraten?", warf Ludovika ein wenig beleidigt ein. Schließlich war ihr das Wohl der jüngeren Tochter genau so wichtig wie das der älteren. „Warten wir ab, was aus den beiden wird. Jedenfalls scheint Karl Ludwig weit umgänglicher zu sein als Franz."

„Karl Ludwig soll ja auch nicht Kaiser werden", erklärte Sophie schnippisch und stieg in ihre Kutsche.

'Ich werde mit Franz reden', dachte Sophie auf dem Heimweg. 'Wenn er weiß, dass er Kaiser werden soll, wird er sich vielleicht allen Anforderungen dieses Amtes widmen – auch jener der Eheschließung.'

„Mein Sohn, ich muss dich rügen", richtete Erzherzogin Sophie am folgenden Morgen das Wort an ihren Ältesten. „Du hast deine Cousine gestern Abend sehr gekränkt."

„Aber Mama, ich kann mich doch zum jetzigen Zeitpunkt nicht mit Mädchen auseinandersetzen, das habe ich Ihnen doch bereits erklärt! Sie haben mich aus Italien hierher beordert. Ich bin gekommen, weil ich dachte, es handle sich um wichtige Angelegenheiten. Und dann setzt man mich mit der kleinen Wittelsbacherischen Landpomeranze in eine Loge."

Wie um das eben Gesagte zu unterstreichen, war Franz Joseph aufgesprungen.

„Mäßige deine Ausdrucksweise, Franz! Ein zukünftiger Kaiser nimmt derartige Worte nicht in den Mund."

„Aber Mama, es dauert doch noch ewig, bis ich Kaiser werde. Da werde ich doch vorher noch ein bisschen …"

„Es dauert unter Umständen nicht mehr lange, bis du Kaiser wirst, Franz. Bitte setze dich. Ich habe mit dir zu reden."

Überrascht ließ sich Franz Joseph zurück auf seinen Stuhl fallen.

„Es handelt sich tatsächlich um ernste Dinge, um derentwillen ich dich habe kommen lassen. Dein Vater wird dir demnächst mitteilen, dass er die Thronfolge nicht antreten wird. Es ist bereits beschlossene Sache, dass du der nächste Kaiser sein wirst."

Franz Joseph war sprachlos.

„Es steht noch nicht fest, wie lange dein Onkel Ferdinand noch regieren wird, aber eine Abdankung ist unvermeidlich und nur mehr eine Frage der Zeit."

„Aber ich bin doch noch nicht volljährig!", rief Franz Joseph aus. Es schien fast, als hätte sein seit seiner Rückkehr aus Italien so forsches Wesen einen plötzlichen Dämpfer erlitten.

„Du wirst noch hier in Innsbruck das Sakrament der Firmung empfangen und man überlegt, dich bereits vor deinem 18. Geburtstag im August für volljährig erklären zu lassen."

Sophie sah am Gesichtsausdruck ihres Sohnes, dass in seinem Inneren verschiedenste Gefühle miteinander kämpften.

„Ich weiß jetzt wirklich nicht, was ich dazu sagen soll", kam es leise aus seinem Mund.

„Ich weiß, die Nachricht kommt überraschend. Aber es ist bereits alles in die Wege geleitet. Nun nehmen die Dinge ihren Lauf, Franz, und du musst dich ihnen stellen."

Franz Joseph ließ den Kopf hängen.

Erzherzogin Sophie hatte nicht damit gerechnet, dass ihr Sohn derart verhalten reagieren würde. Sie versuchte, seine Energien von vorhin zu mobilisieren.

„Weißt du übrigens, dass die Fürstin Windischgrätz in Prag von der Kugel eines Aufständischen getroffen wurde? Sie ist tot! Man hat sie durch das offene Fenster erschossen. Franz, unser Land braucht einen starken Kaiser, und der wirst du sein!"

Erzherzogin Sophie hatte sich auf ihre Knie niedergelassen und das Kinn ihres Sohnes in ihre Hände genommen – eine Geste, mit der sie den sechsjährigen Franz Joseph getröstet hatte, wenn er durch die scharfe Erziehung, die er erdulden hatte müssen, allzu geknickt gewesen war.

Sie sah ihrem Sohn fest in die Augen. „Hörst du mich, Franz: Du wirst unser Kaiser sein!"

„Ja, Mama, ich höre Sie." Franz Joseph schien sich gefasst zu haben und half seiner Mutter auf. „Und ich verspreche Ihnen, ich werde dieses Amt nach bestem Wissen und Gewissen ausführen. Ich brauche wohl nun nicht mehr die Bitte an Sie richten, mich wieder nach Italien reisen zu lassen?"

„Wo denkst du hin! Dir darf jetzt nichts passieren. Dein Vater und der Kaiser werden dir die Thronfolge demnächst offiziell bestätigen."

In schweren Gedanken versunken verließ Franz Joseph seine Mutter. Ein Flirt mit seiner Cousine Helene lag ihm nun ferner denn je.

Auf den Schwingen der Liebe

Im Gegensatz zu seinem ältesten Bruder hatte Karl Ludwig ein leichtes Herz. Um seinen Gefühlen Ausdruck zu verleihen, hatte er den Juwelier unterm „Goldenen Dachl“ aufgesucht und dort einen entzückenden Ring erstanden, den er Sissy zum Geschenk machen wollte. Sie hatten sich wieder bei „ihrer Bank“ im Hofgarten verabredet. Dort wollte Karl Ludwig das Präsent überreichen.

Sissy traf früh am ausgemachten Ort ein. Vor Aufregung war ihr ein bisschen schlecht – kein Wunder, sie hatte am Morgen auf nahezu ihr gesamtes Frühstück verzichtet, nur einen Schluck Milch hatte sie zu sich genommen.

Als sie ihren Cousin erspähte, sprang sie auf.

„Karl Ludwig!“, rief sie und winkte. Gleich darauf kamen ihr Zweifel, ob sie ihre Begeisterung derart offen zeigen durfte. Also ließ sie sich wieder auf die Bank fallen. Karl Ludwig hatte die letzten Meter im Laufschritt zurückgelegt.

Statt einer Begrüßung sagte er: „Liebe Cousine, darf ich dir ein bescheidenes Präsent überreichen?“

„Ein Geschenk“, hauchte Sissy. „Für mich?“

„Ich sehe sonst niemanden!“, antwortete Karl Ludwig und blickte sich wie suchend um. „Also muss es wohl für dich sein.“

Zögernd nahm Sissy das kleine Paket entgegen. Mit zitternden Fingern öffnete sie die Verpackung.

„Karl Ludwig, ein Ring! Ist der aber schön!“

Sissy freute sich so sehr, dass sie Karl Ludwig um den Hals fiel und ihm einen Kuss auf die Wange drückte. So machte sie es auch immer, wenn ihr Vater von einer seiner Reisen mit einem Geschenk für sie zurückkam. Karl Ludwig aber hielt sie an den Händen fest und küsste sie zärtlich wieder – allerdings nicht auf die Wange, sondern auf den Mund.

„Und … und was schenke ich dir jetzt? Ich hab ja gar nichts bei mir“, sagte Sissy leicht benommen.

„Wie wäre es mit noch einem Kuss?“, fragte Karl Ludwig zurück.

Sissy hatte ihre Fassung wiedergewonnen. „Aber nur einen …“

Nach diesem Rendezvous schwebte Sissy wie auf Wolken. Sie fand ihre Mutter beim Scharpiezupfen mit den Hofdamen und zog sie an der Hand aus dem Raum.

„Was ist denn, Kind, wieso bist du denn so aufgeregt?“

Schweigend und mit hochrotem Kopf zeigte Sissy ihrer Mutter Karl Ludwigs Geschenk.

„Der Ring ist aber hübsch“, sagte Ludovika.

„Und was soll ich jetzt machen, Mama?“ Sissy stand ihre Verzweiflung ins Gesicht geschrieben.

„Wie meinst du das?“

„Ich muss ihm doch ein Gegengeschenk machen, oder? Das gehört sich doch so.“

„Eigentlich ja. Aber mir ist das ein bisschen zu früh, mit Geschenk und Gegengeschenk …“

„Aber er ist doch so lieb!“

„Aha, so lieb ist er! Er hat dich doch nicht etwa schon geküsst?“

Ludovika konnte sich auf Sissys Schweigen ohne weiteres einen Reim machen.

„Es ist ja schön, verliebt zu sein", sagte sie. „Aber ein bisschen mehr Zurückhaltung könnte dir nicht schaden, Kind. Nené ist zwei Jahre älter als du und hat noch keinen Kuss bekommen."

„Dabei ist sie viel schöner als ich."

„Papperlapapp, du bist auch schön, aber eben noch ein Kind! Lass dir einfach mit allem ein bisschen mehr Zeit, dann wird alles gut."

Letzteren Satz hätte Ludovika auch zu Helene sagen können, die seit dem gestrigen Theaterbesuch ihr Zimmer nicht mehr verlassen hatte.

In einem anderen Raum der Innsbrucker Hofburg fand ein weitaus ernsteres Gespräch statt. Kaiser Ferdinand und Franz Josephs Vater, Franz Carl, verkündeten dem jungen Erzherzog offiziell, dass er die Thronfolge antreten werde. Auch sollte er ab sofort den Konfirmationsunterricht besuchen.

„Ich werde versuchen, ein guter Kaiser zu sein", versprach Franz Joseph den beiden.

„Du bist jung, mein Sohn, und steckst voller Ideale. Aber du kannst nicht wissen, was auf dich zukommt und auf welche Art und Weise du dich wirst behaupten müssen."

„Die Zeiten sind schwierig geworden, nichts ist mehr so, wie es früher war", warf Kaiser Ferdinand ein.

„Aber deine Mutter wird dir zur Seite stehen", ergriff nun wieder Franz Carl das Wort. „Sie hat einen unglaublich klugen Kopf und führt schon jetzt die Geschäfte. Auf ihre politische Erfahrung wirst du dich immer verlassen können."

Franz Joseph nickte.

„Und vergiss nicht", sagte Kaiser Ferdinand, „du übernimmst ein großes Reich, das in Unordnung geraten ist. Deine Aufgabe wird es sein, Ordnung zu schaffen."

„Mit Gottes Hilfe werde ich es schaffen", entgegnete Franz Joseph.

„Mit Gottes Hilfe und mit einer guten Frau an deiner Seite“, beschloss Franz Carl das Gespräch.

Die Firmungsfeierlichkeiten wurden bereits während der nächsten Tage geplant. Zur großen Überraschung Sophies äußerte Franz Joseph einen Wunsch bezüglich der Speisenfolge: „Wenn ich schon nicht nach Italien zurück darf, Mama, dann möchte ich wenigstens Feldmarschall Radetzkys Leibgericht serviert bekommen. Sein Koch, ein Italiener, hat ihm so genannte 'Schnitzel' zubereitet. Die möchte ich am Konfirmationstag essen.“

Der Innsbrucker Hofkoch war in heller Aufregung. Er hatte den Ausdruck „Schnitzel“ noch nie gehört. Wie, um Himmels willen, sollte er etwas kochen, das er nicht kannte?

Franz Joseph aber wusste Rat: Täglich verkehrten Kuriere zwischen Innsbruck und dem Kriegsschauplatz in Italien und so wurde einer dieser Kurier mit der dringenden Bitte um das entsprechende Rezept losgeschickt. Einige Tage später langte die Antwort auf die „Allerhöchste Anfrage“ in Innsbruck ein.

19. Juli, im Feldlager vor Sommacampagna

Kaiserliche Hoheit,

Habe hochdero Nachricht ehrerbietigst erhalten und erlaube mir mitzuteilen:

Mein Koch Malvolio befand sich in außerordentlicher Verlegenheit, wollte er doch nach dem Eintreffen Eures durchlauchtigsten Sohnes Erzherzog Franz Joseph etwas Besonderes auf den Tisch bringen und fand hierfür die Costelette alla milanese als geeignet. Zu diesen klopfte er das Fleisch vom Kalb nach allen Richtungen hin ganz dünn und breit auseinander und bedeckte es rundum mit einer Schicht Brösel. Mit Hilfe von Ei und Mehl brachte er diese Paniere an dem Fleische zu kleben, schnitt davon Schnitzel auseinand und buk sie braun und knusprig. Allwie er dieselben sodann zum Willkommen Sr. kais. Hoheit zu Tische brachte. Haben wir dies bekömmliche Gericht seither noch öfter mit Genusse verspeist, und bin ich

Euer wohlaffektionierter

Johann Joseph Wenzel
Radetzky Graf zu Radetz
Feldmarschall

Der Innsbrucker Hofkoch legte sich gewaltig ins Zeug und zu Franz Josephs Konfirmation am 25. Juli speiste man tatsächlich „Schnitzel" und dazu diverse frische Salate. So eroberte die Erfindung eines Mailänder Kochs das Habsburgerreich.

Aber nicht nur Kochrezepte wurden über den Kurierdienst ausgetauscht. Wenige Tage später erhielt der Hof in Innsbruck die Nachricht, dass Feldmarschall Radetzky bei Sommacampagna gesiegt hatte. Ganz Innsbruck feierte. Von den Dächern wehte ein Wald schwarz-gelber Fahnen und man zelebrierte eine Festmesse. Abends gab es in der Hofburg – wie hätte es anders sein können – Schnitzel.

Angesichts all dieser sich überstürzenden Ereignisse war es kein Wunder, dass Franz Joseph seinen bayrischen Cousinen keine weitere Beachtung schenkte, ja ihre Anwesenheit geradezu vergaß. Karl Ludwig hingegen bemühte sich außerordentlich um seine Sissy und diese wiederum schrieb ihrer Freundin Irene Paumgartten noch aus Innsbruck einen Brief nach Possenhofen:

Liebste Irene,

ich vermisse dich sehr und wünsche nichts sehnlicher, als mit dir zusammenzusitzen. Gleichzeitig will ich aber gar nicht von hier weg. Es ist etwas geschehen, Irene, wovon ich dir nur mündlich berichten will und kann …

Alles tanzt Walzer

Der Sieg Radetzkys bei Custozza und Novara hatte ein „musikalisches Nachspiel“, das – ähnlich wie das Wiener Schnitzel – zu einem ur-österreichischen Symbol werden sollte. Johann Strauß Vater hatte auf der Grundlage einer alten Volksweise eine Melodie komponiert, die in Windeseile die Tanzsäle eroberte. Zu diesem so genannten „Radetzkymarsch“ klatschte ganz Wien im Takt und auch die nach wie vor in Innsbruck weilende kaiserliche Hofgesellschaft. Dass Johann Strauß Sohn einen „Revolutionsmarsch“ komponiert hatte, ging in dem allgemeinen Jubel völlig unter.

Um sich in Innsbruck die Zeit zu vertreiben, war ein Tanzlehrer engagiert worden, um den Damen und Herren am Hof das beizubringen, was in den Tanzsälen des Volkes längst gang und gäbe war. Man spürte die Erleichterung, die sich nach den positiven Nachrichten aus Italien breit gemacht hatte, förmlich im Raum, während die Paare ausgelassen ihre Runden drehten.

Nach der Kapitulation des Königs von Sardinien sah man sogar die strenge Erzherzogin Sophie auf diesen Tanzveranstaltungen – wenn auch nur als Zuseherin.

Radetzkys Sieg hatte die Idee der Monarchie gestärkt und auf den Straßen Wiens machte sich nun eine dem Herrscherhaus weit freundlicher gesinnte Stimmung breit. Und als der liberal gesinnte Erzherzog Johann, der während der Abwesenheit des Kaisers Ferdinand mit der Regierungsvollmacht ausgestattet worden war, am 26. Juni 1848 in Wien Einzug hielt und am 22. Juli den Reichstag mit einer proklamatischen Rede eröffnete, war der Jubel umso größer.

Die frohe Kunde vom klaglosen Verlauf dieser demonstrativen Veranstaltung erreichte bald die Hofburg am Inn und man dachte an die Rückkehr nach Wien.

Auch für die bayrische Herzogsfamilie bedeutete das die baldige Abreise. Alle freuten sich darauf – bis auf Sissy. Sie verbrachte jede verbleibende Minute mit Karl Ludwig. Die beiden genossen die Spaziergänge und Ausritte in der wunderbaren Umgebung der Stadt oder saßen in trauter Zweisamkeit auf „ihrer" Bank im Hofgarten und hingen ihren Gedanken und Träumereien nach.

Mit kindlicher Zärtlichkeit machten sie einander Geschenke zum Beweis ihrer gegenseitigen Aufmerksamkeit und mit großem Ernst besprachen sie die Möglichkeit einer späteren Heirat.

„Du bist mein Mädchen, Sissy, und du sollst es bleiben. Das willst du doch auch, oder?"

„Und ob ich das will, Karl Ludwig! Ich werde dir folgen, wohin du willst – auch wenn das bedeutet, dass ich von meiner Familie Abschied nehmen muss. Und wir beide werden bis an unser Lebensende beisammen sein."

„Wir werden in Wien wohnen, Sissy, dort ist es noch viel schöner als hier in Innsbruck", träumte der junge Erzherzog vor sich hin.

„Aber ist Wien schöner als Possenhofen?"

Für die kleine Wittelsbacherin war Possenhofen der Nabel der Welt und sie konnte sich kaum vorstellen, dass es irgendwo noch schöner sein konnte.

„Ich kenne Possenhofen nicht, aber prächtiger ist Wien sicher. Schloss Schönbrunn zum Beispiel hat über eintausendvierhundert Zimmer und der Park ist unglaublich! Es gibt dort auch einen Tiergarten. Ich bin mir sicher, es wird dir in Wien gefallen."

„Wenn du mit mir dort bist …"

Eine Weile saß das junge Liebespaar schweigend nebeneinander.

„Wir dürfen einander nicht aus den Augen verlieren, Sissy", unterbrach Karl Ludwig die Stille. „Wir haben nun nur noch einige Tage und wollen jede Minute davon für uns nützen. Und wenn wir getrennt sind, werde ich dir schreiben, so oft ich kann, ich verspreche es."

„Schickst du mir dann auch ein Bild von dir?" Sissy spukte die Idee noch immer im Kopf herum. „Am liebsten hätte ich ein ganz kleines, das ich in einem Medaillon um den Hals tragen kann. Dann hätte ich dich immer bei mir."

„Die Idee ist großartig, Sissy! Jetzt weiß ich, was ich dir zum Abschied schenken kann. Aber ich möchte auch ein Bild von dir haben."

„Ich weiß nicht, ob sich das so schnell machen lässt. Ich werde dir zum Abschied etwas anderes schenken, auch etwas Kleines, das du immer bei dir tragen kannst." Sissy spielte mit einer ihrer dunklen Haarsträhnen.

„Eine Locke! Das ist es, Sissy – eine Locke von deinem wunderbaren Haar! Ich werde einfach zwei Medaillons besorgen. Eines davon bekommst du mit meinem Bild darin und im anderen werde ich deine Haarlocke tragen."

Die beiden jungen Menschen verhielten sich, als wären sie bereits offiziell verlobt. Sie fühlten sich auch so und galten überall als unzertrennlich.

Sowohl Sophie als auch Ludovika bemerkten die zwischen ihren Kindern immer stärker werdenden Bande. Im Trubel der Ereignisse nahm man diese Liebelei aber nicht besonders ernst.

Auch beschäftigte die fehlgeschlagene Zusammenführung von Helene und Franz Joseph die beiden Mütter viel mehr als die Annäherung ihrer jüngeren Kinder.

„Wir müssen Franz jetzt Zeit lassen", meinte Sophie beim Abschiedsbesuch zu ihrer Schwester. „Vermutlich noch dieses Jahr wird er Kaiser werden und muss sich in die Amtsgeschäfte einarbeiten. Danach hat er den Kopf frei für Helene."

„Das kann man allerdings nur hoffen", antwortete Ludovika. „Ich werde jedenfalls bei Nenés Erziehung nicht locker lassen. Umso mehr, als sie ja nun viel früher Kaiserin werden könnte, als das bisher abzusehen war."

Die beiden Schwestern waren so sehr in ihr Gespräch vertieft, dass sie nicht bemerkten, dass die Zimmertüre einen Spalt offen stand. Helene, die aufblühte, seit es hieß, man würde nun bald abreisen, hatte soeben ihr Zimmer verlassen, um im Hofgarten der brütenden Sommerhitze zu entfliehen.

„Und bring ihr auch bei, ihre Gefühle nicht allzu sehr zur Schau zu tragen. Als Franz Joseph neulich im Theater die Loge verlassen hat, hat Helene ausgesehen, als wäre eben die Welt untergegangen. So etwas schickt sich nicht für die zukünftige Kaiserin."

Helene hatte die letzten Sätze gehört. Tränen der Wut stiegen ihr in die Augen. So war das also – man hatte sie ohne ihr Wissen „verkauft"! Sie beschloss, gar nicht mehr erfahren zu wollen, und lief, so schnell sie konnte, die Treppe hinunter.

Zum nachmittäglichen Tanzunterricht erschien Helene diesmal nicht. Sie habe furchtbare Kopfschmerzen, erklärte sie ihrer Mutter und Ludovika fragte nicht weiter nach.

Für Sissy und Karl Ludwig hingegen war der Tanzunterricht eine gute Gelegenheit, einander auch offiziell näher zu kommen, denn im Unterschied zu den Tänzen, die bisher am Hofe üblich gewesen waren, konnte man beim Walzer einander richtig in den Armen halten. Der Schwindel erregende Dreivierteltakt und das selige Drehen und Wiegen zur fröhlichen Musik taten das Ihrige: Sissy spürte die Nähe des jungen Erzherzogs, die Wärme seines Körpers, sie sog seinen Geruch ein und als die Musik ein Ende fand, fühlte sie sich seltsam benommen.

Karl Ludwig führte die erschöpfte Sissy ins Freie.

„Ich möchte ewig in deinen Armen liegen, ich kann mir einfach nichts Schöneres vorstellen. Es macht mich krank, daran zu denken, dass wir bald getrennt sein werden."

Sissy stiegen die Tränen in die Augen. Wie so oft in diesen Tagen schwankte ihre Gemütsverfassung zwischen himmelhoch jauchzend und zu Tode betrübt. Karl Ludwig blickte um sich, ob jemand sie sehen konnte, aber die Terrasse lag im Dunkeln. Dann küsste er ihr sanft eine Träne von der Wange.

„Aber wenn wir dann auf immer beisammen sind, Sissy, verspreche ich dir, wird es noch viel schönere Dinge für uns geben, als uns beim Tanzen in den Armen zu liegen."

„Das glaub ich nicht", antwortete Sissy.

Bevor Karl Ludwig zu weiteren Erklärungen ansetzen konnte, wurde aus dem Inneren des Saales das Ende der Tanzpause verkündet.

Das Leben geht weiter

Am 2. Dezember 1848 bestieg Erzherzog Franz in Olmütz den Thron und stand nun als Kaiser Franz Joseph an der Spitze eines riesigen Reiches. Überall in der Habsburgermonarchie stieß die Meldung, dass nun ein junger, vielversprechender Kaiser die Regierung übernommen hatte, auf begeisterten Widerhall – Ungarn ausgenommen.

Man hatte dem jungen Kaiser die magyarische Krone verweigert und erkannte die von Österreich im März 1849 aufoktroyierte Verfassung nicht an. Lajos Kossuth rief am 14. April desselben Jahres die Unabhängigkeit Ungarns aus und errichtete in Debrecen den Sitz der ungarischen Regierung. Man wünschte sich ein selbstständiges Ungarn, das seine alten Rechte und Privilegien wahren konnte. Diese Ziele sah man allerdings mit einem Habsburger an der Spitze nicht gewährleistet.

Die Situation in Ungarn wurde immer brenzliger. Fürst Windischgrätz, der bereits während der Aufstände im Oktober 1848 die österreichischen Truppen angeführt hatte, wollte es nicht gelingen, die Ungarn zu schlagen, und er musste in der Folge seinen Oberbefehl abgeben. Kossuth und die Unabhängigkeitsbewegung hingegen gewannen immer mehr Anhänger.

Das alles stand in krassem Gegensatz zum Inhalt der Proklamation, die Kaiser Franz Joseph zu seinem Regierungsantritt erlassen hatte. Sie war auch in den Zeitungen abgedruckt gewesen.

Ludovika las ihrer Tochter Helene – die sie, wie in deren Kindertagen, immer noch Nené nannte– aus einem der Blätter vor:

„'Fest entschlossen, den Glanz der Krone ungetrübt zu erhalten, aber bereit, unsere Rechte mit den Vertretern unserer Völker zu teilen, rechnen wir darauf, dass es mit Gottes Beistand und im Einverständnis mit den Völkern gelingen werde, alle Länder und Stämme der Monarchie zu einem großen Staatskörper zu vereinigen!' – Ich finde, er packt die Sache richtig an", kommentierte die Erzherzogin die soeben zitierte Passage.

„Das hat doch entweder seine Mutter oder sein Ministerpräsident Fürst Schwarzenberg geschrieben", meinte Helene geringschätzig. „Was kann denn ein Kaiser mit achtzehn Jahren schon für eine eigene Meinung haben? Er kennt sich in den Regierungsgeschäften ja noch gar nicht aus."

„Da irrst du dich gewaltig! Sophie schreibt mir, Franz widme sich zehn Stunden am Tag ohne Pause dem Studium aller Unterlagen und dem Anhören seiner Minister. Und danach, so schreibt sie, verbringe er weitere fünf bis sechs Stunden damit, Entscheidungen zu treffen und Unterschriften zu geben. Sophie findet es geradezu beängstigend, mit welchem Eifer er sich in seine Aufgabe stürzt."

„Was du nicht sagst, Mama!", spöttelte Helene. „Am Ende kommt Tante Sophie gar um den Genuss, die heimliche Kaiserin zu sein. Franz Joseph wird ihr doch nicht etwa allzu selbstständig werden?"

„Kind, wie kommst du dazu, so etwas zu sagen? Überhaupt benimmst du dich unmöglich, seit wir aus Innsbruck zurück sind!"

„Ach ja? Und du und Tante Sophie? Habt ihr euch etwa mir gegenüber fair verhalten?"

Ludovika hielt den Atem an. Derart aufgebracht hatte sie ihre Älteste noch nie gesehen.

„Ich weiß inzwischen, was hier gespielt wird! Ich soll Franz Joseph heiraten. Deswegen die Paukerei, deswegen das Herausputzen in Innsbruck – wahrscheinlich war die gesamte Reise von euch eingefädelt, um mich vorzuführen. Ich bin mir vorgekommen wie die Sklavenbuben, die Papa aus Kairo mitgebracht hat."

Ludovika war blass geworden.

„Aber wieso weißt du …"

„Weil ich mit eigenen Ohren gehört habe, wie du und Tante Sophie über den missglückten Versuch gesprochen habt, mich meinem Cousin unterzujubeln."

„Aber warum bist du denn nicht gleich zu mir gekommen?", fragte die verzweifelte Ludovika.

„Weil ich, wie du dir vielleicht denken kannst, Zeit gebraucht habe, um zu verwinden, dass mir meine eigene Mutter nicht die Wahrheit sagt."

Ludovika schwieg betroffen. Helene hatte Recht mit dem, was sie ihr vorwarf. Aber Ludovika hatte sich doch nur an die Anweisungen Sophies gehalten und die waren doch eigentlich immer sehr klug gewesen.

Helene wandte sich mit vor Wut verzerrtem Gesicht an ihre Mutter: „Sag mir die Wahrheit, Mama! Seit wann ist es beschlossene Sache?"

„Ach, es ist schon ewig her, Kind, dass deine Tante und ich darüber gesprochen haben", gab Ludovika zu.

Helene redete sich immer mehr in Rage: „So, es ist also ewig her! Und hattet ihr vor, mir irgendwann mitzuteilen, was mein Schicksal sein wird? Hast wenigstens du dir jemals Gedanken darüber gemacht, ob ich mit eurer Entscheidung auch glücklich sein werde?"

Ludovika schwieg. Ihr Gatte hatte ihr seinerzeit vorgeworfen, sie kümmere sich nicht darum, ob ihre Kinder glücklich würden oder nicht. Aber konnte es ein größeres Glück für ein junges Mädchen geben, als Kaiserin zu werden?

„Nené, so beruhige dich doch!"

„Wieso soll ich mich beruhigen? Nicht nur, dass mich meine Mutter an einen Mann verhökert, den ich nie zuvor in meinem Leben gesehen habe! Nein, nicht nur das – ich muss auch noch die Schmach einstecken, dass der mir Zugedachte nicht das geringste Interesse an mir zeigt, mich sogar einfach übersieht! An der Seite dieses Mannes soll ich mein Leben verbringen und ihm auch noch Kinder gebären?"

„Du fühltest dich gedemütigt, nicht wahr?", sagte Ludovika leise.

„Mehr als das, Mama, ich bin gekränkt und empört."

Ludovika war ernüchtert. Sie und Sophie standen jetzt vor einem ernsten Problem, das erkannte sie mit aller Deutlichkeit.

Helenes Gesicht begann zu zucken. Sie konnte die Tränen nicht mehr zurückhalten, sank in sich zusammen und barg den Kopf im Schoß ihrer Mutter. Sie fühlte sich plötzlich schutzbedürftig wie ein kleines Kind. Als sie Ludovikas Hände zärtlich und tröstend über ihr Haar streichen fühlte, so sanft wie in vergangenen Kindertagen, versiegte der Tränenfluss und sie wurde ruhiger.

„Nené", sagte Ludovika leise, „glaub mir, mein Kind, niemand liebt dich mehr als ich. Ich wünsche mir für dich ein Leben in Sicherheit und Herrlichkeit. Ein Leben, wie es einer Wittelsbach-Prinzessin zukommt. Du bist kein Bürgermädchen, verstehst du? Auch wenn dein Vater ein Mann ist, der auf äußeren Prunk, Rang und Titel keinen Wert legt, so wächst du doch in einem Milieu auf, das dich von den unzähligen Mädchen deines Alters aus dem Volk und dem Bürgertum unterscheidet. Und vor dir war es mit Generationen von Wittelsbacher Kindern nicht anders; sie sind eben Prinzen und Prinzessinnen und als solche geboren und aufgewachsen. Da ist es nicht so einfach, passende, standesgemäße Partien zu finden! Glaub mir, unter den Prinzen Europas ist dein Cousin Franz Joseph im Augenblick der begehrteste überhaupt! Mit achtzehn Jahren schon auf dem Thron! Was für eine Zukunft eröffnet sich da an seiner Seite, welche Möglichkeiten!"

„Möglichkeiten!" Helene war nun wieder aufgebracht. „Eben hat man den Aufstand in Wien niedergeschlagen, nachdem vorher die halbe Stadt in Schutt und Asche geschossen werden musste. Nun marschieren die Ungarn gegen Wien. Sie wollen ihn gar nicht als Monarchen, sie wollen ihren eigenen König haben. Und die italienischen Provinzen? – Dort gärt es doch schon wieder!"

„Hör auf, mein Kind …"

„Aufhören? Ich sage nur, was in den Zeitungen steht, die du mir tagtäglich zu lesen gibst, damit ich auf dem Laufenden bin und Konversation machen kann, falls es wider Erwarten wieder einmal erforderlich sein sollte. – Warum darf ich nicht sein wie Sissy – jung, verliebt und unbeschwert? Niemand schreibt ihr vor, was sie tun und lassen, lernen und lesen soll. Warum lässt man mich nicht in Ruhe?“

„Weil es Sissy nicht bestimmt ist, Kaiserin zu werden!“ Nun wurde auch Ludovika ungeduldig. „Du bist es doch, die in Wahrheit zu beneiden ist, nicht sie!“

„Findest du, Mama? Es tut mir Leid, aber ich empfinde es gerade umgekehrt.“

Helene sprang von ihrem Sessel auf, lief zum Fenster und starrte hinunter auf die Ludwigstraße.

Ludovika trat an ihre Tochter heran. Ihr Ton war schärfer als beabsichtigt, als sie sagte: „Diese Heirat ist beschlossene Sache, Nené. Es ist besser, du findest dich damit ab. Jeder von uns hat sein Schicksal – und deines ist es, Kaiserin zu werden.“

Mit einem tiefen Seufzer verließ die Herzogin den Raum. Draußen auf dem Korridor lief ihr Sissy über den Weg. Auch ihr Gesichtsausdruck ließ vermuten, dass sie nicht gerade bester Laune war.

„Nanu?“, fragte Ludovika überrascht. „Draußen scheint die Sonne und du machst ein Gesicht wie sieben Tage Regenwetter?“

„Heute ist wieder kein Brief von Karl Ludwig gekommen“, klagte Sissy. „Es ist nun schon Wochen her, seit ich von ihm Nachricht erhalten habe!“

„Er wird keine Zeit haben“, versuchte Ludovika ihre Tochter zu trösten. „Du weißt doch, was los ist …“

„Aber doch nicht mit ihm, Mama! Was geht ihn die Weltgeschichte an? Er ist weder Kaiser noch König.“

„Aber ein Prinz ist er.“

„Na und? Ich bin auch Prinzessin, aber deswegen doch in keinen Aufstand verwickelt. Wer die Österreicher, Ungarn und Italiener regiert, ist mir egal.“

Die Herzogin lächelte. „Eben habe ich mit deiner Schwester eine sehr ernste Unterredung gehabt. Sie beneidet dich um deine Unbeschwertheit, Sissy. Und statt unbeschwert zu sein, belastest du dich mit Grübeleien."

„Nené – was weiß die schon! Sie hat ja niemanden, auf dessen Briefe sie vergebens wartet! Sie weiß gar nicht, wie das ist. Glaubst du, Karl Ludwig könnte etwas passiert sein? Könntest du nicht in deinem nächsten Brief an Tante Sophie fragen, wie es ihm geht und was mit ihm ist?"

„Soll ich das wirklich tun?", fragte Ludovika zögernd.

„Ja", bat Sissy. „Er hat mir versprochen zu schreiben. Wenn er es nicht tut, will ich wenigstens wissen, warum."

„Es sind unruhige Zeiten, mein Kind. Es könnte sein, dass seine Briefe nicht ankommen."

„Und wieso kriegst du dann ständig Briefe von Tante Sophie?"

Darauf wusste Ludovika keine Antwort. Sie nahm sich vor, tatsächlich eine vorsichtige Anfrage an Sophie zu richten. Ob dieser Charmeur Sissy etwa untreu geworden war?

Genau das war es übrigens, was auch Sissy befürchtete. Aber sie wollte sich diese Möglichkeit nicht eingestehen.

Anfänglich waren Karl Ludwigs Briefe zwar von verschiedenen Orten und manchmal verspätet, aber dennoch regelmäßig eingelangt. Mit der Zeit waren sie spärlicher geworden. Hatte er ihr anfangs nahezu tagebuchartig alles berichtet, was er tat, womit er sich beschäftigte, und beteuert, wie sehr er unter der Trennung leide, so schien er sie nun doch allmählich weniger und weniger zu vermissen.

Sissy aber hatte seinen Treueschwur noch im Ohr und trug seinen Ring am Finger.

Neue Bekanntschaft

Sissys Grübeleien verflogen im Laufe des wunderbaren Possenhofener Sommers von 1850. Sie hatte ihr früheres Leben wieder, in dem die Natur, ihre Tiere und vor allem aber ihre Stute Sandra die Hauptrolle spielten. Ludovika hatte im vergangenen Dezember noch ein Kind zur Welt gebracht, den kleinen Max Emanuel, den sie, weil er derart entzückend aussah, kurz „Mapperl" nannte. So stand wiederum ein Kinderwagen unter dem großen Nussbaum vor dem Schloss, wie es bereits siebenmal zuvor der Fall gewesen war. Wie nahezu immer war Herzog Max weiß Gott wo in der Welt unterwegs, Luis war natürlich längst aus dem Haus und Helene hatte als Belohnung für ihre harte Arbeit im Studierzimmer die Erlaubnis erhalten, zwei Wochen bei einer Freundin in München zu verbringen. Sissy als die Älteste im Haus vertrat in vielem ihre Mutter, der die Geburt ihres jüngsten Sohnes ziemlich zugesetzt hatte. So war es auch Sissy, die die Aufwartung der Familie Schattenstein entgegenzunehmen hatte.

Die Schattensteins waren in die Villa eingezogen, in der die Familie Paumgartten gewohnt hatte. Zu Sissys und Irenes großem Bedauern hatte Graf Paumgartten beschlossen, das Haus zu verkaufen und mit den

Seinen eine Stadtwohnung in München zu beziehen. Dort erinnerte viel weniger an den früh verstorbenen Sohn David, was besonders Irenes Mutter gut tat, die mehr und mehr mit Depressionen zu kämpfen gehabt hatte. Irene und Sissy besuchten einander nun also im Winter statt im Sommer; nur manchmal kam die Familie nach Possenhofen, um nach Davids Grab zu sehen, aber diese Besuche wurden immer seltener.

Karl Ludwigs langes Schweigen hatte sich zwar geklärt – er hatte in Ungarn bei einer der den Truppen nachziehenden Heeresdienststellen Dienst tun müssen –, aber sein Bild war in Sissys Erinnerung verblasst und der Ring, den er ihr in Innsbruck geschenkt hatte, lag im Schmuckkästchen neben ihrem Bett. Umso mehr erregte der junge Graf Schattenstein Sissys Aufmerksamkeit, als er gemeinsam mit seinen Eltern im Empfangsraum des Schlosses Platz nahm. Ludovika war selbstverständlich anwesend, aber Mapperl nahm sie sehr in Beschlag und so sorgte Sissy für den reibungslosen Ablauf des Besuches. Es wurden Tee und Kuchen gereicht und Sissy trug die Hauptlast der Konversation. Den Schattensteins blieb die schwierige Situation natürlich nicht verborgen und sie versprachen, nur kurz zu bleiben. Dafür, dass es letztendlich anders kam, sorgte der junge Graf. In mitreißender Art und Weise berichtete er über Dinge, die Ludovika und Sissy aufhorchen ließen: Er war in Angelegenheit einer Liegenschaft der Familie in Ungarn gewesen und schilderte nun die Situation, die er nach der endgültigen Niederschlagung des Aufstandes vorgefunden hatte. Was der Graf sagte, klang so anders als das, was in den Briefen von Erzherzogin Sophie stand, sofern sie diese Dinge überhaupt anschnitt. Sogar der alten Baronin Wulffen, die sich auf eine Tasse Tee dazugesellt hatte, blieb die Sprache weg.

„Es herrscht Ruhe wie auf einem Friedhof", begann der Graf seine Ausführungen. „Und der Vergleich ist nicht von der Hand zu weisen, wenn man bedenkt, wie viele Opfer während der Kämpfe und noch danach zu beklagen waren."

„Wieso nach Abschluss der Kämpfe?", fragte Sissy interessiert.

„Die Spitäler und Lazarette waren voll mit Verwundeten, von denen viele starben. Dazu kamen noch die Exekutionen, die General Haynau durchführen ließ. Sie vor allem haben dazu geführt, dass der Hass der Ungarn auf Österreich und den jungen Kaiser so groß ist."

„Sie hassen ihn?" Sissy rief sich ihren schmalen, fast schmächtigen Cousin in Erinnerung und fand es nur schwer vorstellbar, dass man einen derart unscheinbaren Mann hassen konnte.

„Und wie!", antwortete der junge Graf.

„Aber Franz Joseph hat doch nur getan, was ein Kaiser tun muss – er hat die Einheit des Reiches gewahrt", entgegnete Sissy.

„Schließlich hat Kossuth die Republik ausrufen lassen. Franz Joseph musste eingreifen", beteiligte sich nun auch Ludovika am Gespräch.

„Aber hat es auf diese Art und Weise geschehen müssen?", argumentierte der junge Graf. „Franz Joseph holte die Russen zu Hilfe, um der Ungarn Herr zu werden. Die Russen waren nicht zimperlich und Haynau gab den Ungarn den Rest. Es ist nicht gut, ein derart stolzes Volk so zu demütigen."

„Wer ist dieser Haynau?", erkundigte sich Sissy.

„Ein österreichischer General – und ein furchtbarer Mensch", hielt Schattenstein mit seiner Meinung nicht hinter dem Berg. „Er hat bereits in Italien für Österreich gekämpft. Dort ließ er einen katholischen Geistlichen verhaften, während er die Messe hielt, und ließ ihn dann auch noch im Ornat zur Füsilierung schleppen. In Ungarn ließ er die von einem Militärgericht verurteilten dreizehn aufständischen Generäle im Festungsgraben von Arad erschießen. Dazu spielte die Militärkapelle 'Gott erhalte, Gott beschütze' ..."

„Gütiger Himmel!", entfuhr es Ludovika.

„Dabei handelte Haynau gegen das Gesetz", fuhr Schattenstein fort.

„Inwiefern?", fragte Sissy.

Der Graf erklärte: „Der Kaiser hat ein Begnadigungsrecht, von dem er Gebrauch machen kann oder auch nicht. Man hat Franz Joseph aber lediglich den Vollzug der Urteile gemeldet, er hatte also nicht einmal die Möglichkeit zur Begnadigung. Es war bereits zu spät."

„Ich kann das alles kaum glauben", meinte Ludovika, als sich die Schattensteins zum Gehen wandten. „Die Briefe meiner Schwester klingen ganz anders. Sie hat diesen Haynau sogar als sehr tapferen Mann bezeichnet."

„Manchmal, verehrte Herzogin, ist es notwendig, sich vor Ort umzusehen, um sich von einer Situation ein richtiges Bild machen zu können", schloss der junge Graf das Gespräch und hinterließ Mutter und Tochter in einem mehr als nachdenklichen Zustand.

Irrungen und Wirrungen

Der junge Kaiser Franz Joseph hatte es in den ersten Monaten seiner Regierungszeit alles andere als leicht: Lajos Kossuth hatte bei seiner Flucht aus Ungarn die Königskrone mitgenommen und versteckt. Auf diese Weise blieb dem österreichischen Kaiser die Herrschaft über die Ungarn verwehrt, denn laut ungarischem Gesetz war die Herrschaft an eben diese Krone gebunden. Weiters erforderte der preußisch-dänische Konflikt um Schleswig und Holstein auf Grund eines Bündnisvertrages österreichische Waffenpräsenz. Trotz österreichischer Waffenhilfe intrigierte Preußen aber gegen den Deutschen Bund. Das preußische Königshaus hatte in Wirklichkeit nichts anderes im Sinn, als seinen Einfluss zu mehren und eines Tages statt Österreich an der Spitze aller deutschen Staaten zu stehen. Die Hohenzollern fanden dies durchaus legitim, war doch in der Donaumonarchie die deutschsprachige Bevölkerung zwar tonangebend, aber deutlich in der Minderzahl. Der österreichische Staatskanzler Fürst Schwarzenberg tat sein Bestes, den Deutschen Bund zu restaurieren, scheiterte aber am Widerstand Preußens. Als Preußen daraufhin versuchte, Kurhessen zu annektieren, das auf der Seite Österreichs stand, marschierten Österreich und Bayern gegen Preußen auf.

Als Kaiser Franz Joseph im Sommer 1850 in Ischl weilte, wurde ein persönliches Zusammentreffen mit dem Preußenkönig Friedrich Wilhelm IV. unumgänglich. Er reiste also nach Potsdam, um mit dem König zu verhandeln.

Die Königin von Preußen, Elisabeth, war ebenfalls eine Wittelsbacherin, Schwester von Ludovika und Sophie sowie Sissys Taufpatin. Elisabeth und Friedrich Wilhelm von Preußen hatten eine zauberhafte Nichte namens Anna und wie es das Schicksal so wollte, passierte in Potsdam genau das, was vor zwei Jahren in Innsbruck mit einer anderen hätte geschehen sollen: Anna fand Franz Josephs Beachtung.

Erzherzogin Sophie bemerkte das wachsende Engagement ihres Sohnes bezüglich der hübschen Prinzessin Anna sehr wohl. Sie zog es vor, Ludovika nichts von der Verliebtheit ihres Sohnes zu berichten, war doch die Verbindung zu Anna eine schwierige. Kein Mensch wusste, ob aus den beiden je ein Paar werden konnte, da Anna bereits anderweitig versprochen und noch dazu Protestantin war.

'Es hat schon sein Gutes, mehrere Eisen im Feuer zu haben', dachte Sophie und erkundigte sich vorsichtig bei ihrer Schwester in Potsdam, ob es möglich wäre, die Verlobung der Prinzessin zu lösen. In gewählten Worten machte sie Königin Elisabeth klar, wie schwierig es sei, den Frauengeschmack Franz Josephs zu treffen, und dass er sich geschworen habe, nur eine Frau zu heiraten, die er auch wirklich sympathisch fände.

Anna wiederum schwärmte ihrer Tante vor, wie sehr ihr der junge Kaiser gefiel. Kein Wunder – Franz Joseph hatte sich in den ersten Jahren seiner Regierungszeit zu einem ansehnlichen Mann entwickelt. Zwar war er immer noch nicht groß von Gestalt, aber in der Uniform, die er tagtäglich trug, machte er eine gute Figur. Und beim Walzertanzen hätte Prinzessin Anna ihm vollkommen verfallen können.

„Vergiss nicht, dass du bereits versprochen bist“, warnte die Preußenkönigin ihre Nichte. „Und eine Hochzeit zwischen Potsdam und Wien wäre eine hoch brisante Angelegenheit.“

„Aber wäre eine solche Eheschließung denn nicht auch dazu geeignet, den ewigen Konflikt zu bereinigen?“, warf Anna ein.

„Ach, Kind“, seufzte Königin Elisabeth, „mach dir lieber nicht zu viele Hoffnungen.“

Ähnliche Dinge besprach auch Franz Joseph mit seiner Mutter. Erzherzogin Sophie sah zwar die politischen Vorteile einer solchen Ehe, war aber vorsichtig genug, die Antwort der Schwester auf ihren Brief abzuwarten.

Es war, wie Sophie es vermutet hatte: Das Haus Hohenzollern lehnte eine derartige Verbindung ab. Man brachte das Argument vor, Prinzessin Anna müsse, würde sie Franz Joseph heiraten, zum katholischen Glauben konvertieren, und das ginge auf keinen Fall. In Wirklichkeit wollte sich das Königshaus Hohenzollern nicht so einfach von den Habsburgern „verschlucken“ lassen. Sophies inoffizielle Anfrage hatte also eine inoffizielle Absage zur Folge.

„Franz“, meinte Erzherzogin Sophie bedauernd, „schlag dir die hübsche Anna aus dem Kopf. Eine Mischehe auf dem Thron wäre unmöglich. Es gibt im Land genug Probleme. Einen Glaubenskonflikt, wie ihn eine solche Heirat hervorrufen würde, können wir uns nicht auch noch leisten.“

„Wird das jetzt immer so sein, Mama? Ich bin ja bereit, mein Leben meiner Arbeit unterzuordnen, aber dazu brauche ich eine Frau an meiner Seite, die mir Kraft gibt. Und Kraft kann mir nur eine Frau geben, die ich liebe.“

Während der Kaiser das sagte, war er von seinem Schreibtisch aufgestanden. Sophie betrachtete ihren Sohn mit Sorge. Er verbrachte seine Tage ausschließlich mit Arbeit, aß selten und hastig und schlief kaum. Es tat ihr im Herzen weh, dass sie ihm nicht bessere Nachricht hatte überbringen können.

„Was ist, wenn ich keine Frau finde, Mama?“, sagte Franz Joseph und beobachtete zwei Tauben, die auf dem Fensterbrett miteinander turtelten. Er drehte sich ruckartig zu seiner Mutter um. „Wenn ich keine finde, dann bleibe ich eben allein. Besser einsam als unglücklich.“

„Franz, wo denkst du hin? Du brauchst einen Thronerben und das geht nun einmal nicht ohne Frau. Aber beruhige dich, du bist jetzt 22

Jahre alt – ein bisschen Zeit hast du noch. Ich wünsche dir jedenfalls von ganzem Herzen, dass du die Richtige findest, und ich verspreche dir, dich bei der Suche mit allen mir zur Verfügung stehenden Mitteln zu unterstützen."

Seufzend küsste der junge Kaiser seiner Mutter die Hand und wandte sich wieder den Regierungsgeschäften zu.

Ludovika war das Gerücht von Franz Josephs Interesse an Prinzessin Anna auf Umwegen letztendlich doch zu Ohren gekommen. Sie hatte weder Helene davon erzählt noch Sophie davon in Kenntnis gesetzt, dass sie darüber Bescheid wusste. Auch sie hatte eine Heirat zwischen dem preußischen Königs- und dem österreichischen Kaiserhaus für äußerst unwahrscheinlich gehalten. Um so erleichterter war sie, als sie erfuhr, dass daraus nun definitiv nichts wurde.

„Eine Sorge weniger", seufzte Ludovika.

Weit größeres Kopfzerbrechen bereitete ihr Sissy, die sich mehr und mehr für den Grafen Schattenstein interessierte. In den letzten beiden Sommern waren es nur kindliche Schwärmereien gewesen, aber nun sah es so aus, als wäre Sissys Interesse an dem schnittigen jungen Mann mit den ungewöhnlichen politischen Ansichten ernsthaft geworden. Irgendwie musste man ein weiteres Voranschreiten dieser Beziehung verhindern. Die Schattensteins waren zwar achtbare Leute, aber kein regierendes Haus, es konnte also in keinem Fall zu einer Eheschließung kommen. Sie musste mit Sissy darüber sprechen – je eher, desto besser. Sie dachte daran, Max in ihre Überlegungen miteinzubeziehen, verwarf diesen Gedanken aber rasch wieder. Er würde sicher nichts unternehmen, was Sissy in irgendeiner Art und Weise traurig stimmen könnte. Ludovika machte sich also auf die Suche nach ihrer Tochter und fand sie – wie konnte es anders sein – im Pferdestall.

„Ich habe beobachtet", eröffnete Ludovika das Gespräch, „dass du mit dem jungen Schattenstein sehr viel Zeit verbringst."

„Aber Mama, wir reiten doch nur gemeinsam aus."

Sissy zupfte das Stroh auseinander, dass sie soeben in der Box ihrer Stute Sandra verteilt hatte.

„Ich denke nicht, dass das alles ist. Ich habe auf deinem Nachtkästchen eine Zeichnung gefunden, die den jungen Grafen darstellt. Kannst du mir das erklären?"

Sissy schloss die Tür zur Box und sah ihre Mutter erzürnt an. „Seit wann durchsuchst du mein Zimmer? Kannst du mir das erklären?"

Ludovika blieb der Mund offen stehen. In letzter Zeit war Sissy wohl aufmüpfig geworden und von Baronin Wulffen ließ sie sich gar nichts mehr sagen, aber derart freche Worte hatte sie aus dem Mund ihrer Tochter noch nie vernommen.

„Ich stelle hier die Fragen, junge Dame", entgegnete Ludovika scharf. „Also: Was ist zwischen dir und dem jungen Schattenstein?"

„Nichts ist, was soll sein? Wir reden miteinander, ich erfahre viel Neues. Hier kann mir ja niemand erklären, was in Ungarn und anderswo wirklich passiert. Hier wissen alle nur, was Tante Sophie schreibt, und die Ansichten und Meinungen anderer Menschen interessieren hier keinen außer mir. Schattenstein hat schon etwas von der Welt gesehen und darüber berichtet er mir."

„Jetzt pass einmal gut auf: Du magst mich für eine ungebildete Person halten, aber ich bin immer noch deine Mutter. Und ich verbiete dir – hörst du mich, Sissy? –, ich verbiete dir, mit dem Grafen weiteren Umgang zu pflegen. Er entspricht nicht unserem Stand. Ich erwarte von dir, dass du mit ihm brichst. Erzähl ihm einfach, du seist deinem Cousin Karl Ludwig versprochen. Überhaupt: Was ist eigentlich mit Karl Ludwig? Er schreibt wieder. Du aber scheinst keine große Lust zu haben, ihm zu antworten. Komm zur Vernunft, Sissy, oder Sandra wird die nächsten Wochen deine Gesellschaft vermissen müssen."

Ludovika wartete Sissys Antwort nicht ab – es würde ohnehin nur wieder eine Frechheit sein – und schickte sich an, den Stall zu verlassen. Dabei stieß sie fast mit Pankraz zusammen, der ihr die Türe aufhielt.

„So ein Sturschädel!", hörte er die Herzogin murmeln und fragte sich, wen sie damit wohl gemeint haben könnte.

Eine Verabschiedung

Sissy war nach der Geschichte im Pferdestall zwei Tage nicht aus ihrem Zimmer gekommen. Sie wollte nichts essen und mit niemandem sprechen. Ludovika überlegte, ob sie ihre Tochter wohl etwas zu hart angefasst hatte.

Sissy saß auf ihrem Bett und hatte Karl Ludwigs Briefe rund um sich ausgebreitet – die frühen, detaillierten und diejenigen, die in den letzten Wochen eingetroffen waren. Besorgt hatte sich der Cousin darin erkundigt, ob ihm Sissy noch gewogen sei. Sissy strich über das Papier und erinnerte sich an die Zeit in Innsbruck. Sie versuchte sich dessen zu entsinnen, wie Karl Ludwig eigentlich aussah, und dachte an das Gesicht eines Knaben. Ganz anders war hingegen der junge Schattenstein – er trug das Gesicht eines Mannes, der bereits einiges hinter sich hatte.

'Auch Karl Ludwig sieht inzwischen wohl anders aus', sinnierte Sissy vor sich hin. 'Schließlich ist unsere Begegnung in Innsbruck fast vier Jahre her. Aber ich kann doch nicht dem einen Treueschwüre schreiben, wenn ich nichts lieber tue, als mit dem anderen durch die Wälder zu reiten! Reiten werd ich allerdings gar nicht mehr, wenn Mama ihre Drohung wahr macht.'

Manchmal war es wirklich nicht einfach, als Prinzessin geboren zu sein.

Als sich Sissy entschloss, wieder unter Leute zu gehen, führte sie ihr erster Weg zu Pankraz. Der alte Fischer war mittlerweile 84 Jahre alt, was ihn nicht daran hinderte, im Sommer täglich auf den See hinauszufahren, um die Fische für das Schloss zu fangen.

Pankraz schlief, den Rücken an die Wand des Bootshauses gelehnt, auf seinem Lieblingsplatz am Steg. Sissy setzte sich ganz leise neben ihn und wartete, bis er erwachte.

„Die Prinzessin!", murmelte Pankraz und rieb sich die Augen. „Sitzt du schon lang da?"

Ihm kam das mittlerweile eigentlich längst angebrachte „Sie" nicht über die Lippen.

„Seit einer Weile. Ich brauch deinen Rat, Pankraz."

„Mhm", murmelte der Alte und nickte.

„Du kennst doch unseren Nachbarn, den jungen Grafen Schattenstein. Mama hat mir verboten, ihn zu sehen, weil sie meint, er wäre kein Umgang für mich."

„Mhm", kam es wieder aus Pankraz' Mund.

„Sie meint, eine Verbindung mit ihm sei nicht standesgemäß und ich solle ihn mir aus dem Kopf schlagen. Und jetzt will ich von dir wissen, wie du die Sache siehst. Ist es wirklich so wichtig, dass einer aus einem ebenbürtigen Stand kommt?"

„Hm", machte der Alte und wiegte seinen Kopf hin und her. Nach einer Weile sagte er: „Weißt, Sissy, nach außen schaut es so aus, als hättet ihr Hochwohlgeborenen es besser als wir: Ihr müsst nie hungern, ihr könnt reisen, ihr friert im Winter nie und wenn ihr krank werdet, behandeln euch die besten Ärzte. Aber in Wirklichkeit sieht die Sache ein bissl anders aus. Was ihr alles bedenken müsst: Wie man sich wo benimmt, wen man wie ansprechen darf, welches Besteck man auf einer gedeckten Festtafel wofür verwendet. Ich könnt mir das nie und nimmer merken! Und ihr dürft eurem Herzen nicht folgen, wenn es zur falschen Person spricht. So weh es dir tun mag und so Leid es mir tut, dir das sagen zu müssen – aber deine Mutter hat Recht: Es ist besser für dich, den jungen Grafen zu vergessen."

„Meinst du wirklich ernst, was du da sagst?" Sissy war aufgesprungen und sah den alten Mann verwundert an.

„Ich sag ja nicht, dass es gut ist, wie es ist. Aber es gibt Regeln und gegen diese Regeln zu verstoßen, bringt oft größeres Unglück, als sie zu befolgen."

Sissy dachte nach: Träfe sie Baron Schattenstein weiter, nähme man ihr Sandra weg – schlimm genug. Liefe sie mit dem Baron auf und davon, dürfte sie vielleicht nie zu ihrer Familie zurückkehren. Das würde ihr das Herz brechen.

„Mädl, du musst lernen zu erkennen, was auf Dauer besser für dich ist." Mit diesen Worten schloss Pankraz seine Ausführungen. Sissy saß noch eine Zeit neben ihm auf dem Steg und schaute aufs Wasser. Ihr Blick glitt über die glitzernde Oberfläche des Sees und fing sich an den hohen Bergen am Horizont. Kein Wunder, dachte Sissy, dass Pankraz hier so gerne sitzt. Sie erhob sich, sah ernst ins das runzelige Gesicht des Alten und sagte: „Danke, du hast mir sehr geholfen – obwohl du nicht das gesagt hast, was ich hören wollte."

„Mhm", machte der Alte, lehnte sich an die Wand des Bootshauses, schob seinen Hut in die Stirne, schloss die Augen und schlief wieder ein.

Sissy ritt auf Sandra in Richtung Nachbargrundstück. Unter einer Weide, die auf halbem Weg zwischen dem Schloss und der Schattenstein'schen Villa wuchs und mit ihren ausladenden Ästen eine alte Holzbank nahezu ganz verdeckte, hatten sie und der Graf einander in letzter Zeit fast täglich getroffen – und sei es nur für ein paar Minuten, wenn es sich nicht anders hatte einrichten lassen. Noch einmal, so hatte Sissy es für sich beschlossen, noch einmal wollte sie den Grafen sehen, um sich von ihm zu verabschieden. Ganz gegen ihre Gewohnheit war sie heute spät dran, der Unterricht hatte länger gedauert als erwartet.

Als sie atemlos am Seeufer ankam und die Weidenzweige beiseite schob, saß der Graf schon auf der Bank.

„Hoheit", rief er scherzhaft, „Sie lassen mich grausam schmachten!"

Sissy stieg vom Pferd und ließ sich neben Schattenstein nieder. Sie wusste nicht, wie sie das Gespräch beginnen sollte, und der Graf wunderte sich, dass die ansonsten so eloquente Sissy heute so schweigsam war.

„Ich habe Ihnen etwas mitzuteilen", sagte sie nach einer Weile.

„Was kann so weltbewegend sein, dass Sie ein derart strenges Gesicht dazu machen, Sissy?", witzelte der Graf weiter.

„Nicht! Seien einen Augenblick lang ernst, Graf."

Die Lachfalten in Schattensteins Gesicht verschwanden. Irgendetwas war anders als sonst, das spürte er.

„Wir werden es ab nun dabei bewenden lassen, Nachbarn zu sein", sprach Sissy weiter. „Das bedeutet, dass wir einander auch nur so oft sehen werden, wie das bei Nachbarn üblich ist, also höchstens ein-, zweimal im Jahr."

„Aber …", versuchte Schattenstein Sissy zu unterbrechen. Diese legte den Zeigefinger an ihre Lippen und bedeutete ihm zu schweigen.

„Niemand soll auch nur den geringsten Anlass haben zu denken, zwischen uns wäre mehr als nur Nachbarschaft."

Schattenstein erstarrte. Sissy gab ihm einen Korb! Sie ließ ihn in aller Form abblitzen wie eine echte Dame und noch dazu in einer so wohlgeformten Rede, als hätte man ihr diese speziell für diesen Anlass beigebracht!

Sissy hatte bei ihren Lehrern und Gouvernanten in puncto Benehmen einiges gelernt, machte aber kaum davon Gebrauch. Diesmal aber wandte sie das Gelernte an. Nun beobachtete sie den Grafen genau und stellte mit einem Seufzer der Erleichterung fest, dass ihre Worte durchaus den gewünschten Effekt hatten. Schattenstein allerdings deutete Sissys Seufzen anders.

„Ich verstehe", sagte er. „Prinzessinnen, wie Sie eine sind, sind nicht Herrinnen ihres freien Willens. Wenn Sie ihren Gefühlen freien Lauf lassen könnten …"

Sissy spürte bei den Worten des Grafen einen Kloß in ihrem Hals. Er durfte nicht wissen, dass er ihr aus der Seele sprach.

Sie unterbrach ihn: „Gefühle? Das einzige Gefühl, Graf, das ich im Augenblick verspüre, ist jenes, dieses Gespräch so bald wie möglich beenden zu wollen – und zwar bevor es zu Peinlichkeiten kommt. Ich bin Erzherzog Karl Ludwig von Österreich versprochen."

Sissy hielt den Atem an. Was hatte sie da gerade gesagt? Karl Ludwig versprochen? Aber das stimmte doch gar nicht! Wie konnte sie so etwas nur behaupten?

„Verzeihen Sie, Prinzessin, das konnte ich nicht wissen", sagte der Graf und in seinen Augen spiegelte sich ehrliche Betroffenheit.

„Aber jetzt wissen Sie es." Die Worte kamen scharf aus Sissys Mund. Vielleicht, so dachte sie, war diese Lüge ja die beste Möglichkeit, dem Grafen jegliche Hoffnung zu nehmen.

„Prinzessin, ich gratuliere Ihnen und darf mich hiermit empfehlen." Mit diesen Worten erhob sich Schattenstein, schwang sich in den Sattel seines Pferdes und ritt davon, ohne sich auch nur noch einmal umzudrehen.

„Leb wohl", flüsterte Sissy und wischte sich die Tränen aus dem Gesicht.

Zurück im Schloss, flüchtete sie auf ihr Zimmer. Auf ihrem Bett lag ein gerade angekommener Brief Karl Ludwigs. Mit zitternden Händen öffnete Sissy den Umschlag und las:

Liebste Sissy,

ich schreibe dir in großer Eile, denn mir bleibt zwischen meinen Unterrichtsstunden nicht allzu viel Zeit. Ich muss furchtbar viel lernen – vor allem militärisch. Du kannst dir sicher vorstellen, dass mir das keine allzu große Freude bereitet.

Der eigentliche Grund meines Briefes ist aber folgender: Mama hat angedeutet, dass es nun bald zu einem Wiedersehen kommen könnte. Es soll ein Treffen in Ischl stattfinden, wo wir seit einiger Zeit unsere Sommer verbringen. Ich weiß noch nicht genau, wann dieses Treffen stattfinden wird, Mama hält sich noch sehr bedeckt. In jedem Fall soll ich Franz Joseph begleiten und Tante Ludovika soll ‘die bayrischen Cousinen’ mitbringen – so drückt es Mama jedenfalls aus. Ich gehe davon aus, dass sie damit Helene und dich meint.

Sissy, ich freue mich sehr darauf, dass ein Wiedersehen mit dir in greifbare Nähe rückt. Ich weiß, unsere Korrespondenz ist spärlich geworden. Das beunruhigt mich auch ein bisschen. Schreib mir doch wieder. Ich möchte wissen, was du machst, was du denkst und fühlst. Gib mir ein Zeichen, dass du mich nicht vergessen hast.

Dein Karl Ludwig

Sissy brach nach der Lektüre des Briefes einmal mehr in Tränen aus. Ihre Gefühle schwankten zwischen der Rührung, die Karl Ludwigs Schreiben auslöste, und der Verzweiflung, einen geliebten Menschen schwer gekränkt zu haben.

Sissy ging langsam zu ihrem Schreibtisch und zog die kleine mittlere Schublade heraus. Sie nahm den Ring, den ihr Karl Ludwig einst geschenkt hatte, und steckte ihn an ihren Finger. Der Stein war ein bisschen matt geworden und so polierte Sissy ihn mit ihrem Rocksaum. Nun funkelte er wieder und Sissy kam es so vor, als wolle er ihr vertrauensvoll zuzwinkern.

Dem Tod entronnen

Der Herbst zog ins Land und die Wittelsbacher Herzogsfamilie übersiedelte wieder einmal von Schloss Possenhofen zurück ins Münchner Palais. Sissy war seit ihrem Abschied von Graf Schattenstein sehr schweigsam. Ludovika war zwar glücklich, dass Sissy ihre trotzige Phase – so schien es jedenfalls – überwunden hatte, aber sie machte sich auch Sorgen: Die nunmehr beinahe Fünfzehnjährige hatte einiges von ihrer Unbeschwertheit verloren. Sie stürmte nicht mehr, wie sie es sonst so oft getan hatte, durch die Räume des Palais, um voll Freude und Eifer über etwas zu berichten, das sie gerade gelesen oder erfahren hatte. Sie grübelte oft oder saß stundenlang am Schreibtisch und schrieb in ihrem Tagebuch. Ludovika hoffte inständig, dass mit dem kommenden Frühling auch Sissys Seele wieder ins Gleichgewicht käme.

Diesen Winter aber traf sich Sissy oft mit Irene Paumgartten, deren Familie seit dem Umzug aus Possenhofen ebenfalls in der Ludwigstraße wohnte. Sissy fand die spiritistischen Fähigkeiten ihrer Freundin schon lange nicht mehr unheimlich – im Gegenteil: Sie interessierte sich sehr für alles Übersinnliche und war oft anwesend, wenn Irene mit „Geistern“ kommunizierte.

Gegen Mittag des 18. Februar 1853, einem furchtbar nasskalten Tag, fragte Sissy ihre Freundin, ob es sich mit Hilfe ihrer telepathischen Fähigkeiten nicht bewerkstelligen ließe zu erfahren, wie es Karl Ludwig in Wien erging. Sissy hatte die Art und Weise, mit der sie Schattenstein aus ihrem Leben gedrängt hatte, sehr zugesetzt. Immer wieder hatte sie ihr Tagebuch zur Hand genommen und ihren Schmerz in Gedichtform zu Papier gebracht. Nun aber konzentrierte sie sich mit aller Kraft auf Karl Ludwig. Sie würde, so hatte sie es sich mit kindlichem Eifer vorgenommen, Karl Ludwig heiraten, um zumindest die Lüge ungeschehen zu machen, die sie Graf Schattenstein aufgetischt hatte. Und wenn sie ihrem Cousin schon physisch nicht nahe sein könne, so wolle sie zumindest geistig in seiner Nähe sein, erklärte sie der verdutzten Irene.

„Ich habe keine Ahnung, ob das geht, Sissy. Ich habe immer nur zu Toten Verbindung aufgenommen und nie zu lebenden Personen. Aber wir können es ja versuchen."

Irene zog die Vorhänge zu, entzündete eine Kerze und wies Sissy an, ihre Hände auf die Platte des kleinen Tischchens zu legen, das vor ihnen stand.

„An einem der Beine des Tischchens", erklärte Irene, „ist ein Bleistift angebracht. Wenn das Tischchen sich bewegt, ist es ein Zeichen dafür, dass wir Kontakt haben. Dann kannst du Fragen stellen. Wir schließen jetzt also die Augen und du denkst ganz fest an Karl Ludwig."

Kaum berührten die Hände der Mädchen die Tischplatte, begann diese auch schon zu zittern. Selbst die spiritistisch erprobte Irene war überrascht, so schnell Verbindung zu erhalten.

„Wer ist da?", fragte sie laut. Anstatt eine Antwort zu schreiben, hob sich das Tischchen ruckartig von seinem Untergrund hoch und plumpste im nächsten Augenblick wieder zurück. Dann rührte sich nichts mehr.

„Das war es wohl", meinte Irene. „Irgendjemand wollte uns etwas mitteilen, aber der Kontakt ist viel zu schnell abgebrochen. Seltsam ..."

Die Freundinnen setzten ihre spiritistische Sitzung an diesem kalten Februartag nicht weiter fort und als Sissy die kurze Strecke zwischen dem Palais der Paumgarttens und ihrem eigenen Zuhause zurücklegte, zog sie ihren Umhang fester um sich, um den eisigen Nordwind abzuhalten.

In Wien war es an besagtem Vormittag ebenfalls kalt. Franz Joseph ging in seinem Arbeitszimmer auf und ab. Er hatte Sorgen: Zwischen ihm und seinem Freund Zar Nikolaus, mit dessen Hilfe er den ungarischen Aufstand niedergeschlagen hatte, war es zu Missstimmigkeiten gekommen. Der Zar erwartete, dass sich Österreich eindeutig auf die Seite Russlands stellen würde, wenn dieses seine Expansionspläne auf türkischem Gebiet wahr machen sollte. Franz Joseph aber zögerte. Mit einem solchen Schritt würde er sich den Unwillen Englands und Frankreichs zuziehen, die mit der Türkei sympathisierten. Andererseits konnte und wollte es sich der Kaiser nicht leisten, Russland zum Feind zu haben. Die Situation war wirklich vertrackt und Franz Joseph beschloss, zur Klärung seiner Gedanken einen kurzen Spaziergang auf der Kärntnertor-Bastei zu unternehmen. Das schlechte Wetter machte ihm nichts aus. Je kälter der Wind pfiff, desto mehr, so bildete es sich der Kaiser jedenfalls ein, würde der ihm die Gehirnwindungen durchblasen und ihn so einer Lösung des Problems näher bringen. Franz Joseph nahm seinen Flügeladjutanten Feldmarschallleutnant O'Donnell mit, obwohl er am liebsten ganz alleine gegangen wäre. Ein- oder zweimal war er ohne Begleitung aus der Hofburg gegangen. Bei seiner Rückkehr hatte es jedes Mal großen Aufruhr gegeben, also hatte er sich dazu überreden lassen, zumindest eine Person auf seine Spaziergänge mitzunehmen.

O'Donnell trabte hinter Franz Joseph her. Ihm lag es ja nicht so sehr, in der Kälte umherzulaufen – aber was tat man nicht alles für seinen Kaiser! Seinen eigenen Gedanken nachhängend, nahm O'Donnell plötzlich einen Schatten wahr, der sich aus einer Mauernische löste. Noch bevor O'Donnell einen Warnruf ausstoßen konnte, hatte sich der Schatten, der sich als mittelgroßer Mann entpuppte, auf den Kaiser gestürzt. Der Flügeladjutant sprang vor und riss den Angreifer vom Rücken des Kaisers los.

O'Donnell rief laut um Hilfe, während er sich mit dem Attentäter auf dem Boden wälzte. Ein Messer blitzte in der Hand des Mannes. Der Flügeladjutant schaffte es mit größter Mühe, ihm die Waffe zu entwenden. In diesem Augenblick erschien neben den Kämpfenden ein massiger, breitschultriger Mann. Er stieß das Messer mit dem Fuß zur Seite und stürzte sich anschließend selbst in den Kampf. Der Attentäter fluchte in ungarischer Sprache, es dauerte nun aber nur ein paar Augenblicke, bis er kampfunfähig war.

Franz Joseph war an der Basteimauer niedergesunken. Er hatte oberhalb der Schulter am Genickansatz eine Wunde, die heftig blutete. In der Zwischenzeit war auch die Polizei am Tatort eingelangt und führte den übel zugerichteten Attentäter ab.

„O'Donnell", sagte der Kaiser, als er auf eine Bahre gelegt wurde, „merken Sie sich den tapferen Mann, der uns zu Hilfe gekommen ist." Dann fiel er in Ohnmacht.

Als der Kaiser erwachte, lag er in seinem Bett. Der kaiserliche Leibchirurg und der Flügeladjutant standen neben ihm.

„Glück im Unglück", hörte Franz Joseph den Chirurgen sagen. „Der hohe steife Kragen seines Mantels hat ihm das Leben gerettet. Das Messer ist daran abgeglitten und hat deshalb nicht die Halsschlagader getroffen."

Franz Joseph versuchte, sich in den Polstern aufzurichten.

„Bleiben Sie ruhig, Majestät, Sie haben viel Blut verloren", riet der Arzt.

„O'Donnell", sagte Franz Joseph mit schwacher Stimme. „Rufen Sie meine Mutter, ich will ihr Bericht erstatten. Und ich verbiete Ihnen, ihr das Attentat zu schildern, wie es wirklich war. Sie soll sich nicht unnötig aufregen."

So spielte Franz Joseph seiner Mutter gegenüber seinen Zustand herunter, musste ihr allerdings versprechen, sich bei seinen Spaziergängen ab nun von einer Sicherheitseskorte begleiten zu lassen.

In der Stadt war man über das Attentat entsetzt. Bei den Verhören des Verhafteten stellte sich heraus, dass es sich nicht etwa um eine Verschwörung gehandelt hatte, wie zuerst vermutet worden war, sondern um eine Einzelaktion: Der Schneidergeselle Janos Libényi, seines Zeichens ein etwas überspannter Kossuth-Anhänger, wäre gerne ungarischer Nationalheld geworden. Er war zu Fuß nach Wien gewandert, hatte um seinen letzten Kreuzer auf dem Flohmarkt das Messer gekauft und geduldig abgewartet, bis er, wie er es ausdrückte, „das ungarische Volk von den habsburgischen Fesseln befreien“ könnte.

Der große Mann, der dem Flügeladjutanten so mutig zur Seite gestanden war, wurde in den Adelsstand erhoben und so wurde aus dem Fleischhauer Josef Ettenreich der k.k. Hoflieferant Josef Ritter von Ettenreich.

Franz Josephs Beliebtheit hatte sich seit dem Attentat enorm gesteigert. Als er einige Wochen danach eine Ausfahrt in den Prater unternahm – im Übrigen wieder ohne Schutzmannschaft –, umringten ihn die Menschen begeistert, um ihre Anteilnahme auszudrücken, und er schüttelte dankbar unzählige Hände.

Als dann Franz Josephs Bruder Maximilian zu einer Spendensammlung aufrief, war der Zulauf enorm. Von dem Geld wurde in den folgenden Jahren die Votivkirche errichtet.

Janos Libényi wurde auf der Simmeringer Haide hingerichtet und in den Wirtshäusern sang man über den unglücklichen Schneidergesellen ein Spottlied:

„Auf der Simmeringer Had’, hat’s an Schneider verwaht
es g’schicht ihm schon Recht, warum sticht er so schlecht …“

Die Blätter berichteten ausführlich über das Attentat und natürlich erfuhr auch Sissy in München davon. Nachdenklich ließ sie die Zeitung sinken.

„Was hat Tante Sophie geschrieben, Mama? Um wie viel Uhr hat das Attentat stattgefunden?“, fragte sie ihre Mutter.

„Um die Mittagszeit soll es gewesen sein, so um eins.“

„Und es war wirklich am 18. Februar?“, bohrte Sissy weiter.

„Natürlich, das steht ja auch in der Zeitung. Aber warum fragst du?“

„Irene hat mich danach gefragt. Sie meint, man könne sich nicht immer auf das verlassen, was in der Zeitung steht.“

„Da hat sie zwar Recht, aber warum interessiert sie das so?“

„Ach, ich weiß auch nicht, es wird schon nicht so wichtig sein“, antwortete Sissy ausweichend und machte sich so bald wie möglich auf den Weg zu Irene, um ihr die Angaben zu bestätigen.

Eine Reise kündigt sich an

Liebe Ludovika,

nun, nachdem der Kaiser sich von den Folgen des hinterhältigen Attentats erholt hat, ist es an der Zeit, sich um erfreulichere Dinge zu kümmern. Zwar scheint Franz im Moment nur einen Kopf für die Politik zu haben – die Sache mit Russland setzt ihm sehr zu –, ich habe mir aber vorgenommen, die Heiratsangelegenheit endlich wieder voranzutreiben.

Wie jedes Jahr werden wir den Geburtstag des Kaisers in Ischl verbringen. Ich möchte dich und deine beiden ältesten Töchter dazu einladen. Auch Karl Ludwig wird in Ischl sein, sodass sowohl Helene als auch Elisabeth einen Tischherrn haben. Ich bitte dich also, die Reise zu arrangieren und die notwendigen Vorbereitungen zu treffen …

'Nun ist es also so weit', dachte Ludovika und legte den Brief ihrer Schwester beiseite. 'Die Größte meiner Kleinen wird Kaiserin.'

Ludovika fühlte Mutterstolz: Sie war sich sicher, dass Helene das Zeug dazu hatte, eine würdevolle, gerechte Herrscherin zu werden. Plötzlich aber rissen sie Gedanken ganz anderer Art aus den Träumen über die Zukunft ihrer Tochter: Nun war es März, der Geburtstag des Kaisers war im August. Es blieb ihr also ein knappes halbes Jahr Zeit, um Helenes Ausbildung zu vervollständigen und die entsprechende Garderobe anfertigen zu lassen. Es würde zu Kaisers Geburtstag sicher einen Ball geben, der halbe Wiener Hof würde in Ischl versammelt sein, da durfte man sich keine Blöße geben. Alles musste bis ins letzte Detail geplant werden. Zuallererst aber musste sie mit Helene reden. Seit ihrem Streit nach der missglückten Innsbruckreise waren nun über vier Jahre vergangen. Ludovika hatte es, wo es ging, vermieden, mit Helene konkret über ihre Zukunft zu sprechen, ihre Ausbildung aber weiterhin streng überwacht. Besonders der Französischunterricht war forciert worden und auch über die neuesten politischen Entwicklungen war Helene stets informiert. Sie hatte sogar von sich aus begonnen, sich für die schwierige politische Lage des österreichischen Kaiserhauses zu interessieren.

'Vielleicht', dachte Ludovika, 'hat sie im Geheimen bereits Gefallen daran gefunden, die zukünftige Kaiserin zu sein.'

Jedenfalls sollte ihre Tochter diese Reise nicht so ahnungslos antreten wie jene nach Innsbruck.

Schon am nächsten Tag ließ Ludovika ihre Älteste zu sich rufen. Sie hatte beschlossen, der Unterredung einen offiziellen Charakter zu verleihen, ließ in ihren Gemächern einen Teetisch decken und Helenes Lieblingsgebäck auftragen. Helene staunte nicht schlecht, als sie das Zimmer ihrer Mutter betrat.

„Ist es nun so weit?“, fragte sie, noch bevor Ludovika ein Wort sagen konnte.

„Ja, mein Kind. Erzherzogin Sophie lädt uns kommenden August zu den Geburtstagsfeierlichkeiten des Kaisers nach Ischl. Wir reisen zu dritt: Sissy, du und ich.“

Helene hatte sich nach dem furchtbaren Streit mit ihrer Mutter tatsächlich mit ihrem Schicksal abgefunden. Mehr noch, sie hatte sich vorgenommen, beim nächsten Zusammentreffen mit dem Kaiser zu brillieren und – wenn es dann so weit war – die perfekte Frau an seiner Seite zu werden. Sie hatte sich ihrem Lernpensum mit Übereifer gewidmet und ihre Nase sogar in ihrer kargen Freizeit in Geschichtsbücher gesteckt. Dass Sissy nach Ischl mitkommen sollte, versetzte Helene in leichte Unruhe.

„Wieso begleitet uns Sissy? Sie wird nicht sehr glücklich sein, einen Possenhofener Sommeraufenthalt unterbrechen zu müssen."

Ludovika seufzte. Sie hatte es vermeiden wollen, Helene den wahren Grund dafür zu nennen, aber sie wollte ihn ihrer Ältesten nicht vorenthalten.

„Es ist üblich, einem König oder Kaiser – wenn möglich – zwei Töchter einer Familie als eventuelle Gattinnen zu präsentieren. Ich muss Sissy pro forma mitnehmen. Aber es wird auch Karl Ludwig anwesend sein, also denke ich, sie wird sich nicht langweilen."

„Und wenn Franz Joseph auch diesmal kein Interesse an mir zeigt? Und wenn ihm Sissy besser gefällt als ich?"

Ludovika lächelte. „Nené, du hast dich in den letzten Jahren zu einer Schönheit entwickelt. Wenn das auf den Kaiser keinen Eindruck macht, dann wird er Sissy nicht einmal bemerken."

Ludovika trat ans Fenster, von dem aus man in den Hof des Palais blicken konnte.

„Da, schau hinunter! Da unten reitet unsere Sissy. Sie ist im Gegensatz zu dir ein Pummelchen und hat Schwielen an den Händen, weil sie es nicht lassen kann, den Stall ihres Lieblingspferdes selbst auszumisten. Ihre Wangen sind vom ewigen Draußensein gerötet und mit ihren Zähnen steht es auch nicht zum Besten. Glaubst du im Ernst, dass ein Mann wie Franz Joseph ein fünfzehnjähriges Mädchen einer jungen Frau wie dir vorziehen würde?"

Helene sah zu, wie Sissy vom Pferd stieg, das Tier festband und furchtlos einen der Hinterhufe hochhob, um das Hufeisen zu kontrollieren. Sie raffte dabei ihren Rock hoch und klemmte das Bein des Pferdes zwischen ihren Beinen fest, wie sie das beim Hufschmied gesehen hatte, der die Pferde des Herzogs beschlug. Das Bild ihrer jüngeren Schwester rührte Helene seltsam.

„Franz Joseph braucht eine Kaiserin, Hufschmiede hat er schon genug“, hörte sie ihre Mutter sagen und in der folgenden Nacht betete sie, dass diese Recht behalten sollte.

In den kommenden Wochen vibrierte das Wittelsbacher Palais in der Ludwigstraße vor Geschäftigkeit. Scheiderinnen brachten Stoffe, nahmen Maß und kamen zur Anprobe. Schuster vermaßen Helenes Füße. Friseurinnen probierten mit ihrem wunderbaren Haar die neuesten Hochsteckfrisuren. Zwischendurch verschanzte sich Helene hinter ihren Büchern. Sissy fand das alles nur mäßig unterhaltsam. Aber nachdem für sie nichts Neues geschneidert, sondern nur ein altes Kleid umgenäht wurde, schenkte man ihr – obwohl Teilnehmerin der „Hochzeitsexpedition“, wie sie es nannte – nur wenig Aufmerksamkeit. Umso mehr ritt sie und probierte unter Aufsicht ihres Vaters waghalsige Reiterkunststücke.

Man hatte für die Vorbereitungen nicht allzu viel Zeit, weil Ludovika nicht von München, sondern von Possenhofen aus nach Ischl fahren wollte. Die Jüngeren sollten doch in der gewohnten sommerlichen Umgebung sein.

Man brach erst Ende Mai nach Possenhofen auf, deutlich später als sonst. Am Tag vor der Abreise besuchte Sissy Irene, um sich für den Sommer von ihr zu verabschieden. Sie fand die Freundin wie gewohnt in deren Zimmer. An diesem Tag war Irene besonders blass.

„Bist du krank?“, fragte Sissy besorgt.

„Es geht mir gut; ich bin nur etwas müde, weil ich in der Nacht kaum geschlafen habe. David hat mich wieder einmal besucht.“

„Und?“, fragte Sissy neugierig.

„Das ist es ja, er hat nichts gesagt.“

„Gar nichts?“

„Nur einen einzigen Satz, bevor er wieder verschwunden ist.“

„Ja, und wie lautet dieser Satz?“

Sissy verstand nicht, dass Irene sich diesmal so zierte. Sie erzählte doch sonst sehr bereitwillig von ihren übernatürlichen Begegnungen.

„Er hat gesagt: ‘Sissy, pass auf dich auf.’“

„Er hat mich angesprochen? Aber ich war doch gar nicht da! Und warum soll ich auf mich aufpassen?“

„Ich sag dir ja, er war danach sofort weg.“

„Naja“, spekulierte Sissy, „vielleicht wollte er sich ja auch nur von mir verabschieden, weil ich jetzt nach Possenhofen fahre. Oder vielleicht wollte er mich vor Karl Ludwig warnen, schließlich werde ich ihn diesen Sommer wiedersehen!“ Sissy zwinkerte ihrer Freundin verschmitzt zu.

„Vielleicht“, meinte Irene, klang dabei aber wenig überzeugt.

„Weißt du was, Irene: Ich werde dir schreiben, so oft es geht. Dann bist du immer darüber informiert, was bei mir so los ist. Du wirst sehen, es wird nichts Außergewöhnliches passieren. Es kann sein, dass du im August etwas länger nichts von mir hörst, weil wir in Ischl sind. Aber danach schreibe ich sofort. Ich muss dir ja schließlich berichten, wie die ‘Hochzeitsexpedition’ verlaufen ist. Aber jetzt muss ich gehen, wir essen heute früher als sonst.“

Irene begleitete ihre Freundin bis vor die Haustüre.

„Und du weißt wirklich nicht, was David gemeint haben könnte?“, vergewisserte sich Sissy noch einmal.

Irene schüttelte den Kopf. Dass Davids Worte sehr traurig geklungen hatten, wollte sie ihrer Freundin nicht verraten.

Die Zeit nach der Ankunft in Possenhofen verging wie im Flug. Herzog Max war so oft wie möglich auf Jagd, er konnte den – wie er es bezeichnete – „Gänsestall in seinem Haus“ kaum aushalten: Helene war nervös und gereizt; statt sich vor der Reise etwas zu erholen, lernte sie noch mehr. Ludovika war nervös, weil sich ihre Älteste nicht entspannte. Sissy war nervös, weil das Wiedersehen mit Karl Ludwig immer näher rückte. Ihn, Herzog Max, hatte Erzherzogin Sophie nicht nach Ischl eingeladen, doch das verwunderte ihn nicht weiter. Schließlich kannte er die Abneigung seiner Schwägerin ihm gegenüber – eine Tatsache, die durchaus auf Gegenseitigkeit beruhte.

„Glaubst du, das geht das gut in Ischl?“, fragte der Herzog den alten Pankraz. Er hatte es sich angewöhnt, den Fischer abends am Steg zu besuchen. Die beiden Männer saßen dann in der Dämmerung nebeneinander und schauten auf das Wasser hinaus. Manchmal schwiegen sie gemeinsam, manchmal unterhielten sie sich – je nach Lust und Laune.

„Das weiß nur der da oben“, antwortete Pankraz und streckte seinen Zeigefinger Richtung Himmel, wo soeben die ersten Sterne aufleuchteten.

„Und vielleicht nicht einmal der“, ergänzte der Herzog, der sich ungern auf göttliche Weissagungen verließ.

„Die Nené“, meldete sich Pankraz nach einer langen Pause zu Wort, „die könnt die Last der Krone tragen, aber die Sissy …“

„Die trifft's ja ohnehin nicht“, meinte der Herzog. „Wenn Sissy einmal heiratet, dann muss es einer sein, der sie beim Reiten schlägt. Aber ob's so jemanden gibt, ist eine andere Frage.“

„Das weiß nur der da oben“, wiederholte der Alte und streckte seinen spitzen Zeigefinger abermals in die Luft.

Diesmal erwiderte der Herzog nichts. Nach einiger Zeit stand er auf, wünschte Pankraz eine gute Nacht und verschwand in der Dunkelheit.

Kurz vor der Abreise ereignete sich noch ein Unglück. Eine entferntere Verwandte starb und die Etikette verlangte es, dass sowohl Ludovika als auch die beiden ältesten Töchter Trauerkleidung trugen – zumindest bis zu ihrer Ankunft in Ischl. All die wunderbaren leichten Kleider wurden in Koffer verpackt und nachdem der August des Sommers 1853 besonders heiß war, schwitzten die drei in schwarzes Tuch gehüllten Damen mächtig, als sie die Reise antraten. Bereits nach zwei Stunden Fahrt bekam Ludovika Migräne. Sissy öffnete die Fenster, um der Mutter durch den kühlen Fahrtwind Erleichterung zu verschaffen, aber das half nur kurzfristig. Ludovika fühlte sich derart elend, dass sie beschloss, die Fahrt zu unterbrechen. Nach einer Nacht in einem einfachen Gasthof ging es ihr deutlich besser und die Kutschen rollten weiter, der berühmten Sommerfrische entgegen.

Überraschung in Ischl

Nach Ischl kamen die Menschen von überall her. Seit 1823 versprach die viel gepriesene Heilquelle Linderung bei verschiedenartigsten Beschwerden. Abgesehen von der äußerlichen und innerlichen Anwendung des solehaltigen Wassers empfahlen die Kurärzte viel Bewegung in der frischen Bergluft. Im Jahr 1853 blühte das Geschäft mit der Gesundheit; außerdem war es für die Aristokratie ein Muss, den Sommer an einem Ort zu verbringen, den auch der Kaiser frequentierte. Damen in eleganten Roben und Herren in prächtigen Uniformen flanierten an der Traun entlang, trafen einander in der Trinkhalle, beim Kurkonzert im Park oder beim „Zauner", der berühmten Ischler Konditorei. Besonders wenn der „Schnürlregen" einsetzte und die Sonne sich tagelang nicht blicken ließ, waren all die kleinen Tische dicht besetzt: Man aß Florentiner, Schaumrollen, Topfengolatschen oder die berühmten Zaunerkipferln. Am Abend lockte das Theater mit beachtenswerten Schauspiel-, Opern- und Operettenaufführungen.

Als Ludovika und ihre beiden Töchter am 16. August vor dem Gasthof „Zum Goldenen Löwen" eintrafen, regnete es nicht, aber den dreien blieb keine Sekunde Zeit, das herrliche Wetter zu genießen. Sophie und

Franz Joseph waren längst da und ebenso Königin Elisabeth, die Schwester aus Potsdam.

„Wir sind die Letzten“, stellte Ludovika entsetzt fest.

Nicht nur, dass die Migräne einen Tag Verzögerung verursacht hatte und Ludovika sich nach wie vor etwas schwach fühlte – im Hotel wartete die nächste Katastrophe: Die Kammerfrauen mit der Garderobe waren noch nicht angekommen – und bereits in einer Stunde sollten die drei beim Kaiser zum Tee erscheinen.

Helene brach in Tränen aus und Ludovika tat etwas, das sie als Erziehungsmittel zutiefst ablehnte: Sie ohrfeigte ihre älteste Tochter.

„Mama!“, rief Sissy vorwurfsvoll und stellte sich vor die erstarrte Schwester.

Ludovika schnappte nach Luft. „Sissy, du gehst hinunter zum Empfang – man soll einen Boten zu Tante Sophie senden und Bescheid geben, dass wir angekommen sind. Und Sophie soll uns eine Kammerfrau schicken. Schnell! Lauf!“

Sissy verschwand.

„Ich hab es nicht gewollt, Nené, es tut mir Leid. Ich bin nur so nervös.“

„Ich auch“, schluchzte Helene und rieb sich die Backe.

„Komm, jetzt machen wir dich zurecht. Du bist so schön, Kind, da ist es egal, in welchen Kleidern du steckst. Glaub mir, der Kaiser wird begeistert sein.“

Während Ludovika ihre Tochter aufzumuntern versuchte, schossen ihr gegenteilige Gedanken durch den Kopf: Freilich, Helene war schön, aber in der schwarzen Trauerkleidung sah sie blass aus wie eine Vogelscheuche und nun war sie noch dazu verheult. Diesmal durfte aber nichts schief gehen, diesmal musste Franz Joseph anbeißen.

Zehn Minuten später traf Sophies Kammerfrau ein. Sofort begann sie, Helenes Haar zu bürsten. Wenn schon die Kleider von der Reise staubig waren, so sollte zumindest die Frisur sitzen.

Ludovika seufzte und trat zum Fenster. Unten sah sie Sissy einen Kübel über den Hof schleppen.

„Kind, bist du verrückt geworden? Was tust du? Komm sofort herauf!“

„Aber die Pferde sind durstig, Mama. Wir haben sie so gehetzt und jetzt kümmert sich niemand um sie!“

„Lass jetzt bitte die Pferde in Ruhe. Wir sind hier schließlich nicht zu Hause! Außerdem wollen wir dem Kaiser nicht zumuten, seinen Tee bei Stallgeruch trinken zu müssen – und Karl Ludwig auch nicht!“

Die letzten Worte betonte Ludovika besonders, wohl wissend, dass die Erwähnung des Cousins momentan das Einzige war, auf das Sissy wirklich reagierte. Und sie behielt Recht: Sissy gehorchte sofort, kam die Stiege zum Zimmer heraufgelaufen und schlich zum Spiegel. Auf ihrer Nasenspitze thronte ein schwarzer Fleck. Sissy grinste und streckte dem eigenen Spiegelbild die Zunge heraus.

„Sissy, benimm dich, ich reg mich ohnehin schon so auf!“, rief Ludovika, ergriff die Haarbürste und fuhr damit durch Sissys Lockenmähne.

„Aua, Mama, ich mach das lieber selbst!“

„Aber ordentlich. Und wasch dir bitte das Gesicht!“

Sissy tat, was ihre Mutter sagte. Sie bemühte sich, ruhig zu erscheinen, aber sie war mehr als aufgeregt. Wie oft hatte sie sich das Wiedersehen mit Karl Ludwig ausgemalt – und nun würde es in weniger als einer Stunde endlich so weit sein.

Ob er sich sehr verändert hatte? Ob sie sich sehr verändert hatte? Mit welchen Worten sollte sie ihn begrüßen? Musste sie ihn nun mit dem förmlichen „Sie“ anreden? Würden sie überhaupt noch gemeinsame Gesprächsthemen haben? Der Ton ihrer Briefe, die sie in letzter Zeit wieder häufiger ausgetauscht hatten, war entspannt und heiter gewesen, aber von Angesicht zu Angesicht war eine unbeschwerte Kommunikation viel schwieriger. Diese und noch hundert andere Gedanken schossen durch Sissys Kopf, als sie ihr Haar zu zwei Zöpfen flocht.

Helene war inzwischen ganz still geworden. Ihr blickte aus dem Spiegel ein sehr ernsthaftes Antlitz entgegen. Nun sollte sie also für ihre Mühen entlohnt werden, für all die endlos langen Extra-Unterrichtsstunden, die sie hatte absolvieren müssen, während die Geschwister schwammen,

Pilze suchten, Blumen pflückten und Streiche ausheckten. Und auch die Schmach von Innsbruck würde nun endlich getilgt werden.

Die Kammerfrau steckte die letzte Strähne zurecht. Die Haarnadel stach in Helenes Kopfhaut. Helene verzog keine Miene, sie wusste: Ehefrau zu sein bedeutete oft größere Qualen als die einer zu straff sitzenden Frisur, das hatte zumindest ihre Mutter gesagt, und die Gemahlin eines Kaisers musste sicher noch mehr ertragen. Aber dafür, dachte Helene, würde sie bewundert werden, sie würde an der Seite des Kaisers in die Hofburg einziehen, sie würde eine gute, eine gerechte Kaiserin werden. Sie straffte ihre Schultern.

„Ich bin so weit, Mama!", sagte sie mit fester Stimme.

Als sich die Türe zum Salon der kaiserlichen Sommerunterkunft öffnete, spürte Helene sofort Tante Sophies taxierenden Blick. Ungeniert musterte diese ihre Nichte von oben bis unten und als sich Helene nach dem Hofknicks wieder erhob, verhießen die Augen der Tante nichts Gutes. Sophie sah, dass ihrer Nichte Schwarz nicht stand, und sie sah, dass das Kleid staubig war.

'Aber', dachte Helene und hielt dem Blick ihrer Tante stand, 'der Kaiser wird sich nicht von Äußerlichkeiten leiten lassen.'

Tapfer wandte sie sich Franz Joseph zu. Seine Augen waren nicht etwa auf sie gerichtet, wie Helene es erwartet hatte, sondern ruhten auf Sissy, die soeben vor Tante Sophie knickste. Ein Lächeln huschte über das Gesicht des Kaisers. Sissy nahm kaum von ihm Notiz und steuerte ungeachtet der Etikette sofort auf Karl Ludwig zu.

„Grüß dich, Karl Ludwig", sagte Sissy und schenkte ihm, ohne dass ihr das selbst auffiel, ein strahlendes Lächeln. „Wie geht es dir?"

„Großartig, wenn ich meine reizende Cousine wiedersehe", schmunzelte dieser.

Natürlich hatte auch er dem Aufenthalt in Ischl mit klopfendem Herzen entgegengesehen. Würde ihm Sissy überhaupt noch gefallen? Und wie würde sie auf ihn reagieren? Nun aber war der Damm gebrochen: Sissy war bezaubernd wie eh und je. Zwar war sie eine junge Dame geworden, irgendwie hatte sie sich aber das runde, rosige Aussehen eines

Kindes bewahrt. Und jetzt, als er sich mit Sissy unterhielt, kam es Karl Ludwig so vor, als sei ihre letzte Begegnung gar nicht fünf Jahre her, sondern als hätten sie sich gerade erst getrennt.

„Was hältst du von meiner Schwester?“, wollte Sissy wissen.

„Was ich von ihr halte, steht nicht zur Debatte. Schließlich soll sie die zukünftige Kaiserin werden.“

„Da hast du eigentlich Recht. Und was hältst du von mir?“, fragte Sissy keck.

„Groß bist du geworden.“

„Und?“

„Hübsch auch.“

„Und?“

„Frech bist du geblieben, Gott sei Dank!“

„Was habt ihr zu flüstern?“, zischte Ludovika. „Kommt, setzen wir uns zum Tee.“

Helene bekam den Platz an der Seite Franz Josephs zugewiesen, neben ihr saß Ludovika. Sophie setzte sich auf den Sessel zur Linken ihres Sohnes, Sissy und Karl Ludwig nahmen gegenüber Platz.

„Es ist sehr schön, Sie nach so langer Zeit wieder zu treffen, Cousin“, begann Helene das Gespräch, obwohl es eigentlich Franz Josephs Aufgabe gewesen wäre, das Wort an sie zu richten.

„Die Freude ist ganz auf meiner Seite, Helene. Ich hoffe, die Reise war nicht zu beschwerlich.“

Während er sich mit Helene unterhielt, beobachtete Franz Joseph Sissy aus dem Augenwinkel. Karl Ludwig und sie steckten die Köpfe zusammen und der Kaiser hörte Sissys helles Lachen. Jetzt kaute sie genüsslich an einem Stück Gebäck.

‘Er sieht mich nicht an’, dachte Helene. ‘Er spricht mit mir und sieht mich dabei nicht einmal an!’

Es konnte, es durfte nicht sein, dass der Kaiser sie ein zweites Mal links liegen ließ.

Helene atmete tief durch und beschloss, ihren Cousin zu beeindrucken und nach der Politik zu fragen. Schließlich war sie mittlerweile eine

Kennerin der österreichischen Auslandsbeziehungen und hatte sich dazu ihre Gedanken gemacht. Sie war nicht mehr ahnungslos wie damals in Innsbruck.

„Ich höre, Cousin, dass Sie in letzter Zeit sehr beschäftigt waren mit den Beziehungen zu Russland. Erzählen Sie mir doch ein bisschen von den orientalischen Komplikationen."

„Verzeihen Sie, liebe Helene", antwortete der Kaiser, ohne seinen Blick von Sissy zu lösen, „aber ich habe übermorgen Geburtstag und ich bin auf Sommerfrische. Gönnen Sie mir also eine Ruhepause und fragen Sie mich nicht nach der Politik."

Helene erblasste – der Kaiser hatte ihr eine glatte Abfuhr erteilt. Ludovika, die das Gespräch genau verfolgt hatte, verschluckte sich am Tee und Sophie beobachtete beunruhigt Franz Josephs Interesse für Sissy.

Auch beim anschließenden Souper ließ der Kaiser die kleine Cousine nicht aus den Augen. Diese aber scherzte unbeschwert mit Karl Ludwig und bemerkte nicht im Geringsten, dass sie beobachtet wurde.

Mit Helene tauschte Franz Joseph Höflichkeitsfloskeln aus. Sie stocherte auf ihrem Teller herum und aß mechanisch ein paar Bissen. Sie wagte es nicht, den Kaiser noch einmal direkt anzusprechen.

Sophie wusste genau, was in ihrem Sohn vor sich ging. Sie kannte ihn und seinen Frauengeschmack. Umso mehr wunderte sie sich, dass er von einem Kind derart gefesselt war. Und das war sie; Sissy war einfach noch ein Kind, obwohl – wie sich auch Sophie eingestand – von ihrem Wesen her sehr natürlich und äußerst einnehmend.

„Was hat er gesagt, Nené? Und wie findest du ihn? Ist er nett?"

Auf der Heimfahrt fragte Sissy ihrer Schwester Löcher in den Bauch. Helene verkroch sich in eine Ecke der Kutsche und tat, als schliefe sie.

„Lass sie, Kind", versuchte Ludovika Sissys Neugier zu bremsen, „Nené ist müde. Übermorgen ist der große Ball, da muss sie schön sein. Und Schönheit kommt unter anderem durch viel Ruhe und Schlaf. Außerdem ist es ab morgen vorbei mit der Trauerkleidung – auch für dich."

Die Kutsche hielt vor dem „Goldenen Löwen“. Sissy sprang heraus und stürmte die Stiegen zu ihrem Zimmer hinauf.

„Ich geh jetzt schlafen!“, rief sie. „Und morgen treffe ich Karl Ludwig zum Angeln! Gute Nacht!“

„Gute Nacht, Kleines“, sagte Ludovika leise. Die Sorgenfalten auf der Stirn ihrer Mutter sah Sissy nicht mehr.

Kaum hatte Ludovika die Türe hinter Helene geschlossen, brach diese in Tränen aus.

„Er hat mich überhaupt nicht angesehen, er hat immerzu zu Sissy hinübergeblickt. Oh, Mama, welche Schande! Zum zweiten Mal! Lass uns wieder abreisen!“

„Beruhige dich, Nené, das hat überhaupt nichts zu bedeuten. Franz Joseph hat Sissy wahrscheinlich nur deswegen beobachtet, weil sie sich ganz und gar undamenhaft verhalten hat. Solche Manieren ist er nicht gewohnt. Dieses ewige Gekichere mit Karl Ludwig war ja nicht auszuhalten!“

Ludovika wusste, dass das nichts als eine magere Ausrede war. Trotzdem versuchte sie krampfhaft, ihren eigenen Worten Glauben zu schenken.

„Schau, nun sind ja auch unsere Koffer da. Denk an das herrliche Ballkleid, das wir für dich haben anfertigen lassen. Morgen wirst du strahlen, Nené, so hell, dass der Kaiser geblendet sein wird. Und jetzt schlaf und träum schön. Morgen sieht alles schon ein bisschen anders aus.“

Ballvorbereitungen

Am nächsten Morgen zeigte sich das Wetter von seiner besten Seite – Kaiserwetter, wie die Ischler die seltenen wirklich heißen Sommertage nannten. Sissy erwachte ungewöhnlich spät und stürmte nach einem kurzen Frühstück sofort in das Zimmer ihrer Schwester.

„Kannst du nicht anklopfen?", fuhr Helene Sissy an.

„Aber ich wollte doch nur …"

„Was? Was wolltest du? Siehst du nicht, dass ich keine Zeit habe? Mein Kleid wird bereits aufgebügelt, die Spitzen werden gestärkt, gleich wird mein Haar gewaschen. Ich kann dich hier wirklich nicht brauchen!"

Sissy erschrak. Sie wusste, dass Helene recht forsch sein konnte, aber derart harsche Worte hatte sie aus dem Mund ihrer Schwester noch nie gehört. Sie wollte dabei sein, wenn Helene sich schön machte, wollte ihr während der langen Anprobe die Zeit vertreiben, ihr Mut zusprechen, sie über Franz Joseph ausfragen. Enttäuscht verließ Sissy Helenes Zimmer.

„Sissy!", hörte sie die Stimme ihrer Mutter durch den Gang. „Sissy, komm bitte zu mir!"

„Gleich, Mama, ich muss nur noch meine Angelsachen …"

„Nicht gleich, Sissy, jetzt, auf der Stelle!"

Was war heute nur los? Nené schalt sie und die Mutter kommandierte herum. Jetzt fehlte nur noch, dass sie nicht mit Karl Ludwig zum Angeln gehen durfte.

„Sissy, eben war Tante Sophie bei mir. Der Kaiser hat auch dich zum Ball eingeladen."

„Mich? Aber ich hab doch gar nichts anzuziehen!"

„Du gehst in deinem rosa Sommerkleid, etwas anderes haben wir nicht."

„Ausgerechnet in dem rosa Kleid! Mama, darin sehe ich aus wie ein herausgeputzter Kleiderständer."

„Sissy! Woher hast du nur immer diese Vergleiche? Du siehst darin sehr süß aus."

„Dann hol ich Karl Ludwig jetzt gleich ab. Wenn wir früher angeln gehen, kann ich mich nachher noch herrichten."

„Nirgendwo gehst du hin! Glaub mir, Karl Ludwig weiß sicher schon längst, dass auch du auf den Ball gehst, und rechnet sicher nicht damit, dass du Zeit zum Angeln hast."

Tatsächlich wusste Karl Ludwig bereits mehr, als ihm lieb war. Natürlich war ihm das Interesse seines Bruders an Sissy nicht entgangen. Je länger und intensiver Franz Joseph beim gestrigen Souper seine kleine Cousine angestarrt hatte, desto unruhiger war Karl Ludwig geworden. Sollte der Kaiser wirklich ein Auge auf Sissy geworfen haben, müsste er, Karl Ludwig, zurückstecken. Ein Kaiser bekam immer, was er wollte. Aber vielleicht war Franz Joseph nur amüsiert gewesen von den Schnurren, die Sissy frisch von der Leber weg erzählt hatte. Sissy war einfach noch zu jung für den Kaiser – und viel zu jung für die Last, die eine Kaiserin zu tragen hatte. Diese und ähnliche Gedanken spukten durch Karl Ludwigs Kopf, als er am Zimmer seiner Mutter vorbeikam. Die Türe stand einen Spalt offen und er hörte ganz deutlich den Satz: „Aber Franz, du weißt nicht, was du tust!"

„Ich weiß genau, was ich tue! Mama, sie ist bezaubernd. Hast du nicht bemerkt, wie ungezwungen sie erzählen kann, wie hell ihr Lachen ist? Hast du ihre Haare gesehen, Mama, ihre Wangen?"

„Das mag sein, aber sie hat kein Benehmen. Sie spricht ungefragt, sie wetzt auf ihrem Sessel hin und her, sie nimmt zu große Bissen in den Mund und außerdem hat sie schlechte Zähne. Nein, Franz, die Hochzeit mit Helene ist eine abgemachte Sache. Helene wurde schließlich dazu erzogen, Kaiserin zu sein."

Franz Josephs Antwort auf die Einwände seiner Mutter klang ungewöhnlich entschlossen: „Mutter, ein derart charmantes Mädchen wie Sissy werde ich in ganz Wien nicht finden. Ich habe mich verliebt und ich habe mich entschieden."

„Tu mir einen Gefallen, Franz: Warte den Ball ab. Sollte dir Sissy danach immer noch geeignet erscheinen, so werde ich deine Entscheidung akzeptieren."

Sophies Stimme klang gepresst.

„In erster Linie soll sie meine Frau werden, Mama …"

„Ja, Franz, aber vergiss nicht, dass deine Frau auch Kaiserin von Österreich sein wird, und überlege dir, was das bedeutet."

Karl Ludwig hatte genug gehört. Aus dem Angelausflug mit Sissy würde wohl nichts mehr werden – und aus seiner Zuneigung zu ihr durfte nun nichts mehr werden. Er spürte die Eifersucht in seinem Herzen und – nicht zum ersten Mal in seinem Leben – das Gefühl, wie es war, ewig Zweiter zu sein.

In der Zwischenzeit liefen die Ballvorbereitungen im „Goldenen Löwen" auf Hochtouren. Umschwirrt von Kammerfrau und Friseuse verwandelte sich Helene in eine Ballschönheit und als sie das Ergebnis der stundenlangen Prozedur im Spiegel prüfte, verbesserte sich ihre Laune schlagartig. Sie erkannte sich selbst kaum wieder: Aus einem Gesicht mit makellos glattem, hellem Teint blickten ihr zwei dunkelbraune Augen entgegen, die Lippen hatten die Farbe von vollreifen Erdbeeren und bildeten einen wundervollen Kontrast zu dem dunklen Haarkranz. Eben steckte die Friseuse noch die Efeuranke fest und wie aus einem Nebel kommend hörte Helene die Stimme ihrer kleinen Schwester hinter sich: „… weiß wie Schnee, rot wie Blut, schwarz wie Ebenholz. Nené, du siehst aus wie Schneewittchen, nein, du bist schöner – viel schöner!"

Neben Helenes eigenem Gesicht tauchte nun das ihrer Schwester im Spiegel auf. Alles an Sissy war kindlich rund und rosig, ganz im Gegensatz zur blassen, schlanken Schönheit Helenes, deren Mundwinkel zuckten, als sie die kleine Schwester sah. Aber sie brachte es nicht übers Herz, ihr das Kompliment zurückzugeben.

Kotillon

Ischl war zwar – zumindest in den Sommermonaten – der Nabel der Welt; dieser Nabel war aber so klein, dass Tratsch und Gerüchte binnen weniger Stunden die Runde machen konnten. Hinter vorgehaltener Hand erzählte der Kammerdiener der Köchin, die Köchin der Marktfrau, die Marktfrau der Wäscherin, die Wäscherin der Zofe und die Zofe ihrer Herrin, dass der Kaiser bereits eine Braut gewählt hatte, angeblich noch ein halbes Kind und obendrein die Schwester der ursprünglich Auserwählten. Überall steckten die Menschen die Köpfe zusammen. An diesem Nachmittag glich Ischl eher einem Bienenstock als einem geruhsamen Kurort.

Sissy und Helene waren den ganzen Tag über so beschäftigt gewesen, dass sie von all den Gerüchten nichts mitbekommen hatten, und Ludovika wachte mit Argusaugen darüber, dass weder der Kammerfrau noch der Friseuse oder den Bediensteten im „Goldenen Löwen" in der Gegenwart der beiden Mädchen ein falsches Wort über die Lippen kam. Auf diese Weise konnte sie in ihren Töchtern wenigstens für ein paar Stunden die Illusion aufrechterhalten, alles liefe seinen geplanten Weg. Und vielleicht kam Franz Joseph ja doch noch zur Vernunft.

Sophie hatte diese Hoffnung längst aufgegeben. Spätestens als Franz Joseph an diesem Tag auf seine geliebte Jagd verzichtete, war ihr bewusst, dass seine Entscheidung endgültig war. Sie versuchte sich durch die Ballvorbereitungen abzulenken und blickte mit Sorge dem Augenblick entgegen, in dem Franz Joseph seine Entscheidung öffentlich machen würde: Spätestens wenn er nicht Helene, sondern Sissy zum Kotillon auffordern würde, wüsste ganz Ischl Bescheid und ein paar Stunden später ganz Wien. Ludovika wurde von ähnlichen Gedanken heimgesucht. Allein die Vorahnung dessen, was sie Helene sagen würde müssen, lastete schwer auf ihrem Herz. Noch dazu würde ihre jüngere Tochter sich blamieren, denn sie hatte den Kotillon, diesen komplizierten Figurentanz, nie gelernt.

Als Ludovika und ihre beiden Töchter an diesem Abend den großen Saal im „Hotel Austria" betraten, schien es ihnen, als hielte jede einzelne der hier versammelten Personen den Atem an. Sissy schloss für einen Moment die Augen. Sie konnte nicht genau sagen, ob es das plötzliche helle Licht war oder die zahllosen Augenpaare, die sich auf sie richteten – unwillkürlich blieb sie einige Schritte zurück, als wolle sie sich hinter ihrer Mutter verstecken. Die Stimmen der Menschen vermengten sich zu einer summenden Klangwolke und die vorüberziehenden Duftschwaden der verschiedenen Parfums machten sie schwindelig. Ludovika zog Sissy zu den für sie reservierten Plätzen. Helene schritt tapfer neben den beiden her. Sie bemerkte mit Genugtuung, dass die ursprüngliche Sitzordnung beibehalten worden war. Helene setzte sich also neben den Kaiser, Sissy fand sich eingekeilt zwischen ihrer Tante Sophie und Prinz Ludwig von Hessen. Sie hatte sich noch nicht ganz gefangen und war froh, schräg gegenüber Karl Ludwig zu erblicken. Sie winkte und blinzelte ihm zu, aber seltsamerweise erwiderte er ihren Gruß nicht. Er blickte nur sehr ernst zu ihr herüber. Langsam konnte Sissy die einzelnen Gesichter um sie herum unterscheiden. Da war Nené und neben ihr Franz Joseph. Die Musik spielte den ersten Tanz, aber der Kaiser forderte Nené nicht auf.

'Er ist unhöflich zu Nené', dachte Sissy, 'und warum fixiert er mich ununterbrochen?'

Sissy spürte, dass ihr heiß wurde, und ihre Kopfhaut unter der Hochsteckfrisur spannte. Jetzt, zu Beginn des zweiten Tanzes, einer Polka, stand plötzlich ein fremder Mann in Uniform vor ihr und forderte sie auf. Sissy warf ihrer Mutter einen Hilfe suchenden Blick zu. Ludovika nickte und schon führte der Uniformierte Sissy auf die Tanzfläche und wirbelte sie herum.

Sissys Körper wollte sich nicht in den Tanz fügen, außerdem war es ihr unheimlich, von den Armen eines ihr Unbekannten gehalten zu werden. Immer wieder stolperte sie, doch der Uniformierte sorgte dafür, dass sie nicht fiel. Die Drehbewegung ließ die Menschen im Saal zu Farbbahnen zerfließen und Sissy wurde beinahe übel.

'Was hat der Tanzlehrer damals in Innsbruck gesagt?', versuchte sie sich zu erinnern. 'Beim Walzer ist es ratsam, sich im Saal einen Punkt zu suchen und diesen so gut wie möglich zu fixieren.'

Sissy bemühte sich krampfhaft, diesem Rat zu folgen, aber ihre Augen konnten inmitten der vielen hüpfenden Farbflecken beim besten Willen keinen ruhenden Punkt finden.

In einer Drehung erhaschte sie den Blick Franz Josephs, der sie nach wie vor anstarrte. Sein Gesicht zeichnete sich im Vergleich zur Umgebung seltsam scharf und deutlich ab.

In diesem Augenblick war Sissy plötzlich klar: Er wollte nicht Nené zur Frau – er wollte sie, Sissy.

Sissy stolperte. Der Fremde fing sie geschickt auf und führte sie zurück zu ihrem Platz.

Sissy blickte in die Runde. Sie fand alle Augen auf sich gerichtet. Sie sah, dass Helene mit den Tränen kämpfte und der Gesichtsausdruck ihrer Mutter außergewöhnlich ernst war.

'Warum hat mir niemand etwas gesagt?', war der einzige Gedanke, zu dem Sissy fähig war, als sie Tanz für Tanz in anderen Armen durch den Raum getragen wurde. Mit keinem der Männer sprach sie ein Wort. Dann, mit einem Mal, forderte Karl Ludwig sie auf. Erleichtert nahm sie seinen Arm, als er sie aufs Parkett führte. Das Orchester begann zu spielen – ein Walzer erklang. Sissy erinnerte sich unweigerlich an die Tage in

Innsbruck, als sie mit dem jungen Erzherzog durch den Tanzsaal gewirbelt war.

„Hast du es gewusst?“, flüsterte sie in sein Ohr.

„Ja, Sissy, seit heute Morgen, aber er hat sich bereits gestern entschieden.“

Sissy stiegen Tränen in die Augen und sie spürte, dass Karl Ludwig sie fester hielt als zuvor. Das blieb so, bis der Tanz zu Ende war. Karl Ludwig führte Sissy zu ihrem Tisch und verneigte sich vor ihr, wie es sich gehörte. Als er den Kopf wieder hob, sah er ihr fest in die Augen.

„Ich wünsch dir Glück, Sissy, von Herzen.“

Mit diesen Worten verschwand er in der Menschenmenge.

Plötzlich stand Franz Joseph vor Sissy und überreichte ihr einen Strauß roter Rosen.

‘Das Zeichen zum Kotillon’, dachte sie und gleichzeitig begann sie zu zittern. Sie blickte auf die Rosen in ihrem Arm und sah, dass die Blüten und Blätter das Zittern ihres Körpers fortsetzten. Ein Raunen ging durch den Saal und trotzdem hörte Sissy nichts anderes als das Rascheln der Rosenblätter.

„Ich habe noch nie einen Kotillon getanzt“, sagte sie leise, ohne den Blick zu heben.

„Mach einfach, was ich mache, und achte auf den Tanzmeister“, sagte eine Stimme neben ihr. Sissy hätte nicht sagen können, woher sie kam.

Jemand nahm ihr den Strauß ab und wie in Trance schritt sie am Arm des Kaisers auf das Tanzparkett. Links und rechts von ihnen wichen die Paare zurück und verneigten sich. Die Musik begann zu spielen, Sissy bemühte sich krampfhaft, den Angaben des Tanzmeisters zu folgen. Sie bewegte sich hölzern und starrte Franz Joseph an.

‘Seine Augen sind blau’, dachte Sissy, ‘Wasseraugen.’

Kaum war der Tanz zu Ende, brach tosender Applaus los. Nun war es öffentlich – der Kaiser hatte sich entschieden. Sie, Sissy – Elisabeth –, die kleine Prinzessin aus Bayern, sollte an der Seite Franz Josephs Kaiserin von Österreich werden.

Sissy spürte Panik in sich aufsteigen.

'Hier liegt eine Verwechslung vor', schoss ihr durch den Kopf. Helene sollte an ihrer Stelle sein. Wo war sie überhaupt? Und wo war ihre Mutter? Ludovika sollte kommen und das Missverständnis aufklären. Jemand musste dem Kaiser doch sagen, dass er sich geirrt hatte.

Aber es kam niemand und langsam dämmerte es Sissy, dass hier keine Verwechslung vorlag.

Den Rest des Abends absolvierte Sissy, als befände sie sich in einem Trancezustand. Sie bemerkte, dass um sie herum Damen knicksten, Herren sich verbeugten. Viele Menschen gratulierten, sprachen zu ihr, aber sie verstand kein Wort. Immer wieder versuchte Sissy, unter den vielen Menschen ihre Mutter oder Nené auszumachen, aber beide blieben verschwunden.

Sissy hatte keine Ahnung, wie viel Zeit vergangen war, als sie endlich doch Ludovikas Stimme hörte.

„Komm, Kind, es ist Zeit zu gehen", sagte ihre Mutter sanft und führte ihre Tochter ins Freie.

Es war nach wie vor heiß, fast stickig, sehr ungewöhnlich für das von hohen Bergen umgebene Ischl. Sissy suchte den Mond, der größer zu sein schien, als sie ihn je gesehen hatte. Zahlreiche Kutschen hielten vor dem „Hotel Austria", um die Gäste nach Hause zu bringen. Ludovika lotste Sissy zu dem Gefährt, das für sie bereit stand.

„Wo ist Nené, fährt sie nicht mit uns?"

„Sie schläft wahrscheinlich längst. Sie ist gleich nach dem Kotillon gegangen."

„Warum hast du nichts gesagt, Mama?"

„Weil ich gehofft habe, dass es doch noch anders kommt."

„Wäre es anders besser gewesen?"

„Ich weiß nicht, ob es besser gewesen wäre, Sissy – es wäre leichter gewesen", sagte Ludovika. „Aber der Kaiser hat eine Entscheidung getroffen und einer kaiserlichen Entscheidung darf man sich nicht widersetzen."

Sissy hörte das Schnauben der Pferde und das Klappern der Hufe auf dem Fahrweg.

‘Ich möchte nach Hause, ich möchte nach Possenhofen’, dachte sie. ‘Ich möchte mit Papa ausreiten, ich möchte, dass alles so ist, wie es vor unserer Reise war.’

Gleichzeitig wusste Sissy, dass dies nun nicht mehr möglich war. Kurz vor dem „Goldenen Löwen“ fragte sie leise: „Mama, ist Franz Joseph ein guter Mann?“

Ludovika sah ihre Tochter an. Was sollte sie darauf antworten? Wie konnte sie wissen, wie sich der Kaiser Sissy gegenüber verhalten würde?

„Er hat sich in dich verliebt, Kleines, das ist nicht zu übersehen. Und das ist eine gute Voraussetzung für alles, was auf dich zukommen wird.“

Nun wurde es still zwischen Mutter und Tochter. Keine der beiden sprach auch nur ein Wort, bis Sissy im Bett lag.

An und für sich fand Ludovika Sissy schon zu groß für einen mütterlichen Gutenachtkuss, aber an diesem Abend hatte sie das Bedürfnis, ihrer Tochter besonders schöne Träume zu wünschen – wohl wissend, dass Sissy vermutlich kein Auge zumachen würde.

„Mama, warum hat er sich für mich entschieden?“, fragte Sissy, als ihre Mutter das Zimmer verlassen wollte.

„Das wirst du ihn selbst fragen müssen“, antwortete Ludovika und zog die Türe hinter sich zu.

Dem Kaiser gibt man keinen Korb

Bereits um acht Uhr morgens ließ sich Sophie bei Ludovika melden. Das Protokoll sah vor, die Braut und deren Familie offiziell davon in Kenntnis zu setzen, dass der Kaiser wünsche, Herzogin Elisabeth Amalie Eugenie in Bayern zur Frau zu nehmen. Ludovika, die auf diesen Besuch vorbereitet gewesen war, ließ Tee reichen.

„Soll ich Sissy holen?“

„Nein, Ludovika“, schlug Sophie ungewöhnlich familiäre Töne an, „lass uns einen Moment unter vier Augen sprechen. Ich muss gestehen, mein Herz wäre leichter, hätte Franz sich für Helene entschieden. Du hast aus dem Mädchen eine wunderbare Frau gemacht, sie wäre eine würdige Herrscherin geworden. Wir beide haben uns nichts vorzuwerfen, wir haben alles versucht. Und wir beide wissen auch, dass es ein großes Stück Arbeit bedeuten wird, Sissy so weit zu bringen, dass sie die Pflichten einer Kaiserin wahrnehmen kann. Sie wird nun vieles zu lernen haben, Französisch zum Beispiel, Tschechisch, sie muss mit dem Zeremoniell bei Hofe vertraut gemacht werden …“

Punkt für Punkt spulte sie die Aufgaben ab, die Sissy an der Seite Franz Josephs zu erledigen haben würde, bis Ludovika ihrer Schwester sanft die Hand auf den Arm legte.

„Sophie, sag mir eines: Ist es wirklich Liebe?"

Sophie blickte ihre Schwester überrascht an. Liebe war in ihren Kreisen kein Kriterium für eine Eheschließung. Ludovika hatte unter den Seitensprüngen ihres Ehemannes grenzenlos gelitten und Sophie selbst fühlte zu ihrem Franz Carl zwar Zuneigung, aber doch eher die einer Mutter für ein Kind. Gleichberechtigte Liebe, die ihnen von einem Mann entgegengebracht wurde und die sie in gleicher Weise erwidern konnten, hatten sie beide nie kennen gelernt.

Zögernd antwortete sie: „Ich habe Franz noch nie so gesehen und ich habe auch noch nie erlebt, dass er mit derartiger Vehemenz seinen Kopf durchsetzen will. Es muss wohl Liebe sein."

Das war also die Antwort auf die Frage, mit der Ludovika Sissy gestern Nacht allein gelassen hatte. Ludovika war erleichtert und hörte dem nun folgenden Vortrag der Schwester bezüglich der Verlobungsfeierlichkeiten nur mit halbem Ohr zu. Zumindest, so dachte Ludovika jedenfalls, würde sich Sissy in ihrer Ehe nicht so verlassen fühlen müssen, wie sie es in der ihren immer gewesen war.

„… glaubst du also, dass sie den Antrag annehmen wird?"

Sophies Stimme riss Ludovika aus ihren Gedanken. Wie sollte sie auf diese Frage antworten? Sissy blieb doch gar nichts anderes übrig, als den Antrag anzunehmen.

Teils aus Rührung, teils aus einem Gefühl der Trauer, die erst fünfzehnjährige Sissy aus ihrer Obhut entlassen zu müssen, und teils wegen der schieren Überforderung durch die sich seit zwei Tagen überschlagenden Ereignisse stiegen Ludovika Tränen in die Augen. Trotzdem wollte sie als Mutter der künftigen Kaiserin keine Blöße zeigen und antwortete ihrer Schwester äußerst diplomatisch: „Dem Kaiser von Österreich gibt man keinen Korb."

An diesen Tag, den 18. August 1853, den 23. Geburtstag des Kaisers, erinnerte sich Sissy später nur bruchstückhaft. Ihre Mutter hatte den

Hochzeitsantrag in ihrem Namen angenommen. Es hatte ein Familienessen gegeben, bei dem Sissy bereits an der Seite Franz Josephs gesessen war. Der Kaiser hatte ununterbrochen auf sie eingeredet, wohl um ihr die Scheu zu nehmen, aber ihr war keines der Themen im Gedächtnis geblieben. Sie wusste später nur noch, dass sie sich krampfhaft darauf konzentriert hatte, keine Fehler zu begehen. Man berichtete ihr, sie hätte sehr still gewirkt; „demutsvoll" und „bescheiden" waren die Worte, die verwendet wurden, um zu beschreiben, wie verschreckt sie gewesen war. Sissy konnte sich auch daran erinnern, dass Nené, sehr zum Ärger von Tante Sophie, nicht an dem Diner teilgenommen hatte. Sissy hatte ihre Schwester an diesem Tag gar nicht zu Gesicht bekommen. Abends aber hatte es einen ungewöhnlich heftigen Streit zwischen Ludovika und Nené gegeben, der trotz der dicken Wände des Gasthofes nicht zu überhören gewesen war. Sissy hatte den genauen Wortlaut der Auseinandersetzung nicht mitbekommen, einzelne Sätze waren allerdings zu ihr durchgedrungen.

„Das ist mein Platz, ich habe darauf hingearbeitet", hatte sie Nenés aufgebrachte Stimme gehört. „Ich habe gelernt, während die anderen gespielt haben. Ich habe einen Teil meiner Kindheit dafür hergegeben, Kaiserin zu werden. Und jetzt brüskiert mich Franz Joseph vor versammeltem Hofstaat. Niemand hat mich gefragt, wie ich mich fühle, niemand hat mich seit dem Kotillon auch nur noch einmal angesehen. Mama, er hätte sich zumindest persönlich bei mir entschuldigen können!"

Sissy zog sich den Polster über die Ohren. Sie wollte nichts mehr hören. Nicht nur, dass ständig irgendjemand etwas von ihr wollte – nun war sie auch noch schuld an Nenés Unglück. Sie musste morgen irgendwann Zeit finden, um sich mit ihr auszusprechen. An diesem Abend weinte sich die erschöpfte Sissy in den Schlaf, wie sie es als Kind getan hatte, wenn sie sich ungerecht behandelt fühlte.

Während der Nacht entlud sich ein gewaltiges Gewitter über Ischl. Donner hallte von den Bergwänden wider und Blitze tauchten den Ort für Sekunden in metallisch blaues Licht. Die Hitze der letzten Tage war gebrochen und der nächste Morgen zeigte sich grau und verregnet.

Ludovika stand bereits um sechs Uhr im Zimmer ihrer jüngeren Tochter. Sie legte Sissy kalte, feuchte Tücher über die verweinten Augen, damit sie abschwollen. Dann wurde frisiert, gewaschen und herausgeputzt.

Bereits um acht wurde der gut gelaunte Franz Joseph zu Sissy vorgelassen. Er stürmte auf seine Braut zu, hob sie hoch und wirbelte sie durch die Luft. Das entsprach ganz und gar nicht der Etikette, aber es war außer dem jungen Paar niemand im Raum. Der unerwartete Gefühlsausbruch berührte Sissy und sie musste lächeln. Franz Joseph setzte seine Braut wieder ab und hielt ihre Hände.

„Sissy, du hast noch kein einziges Wort mit mir gesprochen – sag, magst du mich ein bisschen?"

Sissy öffnete den Mund und wollte etwas sagen, aber aus ihrer Kehle kam nur ein Krächzen. Sie räusperte sich und flüsterte: „Ach, wenn du nur kein Kaiser wärst!"

Franz Joseph nahm sie in die Arme, drückte sie an sich und erwiderte ebenso leise, aber für Sissy deutlich hörbar: „Manchmal wünsche ich mir das auch."

Das Frühstück fiel aus, da für elf Uhr der Besuch der Messe angesetzt war. Gemäß den Regeln der katholischen Kirche musste Sissy nüchtern sein, um die heilige Kommunion empfangen zu können. Dementsprechend fühlte sie sich etwas flau, als Franz Joseph sie abholte, um mit ihr durch das festlich geschmückte Ischl zu ziehen. Die bayerischen und österreichischen Fahnen an den Häusern hingen klatschnass herab und der eigens rasch herbeigebrachte Blumenschmuck sah schon jetzt zerzaust aus. Hinter dem zukünftigen kaiserlichen Paar lief ein Diener mit einem großen Schirm und bemühte sich, ihn trotz des heftigen Windes in der richtigen Position zu halten. Die Ischler Bevölkerung und die anwesenden Kurgäste ließen sich das Schauspiel nicht entgehen. Geduldig und gespannt zugleich standen sie im Regen, um wenigstens einen kurzen Blick auf die zukünftige Kaiserin werfen zu können.

Vor der Kirche war ein Baldachin errichtet worden, um den Eintretenden etwas Schutz zu gewähren. Als sich das Paar dem Kirchentor näherte, erspähte Sissy neben ihrer Mutter Nené unter den Wartenden. Am liebsten wäre sie losgelaufen, um die Schwester zu umarmen, aber ihr war klar, dass das jetzt nicht möglich war. So lächelte sie zu ihr hinüber, um ihr zumindest auf diese Weise verständlich zu machen, wie sehr sie sich über ihre Anwesenheit freute. Nené aber verriet mit keinem Blick, dass sie Sissys Zeichen bemerkt hatte. Versteinert stand sie neben dem Kirchenportal und sah zu, wie die kaiserliche Familie immer näher kam. Knapp vor der Kirchentüre machte Sophie einen Schritt beiseite. Das bedeutete, dass sie ihrer Nichte und zukünftigen Schwiegertochter den Vortritt ließ und so deren höheren Rang akzeptierte. Dabei stieß Sophie mit Helene zusammen, die dadurch noch etwas mehr beiseite gedrängt wurde. Bevor Sissy in das Kirchenschiff eintrat, nahm sie aus dem Augenwinkel eine Bewegung war. Sie dreht sich für einen Moment um und sah Nené davonlaufen.

Franz Joseph jedoch schob sie weiter und Sissy zuckte zusammen, als unvermittelt aus Hunderten von Kehlen die Volkshymne erscholl. Die Messe wollte kein Ende nehmen, zumindest schien es Sissy so. Sie atmete auf, als die Orgel ertönte und die Menschen sich von ihren Bänken erhoben. Sie wollte so rasch wie möglich loslaufen und Nené suchen – sie musste mit ihr sprechen, gleich, sofort. Aber Franz Joseph zog sie zum Altar hin, wo noch immer der Pfarrer stand. Der Kaiser wollte ihm persönlich für den Segen danken, den er über das junge Paar ausgesprochen hatte.

Hochrufe ertönten, als sie die Kirche verließen, und Sissy bekam einen ersten Vorgeschmack von ihren künftigen Pflichten. Am liebsten hätte sie sich hinter ihrem Schal versteckt, aber sie musste freundlich nach allen Seiten nicken, die nicht enden wollenden Glückwünsche entgegennehmen und höfliche Dankesworte erwidern.

Ängstlich und ungeduldig drückte sie Franz Josephs Hand. Da erst bemerkte der Kaiser, wie verwirrt Sissy war. Schnell führte er sie durch die Menge und half ihr in den bereit stehenden Wagen. Erleichtert sank Sissy in die Polster.

„Sissy, ist dir nicht gut?"

„Nené … Helene, ich hab sie davonlaufen sehen, ich muss sofort mit ihr sprechen!“

„Sissy, das geht jetzt nicht, wir müssen zum Diner nach Hallstadt, es ist alles vorbereitet. Du kannst jetzt nicht …“

„Franz“, Sissys Stimme zitterte, als sie ihren zukünftigen Ehemann zum ersten Mal mit seinem Namen ansprach, „Nené ist tief gekränkt, weil du mich gewählt hast und nicht sie. Sie spricht nicht mehr mit mir, gestern hat es einen furchtbaren Streit mit Mama gegeben. Wenn dir etwas an mir liegt, Franz, dann verschieb das Diner und lass mich sie suchen.“

Sissys Gesichtsausdruck hatte ganz plötzlich alles Kindliche verloren. Ihre zusammengepressten Lippen signalisierten Entschlossenheit und ihre Augen funkelten. Franz Joseph wusste in diesem Augenblick, dass das kindliche Wesen neben ihm einen eigenen Willen besaß und dass diesem Willen nun entsprochen werden musste. Andernfalls, das ahnte der Kaiser, würde Sissy imstande sein, die Verlobung zu lösen.

Er atmete tief durch und sagte: „Gut, Sissy, du sollst deinen Willen haben. Ich bringe dich in den ‘Goldenen Löwen’, du sprichst mit Helene und ich warte so lange.“

Franz Joseph gab dem Kutscher ein Zeichen und die Pferde trabten los.

Suche nach Nené

Helene war weder in ihrem Zimmer noch sonst irgendwo im Gasthof zu finden. Ludovika machte sich schwere Vorwürfe, ihr nicht sofort nachgegangen zu sein.

„Ich hab gedacht, sie läuft zurück zum Gasthof! Wie hätte ich wissen können, dass sie verschwindet? Hätte ich bloß gleich reagiert, wäre jetzt alles gut."

„Dann würde Tante Sophie aber kein Wort mehr mit dir sprechen", redete Sissy ihrer Mutter gut zu. „Mama, es hat keinen Sinn, dass du dir Vorwürfe machst. Wir müssen einfach möglichst viele Menschen fragen, ob irgendjemand sie gesehen hat. Welches Kleid hat sie heute getragen?"

„Das grüne, und dazu das dunkelgrüne Samtjäckchen."

Sissy ärgerte sich; sie war so sehr mit ihrer eigenen Person beschäftigt gewesen, dass sie sich nicht einmal an das Kleid der Schwester erinnern konnte. Andererseits hatte sie Nené heute nur einmal kurz vor der Kirche gesehen.

Franz Joseph, dem das Warten im Wagen zu lange wurde, betrat das Zimmer.

„Nené ist weg, Franz! Einige deiner Soldaten müssen durch den Ort gehen und nach einer jungen Frau in einem grünen Kleid fragen. Nur so können wir sie wiederfinden.“

„Mein Adjutant, Baron Weckbecker, soll mit ein paar Männern ausschwärmen. Sissy, wir finden sie, dessen bin ich mir sicher.“

Der Kaiser wollte seine Braut in die Arme nehmen und trösten, aber Sissy war schon an der Türe.

„Also los! Worauf warten wir?“

„Aber Kind, du willst doch nicht etwa bei der Suche helfen?“, jammerte Ludovika.

„Und ob ich das will! Schließlich bin ich der Grund für Nenés Verschwinden.“

„Aber ich trage die eigentliche Schuld“, warf Franz Joseph ein.

Baron Weckbecker war schnell zur Stelle, mit ihm zwanzig Soldaten. Sissy erkannte in ihm den Mann in Uniform, der sie beim Ball zur Polka aufgefordert hatte. Weckbecker ließ sich von Sissy noch einmal Helenes Kleid beschreiben. Gasse für Gasse streiften er und seine Truppe durch den Ort, befragten Passanten und Geschäftsleute.

Nach ungefähr einer halben Stunde kam einer der Soldaten atemlos angerannt. „Majestät, melde gehorsamst, eine der Wäscherinnen dürfte sie gesehen haben. Sie ist Richtung Kalvarienbergkirche gelaufen.“

Sissy wurde blass.

„Das ist doch der Weg zum Nussensee, oder? Noch auf der Fahrt nach Ischl hat Nené gemeint, den See müssten wir uns unbedingt anschauen. Mein Gott, hoffentlich finden wir sie bald!“

Weckbecker holte die Soldaten zurück.

„Fragen Sie die Einheimischen, ob das der einzige Weg zum See ist. Wenn nicht, teilen Sie Ihre Männer auf!“, befahl der Kaiser.

„Sehr wohl, Majestät!“, antwortete Weckbecker und verschwand mit seinen Leuten.

„Sissy, willst du nun nicht zurück zum Gasthof? Du wirst dich bei dem Wetter noch verkühlen und ich bin sicher, Weckbecker findet Helene bald.“

„Das kann ich nicht, Franz. Tu mir den Gefallen, geh mit mir den Weg über den Kalvarienberg. Ich möchte in der Kirche eine Kerze für Nené anzünden."

Der Kaiser sah ein, dass weder gutes Zureden noch Widerspruch einen Zweck hatten. Er ließ zwei Mäntel bringen und sie machten sich auf den Weg. Sissy reichte der grobe Militärmantel bis zu den Knöcheln, darunter lugte der Volant ihres Feiertagskleides hervor. Ihre Frisur hatte sich etwas gelöst und feuchte Locken klebten an ihren Schläfen. Sie sah umwerfend aus, als sie neben ihm herstapfte.

'Wie viel Entschlossenheit in diesem kleinen Wesen steckt!', dachte Franz Joseph bewundernd. Wäre die Situation nicht so ernst gewesen, hätte er seine Braut jetzt geküsst.

Sie sprachen kein Wort, bis sie die Kalvarienbergkirche erreichten. Je näher sie ihrem Ziel kamen, desto schneller ging Sissy. Als sie die Stufen zur Kirche erklommen, durchdrang ein Sonnenstrahl die bis dahin dicht geschlossene Wolkendecke und die Sonnenuhr über dem Portal zeigte vier Uhr. Die gewaltigen Terrakottafiguren, die die Nischen an der Fassade zierten, färbten sich im Licht tiefrot.

Nachdem sie eine Kerze entzündet hatte, sank Sissy auf die Knie und Tränen stiegen ihr in die Augen.

„Lass mich sie finden, Herr", betete sie leise. „Auf alles will ich verzichten, wenn es ihr nur gut geht."

Behutsam berührte Franz Joseph Sissys Schulter.

„Lass uns nun zum See gehen! Weckbecker ist sicher schon dort."

Eine Stunde später erreichten sie ihr Ziel. Einzelne Sonnenflecken tanzten auf dem grünen Wasser und der den See eng umschließende Wald dampfte nach dem ausgiebigen Regen.

Vor einem Bootshaus ließ sich Sissy erschöpft auf eine Bank fallen. Zwischen den Bäumen hörte man Stimmen.

„Bleib du hier", meinte Franz Joseph, „ich suche Weckbecker, sicher hat er schon Neuigkeiten."

Sissy nickte, schloss die Augen und lehnte sich zurück. Plötzlich drang das Geräusch von Ruderschlägen an ihr Ohr. Vom gegenüberliegenden

Ufer näherte sich Baron Weckbecker in einem kleinen Boot. Und wenn sie ihre Augen nicht täuschten, hing ein grünes Stück Stoff über die Bordwand.

Es kam Sissy wie eine Ewigkeit vor, bis das Boot anlegte. Weckbecker hob die klatschnasse Helene ans Ufer und Sissy wickelte sofort ihren Mantel um die vor Kälte zitternde Schwester. Weckbecker verließ die beiden, um dem Kaiser Bericht zu erstatten.

„Nené", schluchzte Sissy, „es tut mir so Leid. Ich hab das doch alles nicht gewollt!"

„Ach, Sissy, du kannst doch nichts dafür. Ich habe mich nur so furchtbar gefühlt, als der Kaiser plötzlich in aller Öffentlichkeit dir den Hof gemacht hat! Hinter meinem Rücken wurde getuschelt, niemand wollte mehr mit mir reden."

Sissy hielt ihre Schwester eng umschlungen.

„Und für mich war es schrecklich, als ich bemerkt habe, dass der Kaiser mich zur Frau will. Ich konnte ihn gar nicht ansehen. Aber warum bist du so nass? Du wolltest doch nicht …?"

„Nein, ich bin auf einem feuchten Holzsteg ausgerutscht und ins Wasser gefallen. Ich wollte nur allein sein, weit weg von den mitleidigen Gesichtern."

„Das kann ich gut verstehen. Ich wäre auf dem Ball auch am liebsten davongelaufen. Aber das kann ich nun wohl nicht mehr."

Einige Minuten später tauchte Franz Joseph zwischen den Bäumen auf. Er wies Baron Weckbecker an, Pferde zu organisieren und die Schwestern zurück in den Ort zu bringen. Sowohl Helene als auch Sissy wurden ins Bett gesteckt und der Kaiser bestand darauf, Sissy die heiße Suppe, die Ludovika hatte kommen lassen, eigenhändig zu servieren.

Ungeschickt balancierte er das Tablett bis zu Sissys Bett und stellte es auf das Nachtkästchen. Sissy richtete sich auf und sah Franz Joseph ernst an.

„Seit heute Nachmittag weiß ich, dass ich dich heiraten will."

„Wieso erst seit heute? Du hast den Heiratsantrag doch gestern angenommen!", erwiderte Franz Joseph verunsichert.

„Meine Mutter hat den Heiratsantrag für mich angenommen, das ist ein bisschen etwas anderes. Aber dass du mir heute geholfen hast, Nené zu finden, und dafür das Diner hast ausfallen lassen, war für mich ein Zeichen, dass du es wirklich ernst meinst mit mir. Das war das schönste Verlobungsgeschenk, das du mir je hättest machen können."

Sissy streckte ihren Arm aus, nahm Franz Josephs Hand und lächelte ihren Bräutigam an.

„Es gibt aber noch eine Überraschung für dich", antwortete der Kaiser gerührt. „Jetzt iss deine Suppe fertig und gegen neun, wenn es dunkel wird, lasse ich dich abholen."

Obwohl Sissy todmüde war, folgte sie dem Wunsch ihres zukünftigen Ehemannes. Doch die Müdigkeit war wie verflogen, als sie neben dem Kaiser auf dem Balkon des „Hotel Austria" stand. Zu ihren Ehren wurde Ischl von Zehntausenden Kerzen beleuchtet, in den Fenstern der Häuser hingen Lampions und auf der dem Ort zugewandten Seite des Siriuskogels schwebten, von Hunderten brennenden Fackeln gebildet, die leuchtenden Initialen FJ und E in der Dunkelheit.

„Ist das schön!", flüsterte Sissy. Sie schob ihre Hand in die von Franz Joseph und drückte sie ganz fest. Glücklich erwiderte er Sissys Händedruck und wertete es als gutes Omen für die Zukunft, dass die Wolken nun vollends verschwunden waren und die Sterne am Himmel mit den Kerzen unten um die Wette leuchteten.

Die Braut des Kaisers

Am nächsten Morgen fühlte sich Sissy wie erschlagen. Von der Straße drangen Stimmen zu ihrem Fenster herauf. Sie glaubte den Satz zu hören: „Da oben ist das Zimmer der zukünftigen Kaiserin!“, und zog sich die Decke über den Kopf. Die Anspannung des Vortages, die Angst um Nené und die Strecke zum Nussensee, die sie beinahe im Laufschritt zurückgelegt hatte, all das steckte ihr im wahrsten Sinne des Wortes in den Knochen. Jede Bewegung schmerzte und so beschloss Sissy, sich vorerst so wenig wie möglich zu rühren. Aber sie wusste, dass jede Minute ihre Mutter ins Zimmer kommen konnte. Heute sollte das Diner in Hallstadt nachgeholt werden. Man hatte beschlossen, etwas früher aufzubrechen, damit sie etwas von der wunderbaren Umgebung zu sehen bekam. Normalerweise machten Sissy Ausflüge ja Spaß, aber in ihrem augenblicklichen Zustand reizte sie die Aussicht auf eine lange Kutschenfahrt, bei der sie ordentlich durchgeschüttelt würde, gar nicht. Da würde ihr ein Spaziergang schon eher das bleierne Gefühl aus den Gliedern treiben. Außerdem war da Karl Ludwig, mit dem sie reden wollte, und auch die Sache mit Nené war noch nicht ganz ausgestanden. Und Irene! Natürlich! Dass sie das hatte vergessen können! Sie musste einen ausführlichen Brief an die Freundin in München schreiben, das hatte sie versprochen. Davids Warnung, sie solle auf sich aufpassen, hatte nun eine ganz andere Bedeutung. Ob er bereits gewusst hatte, was auf sie zukommen würde? Konnten Tote in die Zukunft sehen?

Ein Klopfen an der Zimmertüre unterbrach Sissys Gedanken. Obwohl sie nicht antwortete, öffnete sich die Türe und Ludovika erschien. Sie ging zum Fenster, zog die Vorhänge zurück und setzte sich zu ihrer Tochter ans Bett.

Sissy sah ihre Mutter an: Sie hatte schwarze Ringe unter den Augen und die Falten auf ihrer Stirne erschienen tiefer als sonst.

„Du bist ja schon wach! Hast du gut geschlafen?", sagte Ludovika sanft.

„Guten Morgen, Mama. Ich habe geschlafen, aber nicht gut, mehr wie eine Tote. Und du? Du siehst nicht sehr frisch aus."

„Sissy, so etwas sagt man nicht zu seiner Mutter – nicht einmal, wenn es stimmt. Du hast Recht, ich habe kein Auge zugetan. Und ein Bediensteter des Kaisers hat bereits die Termine für den heutigen Tag vorbeigebracht. Es ist Zeit aufzustehen, Sissy, wir sind bereits spät dran. In der Villa des Kaisers erwartet dich ein Miniaturenmaler. Er soll ein Porträt anfertigen, das zur Vervielfältigung nach Wien geschickt wird."

Sissy richtete sich in ihren Kissen auf.

„Muss das sein, Mama? Ich fühle mich heute wirklich nicht sehr wohl und ..."

„Es muss sein, Sissy. Aber du hast den ganzen Vormittag nichts anderes zu tun als für den Maler Modell zu sitzen."

„Das ist es ja! Mir ist nach einem Spaziergang oder noch besser nach einem Ausritt in der frischen Luft – und nicht nach ein paar Stunden in einem heißen Raum, noch dazu mit einem fremden Menschen."

„Zumindest eine Spazierfahrt nach Hallstadt wirst du ja heute noch machen. Deshalb beeil dich jetzt, der Maler soll nicht warten müssen."

„Und Nené, wie geht es ihr?"

„Mach dir um deine Schwester erst einmal keine Sorgen. Sie hat den Umständen entsprechend eine ganz gute Nacht verbracht."

Ludovika drehte ihrer Tochter, die inzwischen aus dem Bett geklettert war, bei diesem Satz den Rücken zu, sodass Sissy nicht sehen konnte, dass ihr Tränen in den Augen standen. Sie hatte Helene die ganze Nacht schluchzen gehört und selbst nicht den Mut besessen, zu ihrer Ältesten ins Zimmer zu gehen und sie zu trösten. Aber so war es nun einmal: Wittelsbacher Mädchen hatten sich mit ihrem Schicksal abzufinden – das war bei ihr so gewesen und bei ihren Schwestern nicht anders. Auch sie hatte nächtelang geweint, nachdem sie Max geheiratet hatte, und noch viel mehr, als er begann, lieber auf Reisen zu gehen als zu Hause zu sein. Vielleicht hatte Helene ja sogar das bessere Los gezogen und wusste es nur noch nicht? Ludovika unterbrach ihre Gedanken.

„Ich habe gestern eine telegraphische Depesche an deinen Vater geschickt, um ihm die Verlobung mitzuteilen. Er wird noch heute in Ischl eintreffen, um seine offizielle Zustimmung zu geben."

'Papa kommt!', dachte Sissy und für einen Moment hatte sie dieses leichte Gefühl im Herzen, das ihr während der letzten Tage abhanden gekommen war.

„Aber wenn er kommt, schickst du ihn gleich zu mir, ja? Egal, wo ich bin!"

„Versprochen. Und jetzt komm rasch zum Frühstück. Der Maler soll über die zukünftige Kaiserin nicht sagen können, dass ihr der Magen knurrt."

Als Sissy in der kaiserlichen Sommerresidenz eintraf, begrüßte sie ihr Bräutigam schon auf den Stiegen.

„Sissy! Da bist du ja. Hast du gut geschlafen?"

Ohne die Antwort seiner jungen Braut abzuwarten, führte er sie die Stiegen hinauf in einen kleinen Raum, in dem ein Mann vor einer Staffelei stand. Als die beiden Verlobten den Raum betraten, verneigte er sich tief.

„Sissy, das ist Eduard Kaiser. Er ist Maler und Lithograph. Er wird eine Zeichnung von dir anfertigen, die er dann vervielfältigen wird."

„Ist das wirklich notwendig? Das Wetter ist so schön und wir könnten doch …"

„Aber Sissy, sobald die Verlobung am Hof offiziell bekannt gegeben wird, muss ein Bild von dir vorhanden sein. Die Leute sind schließlich neugierig, wie ihre zukünftige Kaiserin aussieht!“

Sissy seufzte und drehte sich so, wie der Maler es wollte. Franz Joseph setzte sich auf einen Stuhl in der Ecke des Raumes. Es wäre einerseits unschicklich gewesen, Sissy mit einem Fremden allein zu lassen, andererseits hatte er nun endlich Zeit, seine junge Braut eingehend zu betrachten: Sissy trug ein helles Kleid mit Blütenmuster, dazu ein dunkles Spitzenjäckchen. Ihre Haut war rosig und makellos. Ihre Wangen waren voll und das Kinn zierte ein niedliches Grübchen. Sissys glänzendes Haar war aufgesteckt, was ihren Hals betonte, der von einem mit einer Porzellangemme zusammengehaltenen zarten schwarzen Samtband umschlungen wurde. Franz Joseph konnte sich nicht satt sehen.

„Kaiserliche Hoheit, wir bräuchten jetzt die Blumen“, unterbrach der Maler Franz Josephs Gedanken.

Franz Joseph sprang auf und verschwand im Nebenraum, um einige Sekunden später mit einem bunten Wiesenblumenstrauß wiederzukommen.

„Den hab ich heute Morgen für dich gepflückt, Sissy. Und er soll mit dir auf dem Bild verewigt werden.“

Sissy lächelte schüchtern, nahm die Blumen entgegen und drückte den Strauß an ihre Brust.

„Ja, so ist es gut, bitte bleiben Sie so, Prinzessin!“, rief der Maler und setzte seine Arbeit fort.

Sissy schien es eine Ewigkeit zu dauern, bis sie entlassen war. Steif vom langen Stehen humpelte sie aus dem Zimmer.

„Ich würde mich noch gerne ein bisschen ausruhen, bevor wir nach Hallstadt fahren“, gestand sie Franz Joseph.

„Das kannst du gerne tun, aber vorher habe ich noch eine Überraschung für dich!“

Der Kaiser nahm seine Zukünftige am Arm und führte sie in den Garten der Villa. Ganz hinten, abgeschirmt von einer Rosenhecke, hing am Ast eines mächtigen Nussbaumes – eine Schaukel.

„Franz Joseph, das ist aber lieb von dir!“, rief Sissy mit ehrlicher Begeisterung und nahm sofort auf dem Holzbrett Platz. Franz Joseph trat hinter sie und versetzte der Schaukel einen Stoß.

„Danke, jetzt geht es allein. Das ist wie in Possenhofen!“

Sissy holte mit den Beinen Schwung und flog höher und höher. Sie schloss die Augen, bis ihr Magen zu kribbeln begann. Erst als das Gefühl unerträglich wurde, öffnete sie sie wieder. Unten stand der Mann, mit dem sie ihr Leben verbringen würde, und sah zu ihr hoch. Er war nett, dieser Franz Joseph, äußerst zuvorkommend, und Sissy fühlte sich von seiner Umsicht und Fürsorge sehr geschmeichelt. Aber sie konnte nicht genau sagen, ob das Kribbeln in der Magengegend vom Schaukeln kam oder vom Verliebtsein.

Viele Geschenke

Als Sissy nach einem Imbiss mit dem Kaiser und ihrer zukünftigen Schwiegermutter reichlich erschöpft im Hotel eintraf, vernahm sie schon im Treppenhaus die polternde Stimme ihres Vaters. Ihre Müdigkeit war plötzlich wie weggeblasen und sie sprang die Stiegen hinauf.

„Und, Ludovika – hast du jetzt, was du wolltest?“, hörte sie ihren Vater sagen, als sie die Räumlichkeiten ihrer Mutter betrat.

Als Herzog Max die Türe hörte, fuhr er herum. Sein Kopf war vor Zorn dunkelrot. Beim Anblick seiner Tochter aber wurden seine Züge sofort sanfter und er breitete die Arme aus.

„Komm her, mein Mädl!“

Sissy flog in die Arme ihres Vaters und kaum spürte sie die Geborgenheit dieser Umarmung, begann sie hemmungslos zu weinen.

„Ist ja gut“, murmelte Max beruhigend und warf seiner Gattin über Sissys Schulter hinweg einen bösen Blick zu. Daraufhin verließ Ludovika beleidigt das Zimmer.

„Papa, es ist so viel passiert! Nené ist ins Wasser gefallen und die Leute haben für Franz Joseph und mich Kerzen ins Fenster gestellt. Ich glaube, er ist ein guter Mann. Er hat mir eine Schaukel gebaut.“

Sissy schaffte es nicht, ihrem Vater einen geordneten Überblick über die Geschehnisse der letzten Tage zu verschaffen, lediglich Bruchstücke des Erlebten sprudelten aus ihr hervor, immer wieder unterbrochen von heftigem Schluchzen.

Herzog Max wartete, bis sich seine Tochter einigermaßen beruhigt hatte, dann sagte er: „Komm, ich hab eine Überraschung für dich! Aber sei leise!"

Vater und Tochter schlichen die Treppe hinunter. Max war sehr darauf bedacht, seiner Frau nicht zu begegnen – Ludovika hätte Sissy unverzüglich zurück in ihr Zimmer geschickt, um mit den Vorbereitungen für das Diner zu beginnen.

„Wo gehen wir denn hin?", flüsterte Sissy.

„Das wirst du gleich sehen."

Max führte seine Tochter um das Haus herum zu den Stallungen. Quietschend fiel die Stalltüre hinter den beiden ins Schloss. Strohstaub tanzte im Sonnenlicht, das durch die Ritzen zwischen den Brettern fiel, und Sissy brauchte eine Zeit, bis sich ihre Augen an die geänderten Lichtverhältnisse gewöhnt hatten. Plötzlich drang von ganz hinten ein vertrautes Wiehern an ihr Ohr.

„Sandra!", rief Sissy überglücklich. Schon war sie bei ihrer geliebten Stute und streichelte ihr sanft über die Nüstern.

„Papa, du hast Sandra mitgebracht! Das ist das schönste Geschenk, das du mir je hättest machen können."

Wieder schossen Sissy die Tränen in den Augen, aber diesmal waren es Freudentränen.

„Können wir gleich ausreiten? Bitte, Papa!"

„Ich fürchte, das geht jetzt nicht, meine Kleine. Doch ich verspreche dir, wir finden morgen oder übermorgen dazu Zeit. Und wenn keine Zeit dafür da ist, dann nehmen wir uns eben welche. Aber jetzt geh zurück ins Hotel und mach dich schön. Und zum heutigen Diner begleite ich dich."

Sissy drückte ihrem Vater einen Kuss auf die Wange und lief über den Hof zurück in ihr Zimmer.

An Ausruhen war nun natürlich nicht mehr zu denken. Wieder wurde geputzt, frisiert und umgekleidet. Gegen drei Uhr erschien Carl Graf Grünne, der Generaladjutant des Kaisers, mit zwei Päckchen. Eines war von Franz Joseph und für Sissy bestimmt, eines von Erzherzogin Sophie für Helene. Diese wollte das Päckchen erst gar nicht öffnen.

„Du musst, Kind", meinte Ludovika. „Du kannst deine Tante nicht brüskieren, indem du ihr Geschenk missachtest – oder es gar zurückweist."

Helene öffnete die kleine Schachtel und fand darin ein Kreuz aus Diamanten und Türkisen. Normalerweise hätte sie sich über eine derart kostbare Gabe gefreut, aber unter den gegebenen Umständen empfand sie diese als Zumutung.

„Was soll das sein?", schrie Helene und schleuderte die Schachtel samt ihrem Inhalt auf den Boden. „Ist das das Trostpflaster dafür, dass der Kaiser mich nicht heiratet?"

„Nené, beruhige dich, Sophie meint das sicher gut. Ich bin überzeugt davon, dass dieses Geschenk von Herzen kommt."

„Von Herzen oder nicht, ich werde dieses Kreuz heute Abend sicher nicht tragen."

„Du weißt aber, dass du deine Tante damit sehr kränkst", meinte Ludovika vorwurfsvoll.

„Ich wurde auch gekränkt, aber das kümmert ja keinen! Ich bin achtzehn, Mama. Das ist reichlich alt für eine Frau, die noch nicht verheiratet ist. Ich kann froh sein, wenn ich überhaupt noch einen Mann bekomme."

„Nené, du wirst einen Mann bekommen. Und ich wünsche dir, dass du ihn auch liebst."

Mit diesen Worten war Herzog Max ins Zimmer getreten. Helene stürzte sich in die Arme ihres Vaters, ganz so wie zuvor Sissy.

'Jetzt hab ich tatsächlich zwei unglückliche Töchter', dachte er und drückte Helene fest an sich.

„Und jetzt lass das dumme Kreuz zu Hause und zieh dich um. Ich werde heute Abend beim Diner an deiner Seite sitzen."

„Danke, Papa“, seufzte Helene. Obwohl sie immer noch sehr aufgewühlt war und nicht wusste, wie und wann sie je wieder zur Ruhe finden sollte, fühlte sich schon ein bisschen besser.

Auch dieser Abend war glanzvoll. Die Hallstädter Bevölkerung hatte sich ebenfalls sehr bemüht, auch hier flackerten Kerzen in den Fenstern der Häuser, die allesamt mit den herrlichsten Blumen geschmückt waren. Sissy war neben Franz Joseph der Mittelpunkt der Tafel. Ihr Haar wurde von einem besonderen Schmuck in Form einer Blütenranke gehalten – das war der Inhalt des Päckchens gewesen, das Graf Grünne ihr überbracht hatte.

Herzog Max in Bayern hatte Erzherzogin Sophie und seinen zukünftigen Schwiegersohn formvollendet, aber mit eisiger Miene begrüßt. Natürlich hatte er offiziell in die Heirat Sissys mit Franz Joseph eingewilligt, seinen Gesichtszügen war aber deutlich anzusehen, was er von der Sache hielt. Auch Erzherzogin Sophie merkte man die Antipathie gegenüber dem Gatten ihrer Schwester an. Helene saß trotzig an der Seite ihres Vaters und Ludovika versuchte krampfhaft, die Konversation aufrechtzuerhalten.

Sissy aß wenig und sprach fast nichts. Manchmal sah es fast so aus, als würde sie vor Erschöpfung umsinken. Franz Joseph kümmerte sich rührend um seine junge Braut und entlockte ihr mit seiner Fürsorge sogar das eine oder andere Lächeln. Zwischendurch entglitten ihm seine Gedanken allerdings immer wieder: Es waren noch eine Unmenge an Formalitäten zu erledigen und die Bekanntgabe der Hochzeit für die Zeitungen musste verfasst werden; außerdem wollte er einen Brief an Zar Nikolaus schreiben und ihn von seiner Verlobung in Kenntnis setzen. Trotz des gespannten Verhältnisses war er doch so etwas wie ein Freund und vielleicht ließen sich durch eine gute private Nachricht die politischen Beziehungen etwas entspannen …

„… und ich bedanke mich sehr dafür, Hoheit, dass Sie den Kaiser so glücklich machen.“

Diese Worte rissen Franz Joseph aus seinen Gedanken. Neben Sissy stand eine ältere Dame mit wächsernem Gesicht und sprach auf sie ein.

Sissy nickte schüchtern und warf Franz Joseph einen fragenden Blick zu, als sich die Frau – Sissy schätzte ihr Alter auf zwischen fünfzig und sechzig Jahre – zurückgezogen hatte.

„Das war Marie Sophie Gräfin Esterházy. Sie wird deine Obersthofmeisterin werden. Sie ist schon lange am Hof und meiner Mutter sehr ergeben."

Sissy drehte sich noch einmal nach der streng wirkenden Erscheinung um.

'Wie', dachte sie verzweifelt, 'soll ich mir je die vielen neuen Gesichter merken – und die Namen noch dazu?'

Sissy seufzte und stocherte weiter in ihrem Teller, was ihr einen tadelnden Blick ihrer Mutter eintrug.

Franz Joseph bemerkte, dass seine Braut sich langweilte und neigte sich zu ihr: „Was ich vergessen habe, dir zu erzählen: Die Schaukel, auf der du heute gesessen bist, und der Garten drum herum werden bald dir gehören. Meine Mutter macht uns ein Verlobungsgeschenk: Sie kauft die Villa und lässt sie für uns umbauen. Was sagst du dazu?"

„Schön", sagte Sissy abwesend.

Auf der Rückfahrt nach Ischl schlief sie vor Erschöpfung ein. Als sie endlich im Bett lag, fiel sie sofort in einen tiefen, traumlosen Schlaf.

Bis Ende August jagte eine Festveranstaltung die andere. Sissy wusste im Nachhinein nicht einmal, wie viele Bälle es gewesen waren, die sie besucht hatte. Überall herrschte ausgelassene Stimmung, Feuerwerke erleuchteten den nächtlichen Himmel und Knallkörper wurden in die Luft gejagt. Nur bei Sissy stellte sich keine wirkliche Freude ein. Sie hatte keine Zeit gefunden, mit ihrem Vater auszureiten; nicht einmal den Brief an Irene hatte sie geschafft. Sie fühlte sich geschmeichelt, dass ihrem Äußeren nun so viel Aufmerksamkeit geschenkt wurde, und hatte Gefallen daran gefunden, herausgeputzt zu werden. Sie wollte für Franz Joseph schön sein, denn sie mochte es, wenn er ihr verliebte und bewundernde Blicke zuwarf. Wenn es allerdings zu Situationen kam wie auf dem Weg nach Salzburg, wurde ihr angst und bang.

Die kaiserliche Familie und die des Herzogs in Bayern waren am 30. August nach Salzburg aufgebrochen. Dort sollte bei Caroline Auguste, der Witwe von Kaiser Franz, die eine Halbschwester von Sophie und Ludovika war, ein letzter Ball gegeben werden. Die Reise konnte aber nicht an einem einzigen Tag bewältigt werden und so übernachtete man unterwegs in einem Gasthof. Er lag sehr idyllisch auf einem Hügel über dem Mondsee und an seinen alten Mauern wuchs Spalierobst. Sissy sah den Gasthof bereits von Weitem und freute sich sehr darüber, einmal in einem „normalen" Haus zu nächtigen und nicht in einem Schloss oder Palais.

Die Freude wurde allerdings bald getrübt: Die Menschen in der Umgebung waren begeistert über den hohen Besuch und derart neugierig, die junge angehende Kaiserin zu sehen, dass sie die Gaststube des Wirtshauses förmlich stürmten, kaum dass die hohen Herrschaften dort angekommen waren. Sissy wurde in eine Ecke des Raumes gedrängt und es dauerte eine Zeit, bis Graf Grünne mit seinen Männern Ruhe geschaffen hatte. Die junge Braut hatte sich nach diesem Zwischenfall zitternd in ihr Zimmer zurückgezogen und nur durch gutes Zureden Franz Josephs war es möglich gewesen, die Reise am nächsten Tag fortzusetzen. Franz Joseph achtete ab nun darauf, vor öffentlichen Auftritten mit seiner Braut einige Augenblicke allein zu sein und ihr den nötigen Rückhalt zu geben. Auf diese Weise meisterte Sissy den Ball bei Caroline Auguste mit Bravour. Auch in Salzburg war man von ihrer Natürlichkeit begeistert und wertete ihre große Schüchternheit als Anmut.

Helene schien sich ebenfalls zu erholen, je weiter sie sich von Ischl, dem Ort ihrer Niederlage, entfernte. Zwar wusste man auch in Salzburg, dass eigentlich sie für den Kaiser bestimmt gewesen war, aber Helene hatte hier zumindest nicht mehr das Gefühl, bei jedem Schritt, den sie tat, mitleidiges Getuschel hinter sich zu hören. Außerdem hatte auch sie auf dem Ball bei Caroline Auguste den einen oder anderen Verehrer gefunden.

Den Abschied von Franz Joseph am 31. August 1853 erlebte Sissy zwiespältig. Sicher, sie war froh, dass der Trubel nun ein Ende hatte, aber als ihr zukünftiger Ehemann, bevor er die Kutsche bestieg, ihre Hand nahm und ihr tief in die Augen blickte, überkam sie große Traurigkeit. Sie erkannte an seinem Gesicht, am Klang seiner Stimme, an der Art und Weise, wie er sie in diesem Moment umarmte, dass er sie wirklich und wahrhaftig liebte. Es würde nun lange dauern, bis sie ihn wiedersah, und man hatte ihr gesagt, dass sie sich bis zu diesem Wiedersehen vieles, was für die Ausbildung einer zukünftigen Kaiserin notwendig war, aneignen musste.

„Ich werde fleißig lernen, Franz. Ich möchte dir eine gute Frau sein", sagte Sissy ernst.

„Und ich werde dich besuchen, so oft und so bald es meine Arbeit zulässt. Und jetzt leb wohl, édes szeretett lelkem", flüsterte der Kaiser.

„Édes … wie? Was heißt das?"

„Édes szeretett lelkem – das ist Ungarisch und heißt: meine süße, geliebte Seele."

„Das klingt schön! Vielleicht sollte ich diese Sprache auch lernen", meinte Sissy.

„Übernimm dich nicht, Sissy. Ungarisch ist schwer. Aber jetzt muss ich los. Leb wohl und vergiss mich nicht!"

Mittlerweile hatte sich die Nachricht von der Verlobung des Kaisers auch in Wien verbreitet. Am 24. August 1853 war in der Wiener Zeitung zu lesen gewesen: „Seine k.k. Apostolische Majestät unser allergnädigster Herr und Kaiser, Franz Joseph I., haben während Allerhöchst Ihres Aufenthaltes zu Ischl Ihre Hand der durchlauchtigsten Prinzessin Elisabeth Amalie Eugenie, Herzogin in Bayern, Tochter Ihrer königlichen Hoheiten des Herzogs Maximilian Josef und der Herzogin Ludovica, geborenen königlichen Prinzessin von Bayern, nach eingeholter Zustimmung Seiner Majestät des Königs Maximilian II. von Bayern, sowie der durchlauchtigsten Eltern der Prinzessin-Braut anverlobt. Der Segen des Allmächtigen möge auf diesem für das Allerhöchste Kaiserhaus und das Kaiserreich beglückenden, freudvollen Ereignisse ruhen."

Das Bild, das Eduard Kaiser in Ischl von Sissy gemalt hatte, ging mittlerweile von Hand zu Hand. Man staunte über die Schönheit der jungen Wittelsbacherin und spekulierte darüber, ob die lebendige Erscheinung dem Abbild wohl gerecht werden würde.

Atempause

Auch die Herzogsfamilie machte sich auf die Heimreise und als der Wagen durch die vertraute Landschaft um den Starnberger See fuhr, wurde Sissys Herz leicht. Als sie jedoch sah, dass sich das Personal im Possenhofener Schlosshof aufgestellt hatte, spürte sie einen dicken Kloß im Hals. Die Buben aus Kairo in ihren bunten Festtagsgewändern standen in der ersten Reihe.

„Seid ihr alle verrückt geworden?“, rief Sissy den verdutzten Bediensteten entgegen. „Ich bin es, Sissy, und ich bin noch immer dieselbe, die vor zwei Wochen weggefahren ist!“

Ludovika legte Sissy beschwichtigend den Arm auf die Schulter.

„Sissy, du darfst sie nicht tadeln. Sie verhalten sich so, wie es deine neue Position von ihnen verlangt.“

„Aber noch bin ich nicht Kaiserin und deshalb möchte ich, dass – zumindest jetzt – alles so bleibt, wie es war.“

„Wir machen es so“, mischte sich Herzog Max ein: „Sissy wird bis zu ihrer Abreise nach München tun und lassen können, was sie will. Also – keine Knickse, keine Verbeugungen und vor allem: keine Unterrichtsstunden.“

„Aber Max“, fuhr Ludovika dazwischen, „Sissy muss bis zur Hochzeit doch noch so viel lernen!“

„Das kann sie auch in München. Jetzt gönnen wir ihr ein paar unbeschwerte Tage. Und ich wünsche keine Widerrede.“

Der letzte Satz des Herzogs war vor allem an seine Gattin gerichtet.

„Papa, du bist der Beste!“, jauchzte Sissy. „Ich geh jetzt schwimmen. Wer kommt mit?“

Die jüngeren Geschwister, die ihre Schwester so lange hatten entbehren müssen, ließen sich das natürlich nicht zweimal sagen. Unter lautem Gejohle tobten sie hinunter zum See.

Auch Petrus meinte es gut mit Sissy und kümmerte sich um passendes Wetter. Die Tage des September 1853 waren strahlend schön. Nur am Nebel, der am Morgen über dem See schwebte und sich erst gegen Mittag hob, konnte man erkennen, dass es bereits auf den Herbst zuging. Sissy ritt, so oft und so weit sie konnte. Mit Herzog Max ging sie auf die Pirsch. Es war die Zeit der Hirschbrunft und der abendliche Wald erfüllt vom Röhren der mächtigen Tiere. Der Wald war der einzige Ort der Welt, an dem sogar die unruhige Sissy es schaffte, still zu sitzen. Und wenn die Geduld dann noch durch das Auftauchen zweier Hirsche belohnt wurde, die auf der mondbeschienen Waldlichtung ihren Kampf ausfochten, dann verspürte Sissy großes Glück.

Tagsüber war es oft heiß wie im Hochsommer. Um die Mittagszeit zog sich Sissy unter die Weide zurück, wo sie einst mit dem Grafen Schattenstein gesessen war. Hier suchte sie niemand, hier konnte sie ungestört ihren Gedanken nachhängen und hier schrieb sie endlich den lange ausständigen Brief an ihre Freundin.

Liebste Irene!

Wahrscheinlich hast du die Neuigkeiten ja schon gehört – der Tratsch ist schneller als der Sturzflug eines Raubvogels. Ja, ich werde den Kaiser von Österreich heiraten. Ich schreibe jetzt nicht alle Einzelheiten, die sich ereignet haben, ich komme ja ohnehin bald nach München und wir werden einander gewiss sehen.

Franz Joseph ist lieb, umsorgt mich sehr, aber er ist eben ein Kaiser und hat unendlich viel zu tun. Ob ich glücklich bin, fragst du? Ja, ich bin glücklich, denn im Moment befinde ich mich in meinem geliebten Possi und kann tun und lassen, was ich will. Ich denke dabei oft an Franz Joseph. Wenn ich mir sein liebes Gesicht ins Gedächtnis rufe, wird mir ganz warm ums Herz. Wenn ich aber daran denke, dass ich bald von hier weg muss, verspüre ich unendliche Traurigkeit. Ich weiß also nicht, was überwiegt: das Glück oder die Angst davor, das Vertraute gegen das Ungewisse einzutauschen. Ach Irene, wie oft habe ich an die Worte gedacht, die David dir übermittelt hat. Ich soll auf mich aufpassen, hat er gesagt. Hoffentlich habe ich das in ausreichendem Maße getan. Hat sich David in der Zwischenzeit wieder bei dir gemeldet? Hast du sonst irgendwelche Zeichen gesehen, die meine Zukunft betreffen?

Ich sehne mich sehr nach unseren gemeinsamen Nachmittagen.

Auf bald,

deine treue Freundin Sissy

Sissy war erleichtert, als sie den Brief in ein Kuvert steckte und dieses verschloss. Wie hatte es nur dazu kommen können, dass sie nicht einmal Zeit gefunden hatte, ihrer besten Freundin ein paar Zeilen zu schreiben? Sie schüttelte über sich selbst den Kopf. Gleich morgen wollte sie den Brief eigenhändig zur Post bringen. Hoffentlich würde das nicht wieder einen Aufruhr verursachen wie neulich, als sie wie früher mit ihrem jüngsten Bruder Mapperl zum Bäcker gegangen war. Diesmal wollte Sissy sich von ihrer Mutter einen großen Hut leihen, einen Schal darüber werfen und verschleiert – und somit hoffentlich unerkannt – in den Ort gehen.

Von diesem Gedanken beflügelt beschloss sie, noch einen abendlichen Spaziergang zum See zu unternehmen. Von Weitem schon sah sie Pankraz an die Wand des Bootshauses gelehnt. Bei seinem Anblick wurde Sissy das Herz schwer. Ihn, den lieben alten Mann, würde sie nun ebenfalls lange, lange nicht wiedersehen. Sie holte tief Luft und ging auf die Hütte zu.

„Ah, Prinzessin", begrüßte sie Pankraz. „Geh, setz dich ein bissl zu mir."

'Gott sei Dank', dachte Sissy. 'Er sagt noch immer du zu mir.'

Der alte Mann holte eine Decke aus dem Bootshaus und breitete sie neben sich auf die Bank, schließlich war es gegen Abend doch schon recht kühl. „Ja sag einmal, von dir hört man ja schöne Geschichten."

„Du meinst, dass ich den Kaiser von Österreich heiraten werde?"

„Natürlich mein ich das. Oder hast du dich mit einem anderen auch noch verlobt?"

„Ach, Pankraz, wo denkst du hin! Ich hätt ja gar keine Zeit für zwei."

Sissy lächelte. Pankraz ließ sich von ihrer zukünftigen Position wirklich nicht beeindrucken. Er war schlagfertig wie immer – und das trotz seines hohen Alters.

„Jetzt wirst du lang nicht kommen, gell?"

„Oh doch, ich werde kommen, so oft es geht. Schließlich hab ich doch meine Familie hier!"

Pankraz schob seinen Hut auf den Hinterkopf und kratzte sich an der Stirn.

„Du wirst jetzt aber bald eine neue Familie haben."

„Schon – aber das heißt ja nicht, dass ich euch alle vergesse!"

„Nein, vergessen wirst uns nicht. Ich hoff nur, dass wir dich nicht zu sehr drücken in der Ferne."

„Wie meinst du das?", fragte Sissy.

„Na, dass dich die Erinnerung an das alles nicht zu sehr drückt."

Während der alte Mann diesen Satz sagte, zeichnete sein rechter Arm einen großen Halbkreis über den See. Sissy schwieg nun, denn sie spürte, dass sie den Tränen nahe war.

„Komm einmal her, Mädl", sagte Pankraz und Sissy rückte näher an ihn heran. Der alte Mann legte vorsichtig seinen Arm um sie, wie er es früher getan hatte, als sie noch klein gewesen war. Sissy lehnte ihren Kopf an seine Schulter. Pankraz roch nach Seewasser und nassem Holz.

„Ich darf dich eigentlich nicht umarmen, weißt, aber ich glaub, du verträgst das jetzt schon, dass man dich ein bissl drückt. Wie du ein halbes Jahr alt warst, hab ich dich auch einmal halten dürfen. Da hab ich schon in deinen Kinderaugen gesehen, dass da etwas Besonderes drin glitzert."

„Etwas Besonderes?"

„Ja, du hast das Unbeugsame in dir."

„Was ist das, das Unbeugsame?"

„Es ist ein Gefühl, das dir hilft, stolz zu sein, aber es macht einem auch oft das Leben schwer."

„Ist das ein gutes oder ein schlechtes Gefühl?", bohrte Sissy weiter.

„Das kann man so nicht sagen. Es hat beides in sich. Aber sollte es einmal allzu schlimm werden, dann hast du ja immer noch die Wunschkugel."

Jetzt war Sissy vollends verwirrt. „Wie bitte? Was habe ich?"

„Die Wunschkugel. Nené hat sie von mir bekommen, für dich aufbewahrt und versprochen, sie dir zu geben, wenn die Zeit reif ist."

„Aber sie hat sie mir nicht gegeben!", rief Sissy, entrüstet darüber, dass Nené ihr ein Geschenk von Pankraz vorenthalten hatte.

„Dann war die Zeit dazu eben noch nicht reif."

„Ich werde Nené gleich morgen danach fragen", meinte Sissy, immer noch ein wenig beleidigt.

„Du darfst sie nicht danach fragen, Sissy, du musst warten, bis du die Kugel bekommst, sonst wirkt sie nicht."

„Und wenn sie sie vergessen hat?"

„Vielleicht hat sie die Kugel zwischendurch vergessen, das kann sein", meinte Pankraz begütigend. „Schließlich war sie erst drei Jahre alt, als ich sie ihr gegeben hab."

Sissy sah jede Hoffnung schwinden, je an ihr Geschenk zu kommen – besonders jetzt, nach allem, was in Ischl passiert war. Trotzdem war sie neugierig.

„Und wenn mir Nené die Kugel gibt – was mach ich damit?"

Der alte Mann erklärte: „Wenn du dir etwas von Herzen wünschst, dann nimmst du die Kugel in die Hand und wartest. Wenn sie in deiner Hand ganz warm wird, dann geht der Wunsch in Erfüllung."

Inzwischen war es dunkel geworden. Sissy stand auf und schickte sich an, zurück ins Schloss zu gehen. Seit sie die zukünftige Kaiserin war, wurden immer ganze Suchtrupps losgeschickt, wenn sie zu bestimmten Zeiten nicht dort war, wo man sie erwartete.

„Ich muss gehen, Pankraz. Ich komm sicher bald wieder."

„Ist schon recht, Prinzessin. Und vergiss nicht: Du darfst nicht nach der Kugel fragen."

Die Septembertage verflogen. Immer wieder kamen Briefe und kleine Geschenke von Franz Joseph aus Wien, aber Sissy war derart beschäftigt und abgelenkt durch ihr Familienleben, dass sie die Aufmerksamkeiten fast als kleine Störungen empfand. Eigentlich wünschte sie sich, Franz Joseph wäre hier bei ihr in Possenhofen und sie könnte ihm zeigen, wie glücklich und ungezwungen man hier lebte.

'Hätte ich doch nur schon meine Wunschkugel!', dachte Sissy.

Ende September kam wieder ein Brief von Franz Joseph: „... und, meine liebe Sissy, ich habe die Freude, dir mitzuteilen, dass unser Hochzeitstermin nun festgesetzt ist. Am 24. April des kommenden Jahres wirst du Kaiserin von Österreich ..."

Der Brief flatterte zu Boden. Sissy bückte sich und hob ihn wieder auf. Sie sah, dass das Papier in ihrer Hand zitterte. Was war das? Sie sollte sich jetzt doch freuen und Luftsprünge machen! Bald würde sie auf immer mit Franz Joseph beisammen sein. Stattdessen fühlte sie Kälte in sich hochsteigen.

In diesem Augenblick wurde die Türe aufgerissen. Ludovika erschien freudenstrahlend.

„Sissy, eben habe ich einen Brief von Tante Sophie bekommen. Der Hochzeitstermin ist ... Kind, du bist ja ganz blass! Ist dir nicht gut?"

„Es geht schon, Mama. Die Nachricht kam nur so überraschend. Und das bedeutet ja auch, dass ich euch alle bald werde verlassen müssen."

„Aber du wirst so viel Neues kennen lernen! Du wirst nicht einmal eine Sekunde Zeit haben, uns zu vermissen. Aber jetzt, Sissy, müssen wir alles für die Abreise nach München bereitmachen. Tante Sophie hat bereits eine Liste der Fächer geschickt, in denen du unterrichtet werden sollst. Wir müssen einen genauen Stundenplan erstellen und deine Garderobe muss vorbereitet werden. Du wirst wunderschöne neue Kleider bekommen – und Schuhe ebenso. Ach, Sissy – du wirst sehen, es wird herrlich!"

„Ja, Mama, du hast sicher Recht", antwortete Sissy automatisch. Ihre Gedanken aber waren anderswo, weit weg, irgendwo auf der anderen Seite des Sees, wo man auf dem hohen Gebirgszug bereits den ersten Schnee sehen konnte.

Vorbereitungen

Das schöne Herbstwetter hielt, aber Sissy bemerkte so gut wie nichts davon. Als sich die Blätter der Bäume im Englischen Garten gelb und rot verfärbten, saß sie, durch dicke Vorhänge abgeschirmt, im Studierzimmer und lernte: Französisch, Tschechisch, Italienisch, die Regeln für das Abhalten des Cercles, die Namen der Minister, der Hofdamen und der kaiserlichen Adjutanten, welcher Umgang mit welchen Personen zu pflegen war und wie die verschiedenen Begrüßungszeremonien zu absolvieren waren. Vor allem aber lernte sie österreichische Geschichte. Die Geschichtsstunden waren das Einzige, woran Sissy einigermaßen Interesse zeigte, wenn auch nicht unbedingt am eigentlichen Gegenstand. Ihr Lehrer war Graf Johann Mailáth, ein Ungar. Herzog Max kannte ihn schon lange und hatte ihn für seine Tochter ausgesucht. Graf Mailáth war trotz seines fortgeschrittenen Alters von bereits über siebzig Jahren ein munterer und vor allem sehr unterhaltsamer Mann. Er brachte Sissy die Geschichte ihres zukünftigen Reiches in sehr poetischen und blumigen Worten näher. Bei der Geschichte der Ungarn kam er ins Schwärmen und so verspürte Sissy, obwohl sie noch nie ungarisches Gebiet betreten hatte, Sympathie für dieses freiheitsliebende Volk. Der alte Mann sang ihr mit brüchiger Stimme ungarische Volkslieder vor und beschrieb die Weite der Puszta so, dass Sissy meinte, den heißen Wind, der dort wehte, auf ihrer Haut zu spüren. Sie ließ sich von Mailáth auch die ersten ungarischen Worte beibringen. Sie wollte Franz Joseph damit überraschen, dass sie ihn auf Ungarisch begrüßte.

Die übrigen Unterrichtsstunden waren Sissy eine Qual, aber sie war derart beschäftigt, dass sie kaum Zeit fand, darüber zu klagen. Und so bemerkte Baronin Wulffen, die die Einhaltung des Lernprogramms mit Argusaugen überwachte, die Veränderungen, die in Sissy vorgingen, nur an Äußerlichkeiten: Die Frische war aus Sissys Wangen gewichen, sie war schmaler geworden. Das ewige Stillsitzen bekam ihr nicht. Weil sie nicht, wie sie das gewohnt war, ausritt oder spazieren ging, waren ihre Hände ständig in Bewegung. Immer knetete sie ihre Finger oder spielte mit den Schreibgeräten. Der Tadel der Baronin Wulffen half so gut wie nichts. Ludovika machte sich insgeheim Sorgen, traute sich aber nicht, den strikten Tagesablauf abzuändern.

Franz Joseph schrieb liebevolle Briefe aus Wien und diese Briefe waren auch der Grund dafür, dass Sissy durchhielt. Der Kaiser sprach seiner jungen Braut Mut zu und schilderte die Schönheiten Wiens in den leuchtendsten Farben. Als er seinen Besuch für Ende Oktober ankündigte, war Sissy überglücklich. Schließlich bedeutete das auch, dass sie für die Zeit seiner Anwesenheit vom Unterricht befreit sein würde.

Auch Erzherzogin Sophie schrieb immer wieder oder schickte kleine Geschenke. Als sich Sissy für ein Aquarell von Ischl, das ihr die zukünftige Schwiegermutter hatte überbringen lassen, mit einem Brief bedankte und Sophie darin mit „Du“ ansprach, setzte es eine Rüge.

Der vertraute Ton, so kam es postwendend von der Erzherzogin retour, sei in der kaiserlichen Familie nicht üblich. Sogar ihr Sohn habe sie bis auf wenige Ausnahmen mit „Sie“ zu titulieren. Für Sissy waren derartige Tadel persönliche Niederlagen und sie brauchte Tage, um sich davon zu erholen.

Ab Mitte Oktober fanden die ersten Anproben für Sissys neue Garderobe statt. Die Gouvernante war wegen der anzufertigenden Kleidung dem Nervenzusammenbruch nahe. Tagtäglich wurden die Roben bereits um sieben Uhr morgens zur Anprobe gebracht. Die Gouvernante zog Sissy förmlich aus dem Bett, umwickelte sie mit kostbaren Stoffen und stellte sie vor einen großen Spiegel. Sissy interessierte das alles überhaupt nicht. Sie litt an chronischem Schlafmangel und hatte gelernt, im Stehen zu dösen. Nur wenn eine der Stecknadeln irgendwo piekste, erwachte sie aus ihrem Halbdämmerzustand und reagierte äußerst ungehalten. Auch das Einschnüren ins Korsett hasste sie. Es war einfach zu viel, schon am frühen Morgen wie ein Paket zusammengebunden zu werden, wie sie sich bei einem der seltenen Besuche Irenes beschwerte. Irene fehlte ihr sehr, aber es war einfach keine Zeit, sie öfter zu treffen. Ihr hätte sie alles sagen können, was sie fühlte – auch die negativen Dinge. Ihrer Mutter gegenüber traute sie sich nicht zu erwähnen, dass sie Albträume hatte, dass sie nachts oft schweißgebadet hochfuhr und dann stundenlang nicht mehr einschlafen konnte. Zu euphorisch und beschäftigt waren die Menschen rund um Sissy, als dass sie sich darum gekümmert hätten, was in der Seele der Fünfzehnjährigen vorging.

Am Tag, an dem Franz Joseph eintreffen sollte, erwachte Sissy früh. Es war noch stockdunkel, als sie sich in das Zimmer ihrer Gouvernante schlich.

„Wach auf!"

Sissy rüttelte ihre Gouvernante an der Schulter. „Was soll ich heute anziehen?"

Die Angesprochene traute ihren Ohren nicht. Seit wann interessierte sich Sissy für Kleider? Schlaftrunken erhob sie sich und spazierte mit Sissy in den Ankleideraum, um Vorschläge zu machen. Was die Gouvernante nie für möglich gehalten hatte, geschah: Sissy probierte freiwillig ein Kleid nach dem anderen und war mit nichts zufrieden. Das eine war zu einfach, das zweite zu altmodisch, das dritte zu eng. Dann entschied sie sich für ein hellblaues Kostüm, das noch aus den Verlobungsbeständen stammte.

Die Gouvernante begann, Sissy zu frisieren und wollte ihr die Blütenranke ins Haar flechten, die sie in Ischl als Geschenk bekommen hatte.

„Lass das! Ich geh doch nicht auf einen Ball!“, rief Sissy und die Gouvernante räumte das Geschmeide wortlos weg. Es war unerhört: Nicht genug damit, dass sie sich abmühte, die besten Näherinnen und Stickerinnen für die Anfertigung der Roben zu bekommen, und dass sie die zukünftige Kaiserin Tag für Tag zur Anprobe zwingen musste – jetzt sollte sie sich auch noch anschnauzen lassen? Energisch fuhr sie mit der Bürste durch Sissys Haar.

„Au, du tust mir weh!“, schimpfte Sissy. „Gib mir die Bürste, ich frisier mich lieber selber. Das hab ich ja schließlich früher auch immer getan.“

Das war zu viel. Die Gouvernante rauschte beleidigt aus dem Zimmer.

Als Sissy mit der Toilette fertig war, stellte sie sich an den unteren Treppenabsatz und wartete. Langsam erwachte das Haus und alle wunderten sich über Sissys Verhalten. Ludovika schaffte es nicht einmal, Sissy ein Frühstück einzureden. Es vergingen Stunden und es kam weder Franz Joseph noch eine Nachricht von ihm. Sissy marschierte in der Eingangshalle auf und ab. Plötzlich hörte sie das Trommeln von Hufen im Hof des Palais. Das musste er sein! Das Tor öffnete sich und Herzog Max erschien.

„Sissy, warum stehst du denn hier herum wie bestellt und nicht abgeholt?“, fragte er und ohne eine Antwort abzuwarten berichtete er weiter: „Der Kaiser lässt dir ausrichten, dass er das Mittagsmahl bei König Maximilian einnimmt und deshalb erst am Nachmittag eintrifft. Aber er lässt dich schon jetzt herzlich grüßen.“

Sissy erstarrte. „Er ist bereits in München und dann führt ihn nicht sein erster Weg zu mir?“

Der Herzog erwiderte: „Das ist natürlich nicht sonderlich schön für dich, aber er kann die Einladung des Königs von Bayern nicht ausschlagen. Das wäre ein Affront!“

„Ach ja, aber mich kann er warten lassen!“, rief Sissy, drehte sich auf dem Absatz um, lief die Treppe hinauf und verschwand in ihrem Zimmer. Der Herzog hörte noch die Türe ins Schloss knallen.

'Viel Spaß, Franz Joseph', dachte Herzog Max und lächelte. Wieso sollte es der Kaiser von Österreich leichter haben als jeder andere Mann?

Sissy versperrte die Zimmertüre von innen und warf sich auf ihr Bett. Sie fand das Verhalten ihres Bräutigams unerhört. Da lernte sie Tag für Tag die unnötigsten Dinge, opferte ihre kostbare Zeit – und das Einzige, worauf sie sich wirklich freute, nämlich der Besuch Franz Josephs, wurde so mir nichts, dir nichts hinausgezögert. Was konnte für einen Bräutigam wichtiger sein als seine zukünftige Braut?

Zwei Stunden später traf Franz Joseph im Palais Max ein. Statt von seiner Braut wurde er von deren Mutter empfangen. Es fiel Ludovika außerordentlich schwer zu erklären, was vorgefallen war.

„Sissy will nicht herunterkommen, wir haben bereits alles versucht", schloss sie ihren Bericht.

„Versuchen Sie es doch noch einmal, Herzogin. Sagen Sie ihr, dass ich da bin und dass ich auch viel lieber gleich gekommen wäre, aber die Politik ist in diesem Fall leider vorgegangen."

Ludovika klopfte also noch einmal an die Zimmertüre ihrer Tochter und wiederholte, was der Kaiser gesagt hatte – allerdings ohne Erfolg.

„Jetzt soll er auf mich warten", kam es dumpf aus Sissys Zimmer. „Wenn ihm die Zeit lang wird, kann er ja wieder zum König fahren."

Ludovika verdrehte die Augen. Sie konnte Franz Joseph doch nicht ausrichten, was Sissy eben gesagt hatte! Verärgert ging sie zurück in die Empfangshalle.

„Es tut mir Leid, Hoheit, aber Sissy trotzt. Ich weiß gar nicht recht, was in sie gefahren ist."

„Dann werde ich wohl selber an ihre Türe klopfen müssen. Wenn Sie gestatten …"

Noch bevor Ludovika ein Wort sagen konnte, hatte sich der Kaiser an ihr vorbeigeschoben und war die Treppe hinaufgelaufen. Ludovika schnaufte hinter ihm her und wies ihm den Weg zu Sissys Räumlichkeiten.

„Sissy, ich bin es, Franz Joseph. Entschuldige vielmals die Verspätung, aber der König …"

„Der König ist mir egal!“, kam es zornig aus Sissys Zimmer.

Franz Joseph zog die Augenbrauen hoch. Derartige Töne hatte er aus dem Mund seiner Braut bisher noch nicht gehört.

„Sissy, ich habe mich doch schon so auf dich gefreut!“

Aus dem Zimmer kam kein Laut.

„Sissy, ich bitte dich von ganzem Herzen: Komm heraus, édes szeretett lelkem …“

Einige Sekunden blieb es ganz still, dann hörte der Kaiser plötzlich ein Rascheln und der Schlüssel wurde gedreht. Die Türe zu Sissys Zimmer öffnete sich und seine Braut erschien. Ihr Kleid war verdrückt, ihr Haar zerzaust und unter Tränen sagte sie: „Jó napot, császárom, hogy érzitek magatokat?“

„Ja, Sissy, du sprichst ja Ungarisch!“

„Graf Mailáth hat mir das beigebracht. Er hat gesagt, das heißt: Guten Tag, mein Kaiser, wie geht es Euch? Meine Aussprache ist aber noch nicht sehr gut.“

Franz Joseph war überwältigt. Er schloss Sissy in seine Arme und drohte sie fast zu zerdrücken, so stark war seine Rührung. In dem Augenblick, als Sissy sich umschlungen fühlte, verebbte ihr Zorn. Eine unendliche Müdigkeit machte sich in ihr breit und sie begann wieder zu weinen.

„Was ist denn, Sissy? Ich bin ja jetzt da.“

„Ich weiß es nicht, Franz. Ich bin so müde und … und auch glücklich.“

„Komm, Sissy, die Sonne scheint noch. Wir gehen ein bisschen hinaus. Mir scheint, du bist recht blass.“

Glücklich spazierte Sissy am Arm des Kaisers durch den Garten, in gebührendem Abstand marschierte Baronin Wulffen.

„Es wäre leichter, wenn du Schneider wärst“, seufzte Sissy, noch einmal auf den Vorfall von vorhin anspielend.

„Ja, aber es ist nun einmal nicht zu ändern, dass ich Kaiser bin. Und ich übe dieses Amt gerne aus, obwohl es alles andere als einfach ist. Gott hat mir diese Aufgabe übertragen, damit ich auf mein Volk Acht gebe.

Das bedeutet, von Zeit zu Zeit Opfer zu bringen. Auch von dir als Kaiserin werden Opfer verlangt werden."

„Aber ich möchte keine Opfer bringen", antwortete Sissy. „Ich möchte mit dir glücklich werden, das ist mein einziger Wunsch."

„Manchmal, Sissy, bist du noch ein kleines Kind. Es ist nicht so einfach, ein Land zu regieren. Du musst ein bisschen Verständnis dafür aufbringen", warf der Kaiser ein wenig besorgt ein. Wenn Sissy doch nur eine vage Ahnung davon hätte, was es bedeutete, an der Spitze eines so großen Landes zu stehen! Vor nicht einmal vier Wochen zum Beispiel hatte die Türkei Russland den Krieg erklärt und er konnte sich noch immer nicht entscheiden, für welche Seite Österreich Partei ergreifen sollte. Außerdem hatte das Reich Geldsorgen und die Armee sollte eigentlich reduziert werden. Aber ob das in solchen Zeiten klug war?

Sissys scharfe Worte rissen Franz Joseph aus seinen Gedanken: „Du bist wie deine Mutter. Beide denkt ihr immer nur an Politik und an das Protokoll."

Sissy war stehen geblieben, drehte sich zu Franz Joseph um und sah ihm fest in die Augen: „Franz, sag mir ehrlich: Wird es denn gar kein Privatleben für uns geben? Werden wir nie auch nur ein bisschen Zeit für uns alleine haben?"

„Es wird nicht so schlimm werden, wie du dir das vorstellst. Du wirst sehen, wir werden es in Wien schön haben."

Sissy war einigermaßen beruhigt. Nun begann sie von ihren letzten Wochen zu erzählen, vor allem von der Zeit in Possenhofen.

„Weißt du, was wir machen?", sagte sie plötzlich. „Wir fahren nach Possi. Schließlich muss ich ja nicht lernen, solange du da bist."

„Wenn deine Mutter nichts dagegen hat …"

„Ach was, das Schloss ist ohnehin noch nicht winterfest gemacht, weil meine kleinen Geschwister noch dort sind. Die kannst du dann auch gleich kennen lernen."

Gesagt, getan. Für Graf Grünne, den kaiserlichen Adjutanten, bedeutete das zwar, einige Termine umzudisponieren, aber das ließ sich leicht bewerkstelligen.

Sissy hatte ihrem Zukünftigen nicht zu viel versprochen. Die Tage in Possenhofen waren herrlich und der Kaiser hatte sich schon lange nicht mehr so ungezwungen und wohl gefühlt. Er tollte mit Sissys jüngeren Geschwistern durch den Garten und ritt mit seiner Braut durch die Wälder. Die leisen Zweifel, die sich in ihm anlässlich Sissys trotziger Haltung bei seiner Ankunft geregt hatten, waren wie verblasen. Er war glücklich an der Seite seiner jungen Braut.

Als Sissy mit Franz Joseph zum Bootshaus ging, um Pankraz einen Besuch abzustatten, war der alte Mann nicht aufzufinden.

„Schade", meinte Sissy zu Franz Joseph. „Pankraz ist ein wunderbarer Mensch. Ich stell ihn dir eben beim nächsten Mal vor."

Den Abend vor Franz Josephs Abreise nach Wien verbrachte man in München. Der König von Bayern hatte zu einem prunkvollen Fest in seine Residenz geladen. Sissy hatte nun endlich Gelegenheit, eines der neuen Kleider auszuführen, die für sie angefertigt worden waren. Die Gouvernante war ganz in ihrem Element. Sie setzte all ihren Ehrgeiz daran, aus Sissy die schönste Frau des Abends zu machen. Sie steckte sie in ein apricotfarbenes Kleid, das die Schultern frei ließ. Um den Halsausschnitt kräuselte sich wertvolle, hauchzarte Spitze, die sich an den Ärmeln fortsetzte. Komplettiert wurde die Robe durch einen Schleier, den Sissy um die Schultern tragen sollte. Ihr Haar wurde in lockere Wellen gelegt und aufgesteckt – diesmal durfte die Gouvernante auch die Blütenranke einflechten.

Als der Kaiser an diesem Abend seine Braut erblickte, stockte ihm der Atem.

„Sissy, du bist die schönste Frau, die ich je gesehen habe."

Franz Joseph sprach diesen Satz derart ernst aus, dass Sissy beinahe erschrak.

Gemeinsam betraten sie den Festsaal der Residenz. König Maximilian II. hatte alles eingeladen, was Rang und Namen hatte: Die in München ansässigen Diplomaten aus aller Herren Länder waren gekommen, um einen Blick auf die Braut des Kaisers von Österreich werfen zu können. Sissy nickte unsicher in die eine, dann in die andere Richtung und wieder wurde ihre Schüchternheit als Anmut gewertet. Selbst die Hofdamen, die ihre scharfen Zungen normalerweise kaum im Zaum halten konnten, waren bezaubert.

Nur der Gesandte aus Brüssel bemerkte Sissys Unsicherheit auf dem glatten Parkett der Repräsentation. Da er ein guter Freund von Herzog Max war, nahm er sich diesem gegenüber auch kein Blatt vor den Mund. Er schob Max in einen Nebenraum und flüsterte ihm zu: „Lieber Freund, darf ich dir einen Rat geben? Versuche, den Kaiser dazu zu überreden, die Hochzeit von April auf Juni zu verschieben. Im Juni ist die Hälfte des Wiener Adels auf Sommerfrische und so wäre die Gefahr viel kleiner, dass die Hofkamarilla Sissy in der Luft zerreißt. Deine Kleine bemüht sich zwar sehr, aber man sieht es ihr an der Nasenspitze an, dass sie sich in der Öffentlichkeit noch sehr quält."

„Wem sagst du das, mein Lieber?", antwortete Herzog Max. „Aber ich fürchte, da lässt sich nichts mehr machen. Erzherzogin Sophie steht auf dem Standpunkt, man könne den Kaiser nicht heimlich heiraten lassen, quasi unter Ausschluss der Öffentlichkeit. Sissy muss jetzt wohl in den sauren Apfel beißen und alles dransetzen, um die Angst vor großen Gesellschaften abzulegen."

„Ich wünsche ihr von Herzen, dass ihr das auch gelingt", bemerkte der Brüsseler Gesandte abschließend und verschwand in der Menschenmenge.

'Ich wünsch dir das ebenfalls, Sissy', dachte Herzog Max und beobachtete seine Tochter, wie sie mit verkrampfter Miene Honneurs entgegennahm.

Vorweihnachtliche Überraschung

Am nächsten Morgen verabschiedete sich Franz Joseph von seiner jungen Braut, nicht ohne zu versprechen, so bald wie möglich wiederzukommen. Sissy wiederum versicherte, noch mehr und noch schneller lernen zu wollen.

„Bitte richte deiner Mutter aus, dass ich mich ernstlich bemühe“, sagte Sissy durch das offene Wagenfenster. Sie hielt noch immer Franz Josephs Hand, als die Kutsche losfuhr, und lief ein Stückchen nebenher. „Und vergiss mich nicht bei all der Arbeit!“ Dann entglitt ihr Franz Josephs Hand und sie blieb stehen. „Und hab mich lieb“, bat sie leise. „Bitte hab mich schrecklich lieb, sonst kann ich das nicht durchstehen.“

Niemand hatte ihre Worte gehört.

Der tägliche Lernmarathon ging weiter. Sissy machte tatsächlich größere Fortschritte als vor dem Besuch des Kaisers. Baronin Wulffen staunte nicht schlecht, als Sissy zwei Tage später die Titel aller Hofdamen fehlerfrei aufsagen konnte. Ihr Französisch war zwar noch lange nicht fehlerfrei, aber sie konnte auf einfache Fragen bereits Antworten geben.

Ludovika huschte weiter nervös durch die Gänge des Münchner Palais. Bei all der Aufregung um Sissy durfte sie auch die anderen Kinder nicht vergessen. Helene schien sich langsam beruhigt zu haben, sie schien sogar eher froh, denn ihre Unterrichtsstunden hatten sich deutlich verringert. Nur ab und zu verspürte sie so etwas wie Schadenfreude, wenn sie ihre jüngere Schwester auch nach dem Abendessen noch Vokabeln pauken sah.

Herzog Max versuchte dem Trubel zu entgehen, so gut es ging. Er verbrachte nicht viel Zeit daheim, meist saß er mit seinen Freunden im Hofbräuhaus. Hin und wieder vergrub er sich auch in seiner Bibliothek, natürlich nicht ohne das hinter den Folianten verborgene Likörschränkchen zu frequentieren. Eines Abends fand er Sissy in der Bibliothek vor. Sie hatte es sich in seinem Studiersessel bequem gemacht, die Schuhe aus- und die Beine hochgezogen. Ihr Kopf beugte sich über Graf Mailáths Buch „Geschichte der Magyaren".

„Sissy, was tust du denn hier? Sag bloß, du lernst freiwillig!"

„Weißt du, Papa, Graf Mailáth hat mir unlängst einige von ihm ins Deutsche übersetzte ungarische Gedichte vorgetragen – sie waren so schön, dass ich beschlossen habe, ein bisschen etwas über die Geschichte Ungarns zu lesen."

Der Herzog nickte: „Aber halte deine Interessen vor deiner Mutter geheim. Sie würde sicher einen besorgten Brief an Tante Sophie schreiben. Du weißt, was die Erzherzogin von den Ungarn hält."

„Ja, leider", seufzte Sissy und nach einer längeren Pause setzte sie fort: „Aber eigentlich hatte Kossuth Recht damit, die Republik auszurufen. Eine Republik ist einfach die gerechtere Staatsform."

„Sissy, sieh dich vor! Auch wenn es stimmt, solltest du das nicht zu laut sagen. Von wem hast du das überhaupt?"

„Von Graf Mailáth. Wir haben die Staatsformen neulich durchgenommen."

„Der alte Gauner, natürlich. Im Ernst, Sissy: Bedenke, dass du in wenigen Monaten Kaiserin sein wirst. Wenn dich Tante Sophie gehört hätte, wäre sie imstande, die Hochzeit abzublasen."

„Und als Kaiserin darf ich nie sagen, was ich mir denke?“

„Nicht immer, fürchte ich. Du musst diplomatisch sein. Und deine Ansichten zum Thema Republik würde ich an deiner Stelle überhaupt verschweigen.“

„Weil man in einer Republik keinen Kaiser und keine Kaiserin braucht?“

„Letztendlich braucht man die beiden nicht, nein.“

„Dann könnten Franz Joseph und ich in einer Republik ja völlig normal leben!“

„Jetzt ist es aber genug“, sagte Herzog Max ungeduldig. „Ich kann doch mit der zukünftigen Kaiserin von Österreich nicht über ihre eigene Demontage diskutieren! Ich geh ins Hofbräuhaus. Sag das deiner Mutter, wenn sie nach mir fragt.“

Anfang Dezember fiel in München der erste Schnee und erinnerte Sissy daran, dass Weihnachten näher rückte. Zwischen Wien und München waren unzählige Briefchen hin und her geflattert. Franz Joseph unterhielt seine Braut mit Schnurren vom Wiener Hof und Sissy berichtete von ihren Lernfortschritten. Natürlich erkundigte sich der Kaiser auch nach ihren Wünschen für Weihnachten und ihren Geburtstag. Sissy hatte eigentlich nur einen einzigen Wunsch.

„Das schönste Geschenk wäre“, so schrieb Sissy an Franz Joseph, „wenn du am 24. Dezember hier in München sein könntest. Dann könnten wir meine Geburtstagstorte gemeinsam anschneiden und Hand in Hand zur Mitternachtsmette gehen.“

Franz Joseph war begeistert von Sissys Vorschlag und eilte sofort zu seiner Mutter, um deren Erlaubnis einzuholen. Er formulierte Sissys Wunsch allerdings etwas um: „Mama, der Herzog und die Herzogin in Bayern würden Sie gerne zu den Weihnachtsfeiertagen in München begrüßen. Was meinen Sie – wollen wir die Einladung annehmen?“

Die Erzherzogin überlegte: Eigentlich verlangte es die Etikette, dass sie ihren Sohn begleitete. Wahrscheinlich aber war es klüger, wenn sie selbst in Wien bliebe, um unliebsame Zusammenstöße – besonders mit Herzog Max – so kurz vor der Hochzeit zu vermeiden.

„Franz, ich bleibe in Wien. Ich bin mir sicher, Elisabeth wird glücklich sein, dich ganz für sich allein zu haben. Ich werde mich um ein entsprechendes Geschenk kümmern es und dir mitgeben. Ich glaube, das ist für alle Beteiligten das Beste."

„Mama, ich danke Ihnen für Ihr Verständnis und Ihre Güte", sagte Franz Joseph und war über den Entschluss seiner Mutter mehr als erleichtert.

Sissy erwartete Franz Joseph am Vormittag des 23. Dezember. Franz Joseph aber wollte seine Braut überraschen und fuhr bereits einen Tag früher von Wien los. Kurz vor Mitternacht des 22. Dezember hielt seine Kutsche vor dem Palais Max in der Ludwigstraße. Der schlaftrunkene Portier war ganz aus dem Häuschen und wusste gar nicht recht, wem er die Ankunft des Kaisers nun als Erstes mitteilen sollte. Zu seinem Glück kam in diesem Moment Herzog Max von seinem Besuch im Hofbräuhaus zurück. Er hatte dort einen feucht-fröhlichen Abend verbracht und war demnach in sehr aufgekratzter Stimmung.

„Wen haben wir denn da?", begrüßte er seinen zukünftigen Schwiegersohn. „Den Kaiser von Österreich, schau an!"

„Herzog Max, ich freue mich, Sie zu sehen", antwortete der Kaiser höflich, lächelte innerlich über den Schwips des Herzogs und war zugleich heilfroh, dass seine Mutter diese Situation nicht miterlebte.

„Haben Sie, verehrte Majestät, beschlossen, diesmal etwas früher anzureisen, damit der Zorn meiner Tochter nicht über Sie kommt wie die Sintflut über die Menschheit?"

„Das ist vielleicht etwas übertrieben, lieber Herzog, aber andererseits haben Sie nicht Unrecht: Ich möchte Sissy überraschen. Nur der Portier hier weiß nicht wirklich, was er mit mir anfangen soll."

Der Herzog nahm den Kaiser am Arm. „Den Portier brauchen wir jetzt nicht. Kommen Sie, Majestät, wir nehmen den Hintereingang."

Herzog Max hatte vorgehabt, das Palais möglichst unbemerkt zu betreten. Aus Erfahrung wusste er, dass es ratsamer war, seine Frau nicht zu wecken, wenn er von seinen nächtlichen Ausflügen heimkehrte.

Die Unruhe vor dem Haus war Ludovika aber nicht entgangen. Diesmal, so dachte sie, würde sie ihrem Mann die Leviten lesen. Schließlich erwartete man morgen – eigentlich ja schon heute – hohen Besuch. Sie wusste, dass Max am Tag nach einem Trinkgelage mit seinen Freunden alles andere als repräsentativ war. Sie warf sich ihren Morgenmantel über und positionierte sich im dunklen Treppenhaus. Die Zwischentüre, die von der Küche und den Vorratsräumen eben dorthin führte, öffnete sich leise.

'Sieh einer an!', dachte Ludovika. 'Jetzt schleicht sich der Kerl durch den Dienstboteneingang herein. Aber das wird ihm nichts nützen.'

„Max!", rief Ludovika laut. „Dass du nicht schämst: In ein paar Stunden haben wir den Kaiser im Haus und du hast nichts Besseres zu tun, als dich am Abend vorher zu betrinken!"

Max fuhr zusammen und blieb im Türrahmen stehen. Der Kaiser wurde durch die Gestalt des Herzogs zur Gänze verdeckt.

Max fing sich und sagte forsch: „Nein, Ludovika, ich schäme mich nicht, der Kaiser wird nämlich nicht in ein paar Stunden eintreffen!"

„Um Gottes willen!", rief Ludovika. „Warum nicht? Ist …"

„Weil er nämlich schon da ist", ertönte es hinter Herzog Max. Franz Joseph trat einen Schritt vor.

„Franz!", schallte es in diesem Moment vom oberen Treppenabsatz. Der Lärm hatte natürlich auch die Kinder geweckt und Sissy schoss wie ein Wirbelwind nach unten. Oben standen, wie die Orgelpfeifen aufgefädelt, die jüngeren Geschwister und grinsten.

„Das ist das schönste Geschenk, das du mir machen konntest", sagte Sissy, als Franz Joseph seine Umarmung lockerte. „Warte ein wenig, ich kleide mich noch einmal an, wir treffen uns dann im Salon. Ich darf doch noch aufbleiben?" Die Frage war an Ludovika gerichtet. „Schließlich bin ich ja übermorgen – nein, morgen – schon sechzehn", gab sich die junge Wittelsbacherin selbst die Antwort.

Ludovika hatte dem natürlich nichts entgegenzusetzen. Auch sie zog sich etwas über und schloss sich dem jungen Paar im Salon an. Herzog Max hatte sich im allgemeinen Trubel unbemerkt zurückziehen können.

Im Salon wurde – auch zu dieser späten Stunde – Tee serviert. Der Kaiser nahm einen Schluck und lehnte sich entspannt zurück.

„Dein sehnlichster Wunsch ist ja nun erfüllt – ich bin da", meinte Franz Joseph in Sissys Richtung. „Aber auch meine Mutter hat an dich gedacht und mir für dich etwas mitgegeben: Du bekommst es aber erst am Weihnachtsabend. Mein Geburtstagsgeschenk allerdings wird sich bis dahin nicht gut verbergen lassen, also möchte ich es dir schon heute überreichen."

Der mittlerweile wirklich schon sehr betagte Diener Leopold erschien und rollte auf einem Wägelchen einen großen, mit einem Tuch bedeckten viereckigen Gegenstand herein.

„Rate!", forderte Franz Joseph Sissy auf.

„Ein Reisekoffer", lautete Sissys erster Versuch.

„Kalt", antwortete der Kaiser.

Sissy riet weiter: „Ein Paket voller Geschichtsbücher von meiner zukünftigen Schwiegermutter."

„Kind!" Ludovika blickte ängstlich in Franz Josephs Richtung. Der aber lachte nur und meinte: „Noch kälter. Du errätst es nie! Ich werde das Geheimnis lüften."

Er trat zu der Kiste und zog das Tuch weg. Zum Vorschein kam ein wunderschöner weißer Vogelkäfig, in dem ein prächtiger, bunt schillernder Papagei auf seiner Stange saß. Verdutzt über die Störung schüttelte der Vogel sein Gefieder und begann zu krächzen.

„Ein Papagei, wie schön!"

„Freust du dich ein wenig?"

„Ich freue mich über alle Maßen! Du weißt doch, wie sehr ich Tiere liebe. Und einen Papagei habe ich mir schon immer gewünscht. Kann er sprechen?"

„Noch nicht", antwortete Franz Joseph, „aber er ist ein bisschen angriffslustig. Vorhin hat er versucht, nach mir zu hacken."

Behutsam näherte sich Sissy dem Käfig und steckte vorsichtig einen Finger durch die Gitterstäbe, gleichzeitig stieß sie gurrende Laute aus. Der Vogel legte den Kopf schief und trippelte näher. Langsam öffnete Sissy die Käfigtüre und streckte ihren Arm hinein. Nach einigen Augenblicken kletterte der Papagei auf Sissys Arm und ließ sich von ihr aus dem Käfig nehmen.

„Du bist ein ganz Braver“, redete sie leise auf das Tier ein. „Ich kann mir gar nicht vorstellen, dass du den Kaiser von Österreich in den Finger gezwickt hast. Aber jetzt hast du sicher Hunger.“

Sissy setzte den Papagei zurück in seinen Käfig und rollte diesen aus dem Zimmer. Einige Minuten später erschien sie wieder.

„So, Franz Joseph ist versorgt!“, sagte sie mit einem Seitenblick auf ihren Zukünftigen.

„Franz Joseph? Du hast den Papagei doch nicht etwa nach mir benannt?“

„Doch, das habe ich. Verträgt sich das etwa nicht mit deiner Kaiserwürde?“

Ludovika schlug die Hände vors Gesicht und meinte in ihrem Sessel versinken zu müssen. Wie konnte ihre Tochter nur so frech sein? Aber es kam noch schlimmer.

„Vielleicht ist der Vogel ein Weibchen?“, meinte Sissy. „Dann nenne ich ihn Sophie!“

„Sissy, mäßige dich!“ Die letzte Bemerkung ihrer Tochter hatte Ludovikas Toleranzgrenze eindeutig überschritten.

„Ich bitte Sie, Schwiegermutter, seien Sie nachsichtig. Obwohl ich die Idee gar nicht so schlecht finde, wollen wir uns vorsichtshalber noch einen anderen Namen überlegen, nicht wahr, Sissy?“

Diese nickte lachend und streckte ihre Hand nach Franz Joseph aus.

„Und außerdem“, warf Ludovika ein, „wollen wir nun besprechen, wie wir die nächsten Tage verbringen werden.“

Der von der Fahrt erschöpfte Kaiser hörte zu, wie Sissy und ihre Mutter eifrig beratschlagten. Bald nahm er nur noch die Melodie der Stimmen wahr und ehe er sich’s versah, war er eingeschlafen.

Ein Rosenstrauß aus dem Palmenhaus

Wie immer am 24. Dezember ließ es sich Herzog Max nicht nehmen, Sissy mit einer besonderen Geburtstagsüberraschung zu verwöhnen. Diesmal zupfte er ihr im Duett mit seinem Freund Johann Petzmayer, einem Zithervirtuosen und seinem Lehrer auf diesem Instrument, ein Geburtstagsständchen.

Sissy war gerührt und als der Vater ihr dann auch noch eine wunderschöne Zither schenkte, die mit Einlegearbeiten aus Perlmutt geschmückt war, wurden ihr die Augen feucht.

„Diese Zither", meinte Herzog Max, „wirst du nach Wien mitnehmen. Nachdem du ja ein bisschen spielen kannst, sollst du sie immer zur Hand nehmen, wenn du an deine Familie in München denkst."

„Danke, Papa, sie ist wirklich wunderschön."

Auch das Geschenk von Erzherzogin Sophie war etwas Besonderes: Sie hatte per Boten einen Strauß wunderschöner roter Rosen aus dem Wiener Palmenhaus bringen lassen.

„Rosen", jauchzte Sissy. „Und das um diese Jahreszeit!"

Passend dazu – oder als Gegengewicht, wie immer man das sehen wollte – hatte die streng gläubige Sophie auch ein schmales Etui geschickt. Darin befand sich … ein Rosenkranz.

Am Nachmittag schmückte die Wittelsbacher Familie gemeinsam den Weihnachtsbaum. Man hatte beschlossen, ihn nach bäuerlicher Art aufzuputzen, also mit Äpfeln, Nüssen und Lebkuchen. Franz Joseph, der nur die glitzernden, mit Lametta überzogenen Bäume kannte, fand das besonders hübsch. Natürlich hatte er auch Weihnachtsgeschenke aus Wien mitgebracht. Jedes Familienmitglied bekam eine Kleinigkeit.

Für Helene hatte sich der Kaiser – beziehungsweise mehr seine Mutter, die Erzherzogin Sophie – besondere Mühe gegeben: Sie erhielt eine Kette mit einem wunderschönen Diamantanhänger. Diesmal schleuderte Helene das Geschenk nicht in eine Ecke, sondern bedankte sich freundlich.

„Und bitte vergessen Sie nicht, Tante Sophie meine besten Grüße auszurichten“, sagte sie abschließend. Ludovika war in dem Moment sehr stolz auf ihre älteste Tochter und Franz Joseph bewunderte Helenes noble Haltung zutiefst.

Sissy stand inzwischen staunend vor ihrem Geschenk, einem Reise-Frühstücksservice aus Silber. In jedes einzelne Stück davon waren die Kaiserkrone und ein „E“ für Elisabeth eingraviert.

„Wir werden viel auf Reisen gehen“, versprach Franz Joseph. „Erstens möchte ich eine Hochzeitsreise machen, nach Italien zum Beispiel. Venedig ist im Frühling traumhaft schön. Außerdem sollst du mich immer begleiten, wenn meine Geschäfte mich aus Wien wegführen. Dafür ist dieses Service gedacht.“

„Ich habe auch etwas für dich“, sagte Sissy und wies an die Wand neben dem Weihnachtsbaum, wo ein flaches, rechteckiges Paket lehnte. Ungeduldig entfernte Franz Joseph die Verpackung. Ein wunderschönes Gemälde, das Sissy in der Possenhofener Umgebung hoch zu Ross zeigte, kam zum Vorschein.

„Die Maler aus Wien, die hier waren“, erklärte sie Franz Joseph, „haben alle von mir verlangt, dass ich ernst dreinschauen soll. Ich habe mir gedacht, du hättest vielleicht gerne ein Bild von mir, auf dem ich lächle und mein Gesichtsausdruck ein bisschen weniger förmlich ist."

„Wie schön, Sissy! Ein Bild von meiner Braut für mich allein. Ich werde ihm einen Ehrenplatz geben! Und wenn meine Mutter sieht, wie glücklich du auf dem Bild dreinschaust, kann sie auch nicht mehr sagen, dass du das Reiten einschränken sollst."

Zur Mitternachtsmette ging das Brautpaar gemeinsam, wie es sich Sissy gewünscht hatte. Den Christtag verbrachte man innerhalb der Familie. Das Wetter gestattete sogar einen kurzen Spaziergang, den die kleinen Geschwister sofort für eine ausgiebige Schneeballschlacht nutzten, an der sich auch der Kaiser beteiligte.

Sissy hätte den Kurier, der am 26. Dezember wie jeden Tag die neuesten Nachrichten aus Wien brachte, gar nicht eingelassen, wenn sie geahnt hätte, was das Schreiben bedeutete, das er dem Kaiser übergab. Franz Joseph riss den Brief auf und überflog die ersten Zeilen. Seine Miene verfinsterte sich.

„Ich muss nach Wien, Sissy. Ich muss sofort abreisen."

„Wie bitte? Du bist ja gerade erst angekommen! Wir wollten doch noch gemeinsam nach Possenhofen fahren! Und Papa hat für Silvester ein Feuerwerk bestellt!"

„Bitte versteh mich doch! Die Franzosen und die Engländer scheinen gegen Russland zu rüsten und … das ist jetzt wirklich zu kompliziert, um es in wenigen Worten zu erklären."

Sissy drehte sich um und verzog sich schluchzend in ihr Zimmer.

Franz Joseph seufzte. Wie konnte er all dem, was man von ihm erwartete, gerecht werden? Am Hof beschwerte man sich, er kümmere sich zu wenig um die Politik, er träfe keine Entscheidungen – und seine Braut hielt ihm vor, sie zu vernachlässigen.

'Aber es wird besser werden, wenn Sissy nur endlich in Wien ist', dachte er und klopfte sachte an der Tür ihres Zimmers.

„Ich muss aufbrechen, édes szeretett lelkem. Du weißt, der Weg ist lang. Gleich morgen, wenn ich in Wien bin, werde ich dir schreiben – versprochen."

„Ja“, kam es trotzig aus Sissys Mund, „fahr nur. Dann werde ich zu Silvester eben alleine auf dem Balkon stehen, das Feuerwerk ansehen und frieren.“

„Ach Sissy, mach mir die Abreise doch nicht gar so schwer. Komm heraus und gib mir noch einen Abschiedskuss.“

Sissy öffnete die Türe tatsächlich, aber nur ein wenig. Sie hauchte einen Kuss durch den Türspalt und schloss sie sofort wieder.

‘Sie ist und bleibt ein Dickkopf’, dachte der Franz Joseph, als er das Palais verließ und in die bereits wartende Kutsche stieg. ‘Aber ein sehr lieber Dickkopf.’

Am Vormittag des 31. Dezember brachte ein Bote ein Paket für Sissy. Natürlich kam es von Franz Joseph aus Wien. Sissy öffnete die große Schachtel und fand darin einen traumhaften Pelzumhang. „Damit du zu Silvester nicht frieren musst“, hatte Franz Joseph auf das beiliegende Kärtchen geschrieben. Sissy probierte den Umhang an und drehte sich darin vor dem Spiegel.

„Wie eine russische Prinzessin“, kommentierte ihre Gouvernante das Geschenk des Kaisers.

‘Wo ihm die Russen doch im Moment so viel zu schaffen machen’, dachte Sissy und lächelte ihrem Spiegelbild zu.

In der Silvesternacht stand sie, in den warmen Pelz gehüllt, auf dem Balkon des Palais Max in der Ludwigstraße und schaute in den Himmel, wo Hunderte Knallkörper platzten und in einem bunten Farbregen zu Boden fielen. Kalt war der Wittelsbacher Prinzessin nicht, aber in ihrem Herzen wollte sich keine rechte Freude auf das kommende Jahr einstellen.

Ängste und Wünsche

Die ersten Monate des Jahres 1854 vergingen wie im Flug – sowohl für den Kaiser in Wien als auch für Sissy in München. Franz Joseph betrieb im Konflikt zwischen der Türkei und Russland immer noch eine zögerliche Politik. Am 27. März 1854 erklärten England und Frankreich Russland den Krieg. Dass sich der österreichische Kaiser, den man im Ungarn-Konflikt so tatkräftig unterstützt hatte, nicht eindeutig auf die Seite Russlands stellte, erzürnte den Zaren sehr. In Wien wurde dieser Konflikt von den Ehevorbereitungen überlagert. So manchem in Wien weilenden russischen Diplomaten schien es fast so, als sei der Kaiser geradezu erleichtert, sich um die bevorstehende Hochzeit kümmern zu können, anstatt über die Haltung Österreichs im Krimkrieg nachzudenken.

Auch Erzherzogin Sophie, die normalerweise großes Interesse an der Politik zeigte, widmete sich in diesen Tagen „privaten" Dingen. Sie überwachte die Adaptierung der Räumlichkeiten in der Hofburg, die das junge Paar nach der Vermählung beziehen sollte, und kümmerte sich gleichzeitig um den Umbau der Villa in Ischl.

Franz Joseph schrieb lange Briefe an seine Braut und schickte nach wie vor kleine Geschenke nach München, um Sissy die Wartezeit zu versüßen. An Langeweile litt sie aber überhaupt nicht. Genau wie im vergangenen Jahr lernte sie, ließ Kleideranproben über sich ergehen und hatte nur ganz selten Zeit für sich selbst. Mit großem Staunen studierte sie den Ehevertrag, den Franz Joseph mit ihrem Vater abschloss. Darin war haarklein vermerkt, wie ihre Mitgift auszusehen hatte: Sie erhielt von ihrem Vater eine Aussteuer im Wert von 50.000 Gulden, die Herzog Max einem eigens dafür nach München gesandten Hofbeamten noch vor der Hochzeit übergeben musste. Weiters wurde Sissy mit Kleidern, Schmuck und Geschirr ausgestattet, wie es ihrem Stand entsprach. Der Kaiser verpflichtete sich im Gegenzug, für seine Braut 100.000 Gulden bereitzustellen. Weiters sollte sie jährlich 100.000 Gulden zur ihrer freien Verfügung haben. Selbstverständlich wurden Unterbringung, Dienerschaft, Pferde und Hausrat vom Kaiser extra bezahlt.

„Ich kann mir gar nicht vorstellen, wie viel Geld das eigentlich ist", sagte Sissy zu ihrem Vater.

„Das ist sehr viel Geld. Du wirst keine finanziellen Sorgen haben."

„Papa, wie viel verdient eigentlich ein normaler Mensch?"

„Das kommt darauf an, was du unter 'normaler Mensch' verstehst."

„Wie viel verdient der Mann, der jede Woche das Bier bringt?"

„Genau weiß ich es nicht", antwortete Herzog Max. „Zweihundert, vielleicht dreihundert Gulden im Jahr."

„Und davon kann er leben?"

„Davon muss er leben. Sissy. Und nicht nur er, sondern seine ganze Familie."

Nachdenklich verließ Sissy den Raum. Im Treppenhaus begegnete sie ihrer aufgeregten Mutter.

„Kind, ich habe die Liste deiner persönlichen Dinge fertig zusammengestellt. Wir werden 25 Koffer brauchen, um alles nach Wien zu transportieren. Möchtest du noch einen Blick auf die Liste werfen?"

Sissy erschrak, als sie das Schriftstück durchging.

„Muss wirklich der gesamte Wiener Hof erfahren, wie viel Wäsche ich habe? Und wozu, bitte, brauche ich hundertvierundvierzig Unterhemden? Es wird in Wien doch Wäscherinnen geben!"

„Kind, nun reg dich doch nicht auf. Du wirst dich daran gewöhnen müssen, dich mehrmals am Tag umzuziehen, deswegen auch die vielen Kleider."

„Aber hundertdreizehn Paar Schuhe? Das ist doch etwas übertrieben, oder?"

Ludovika seufzte. Die Unwissenheit ihrer Tochter, was die höfischen Sitten und Gebräuche anbelangte, machte ihr klar, wie viel Sissy noch zu lernen hatte.

„Du darfst deine Schuhe nur wenige Male tragen, manche sogar nur einen Tag lang. Dann werden sie verschenkt."

„Aber das ist doch Verschwendung! Außerdem sind sind die Schuhe für mich gemacht und passen jemand anderem doch gar nicht so gut. Das ist wirklich unsinnig. Wenn ich Kaiserin bin, werde ich diese Sitte abschaffen!"

'Du wirst viel abschaffen wollen, wenn du erst Kaiserin bist', dachte Ludovika und rief nach der Gouvernante, um sich zu versichern, dass auch wirklich genügend Koffer bestellt waren.

Ebenfalls Anfang März hatte Sissy ihre erste offizielle Handlung zu vollziehen. Da sie Kaiserin von Österreich werden sollte, musste sie ein Dokument unterzeichnen, in welchem sie ihren Verzicht auf die Erbfolge im Königreich Bayern erklärte. Die Gouvernante steckte sie also in eines der Kleider für festliche Anlässe, von denen Sissy neuerdings siebzehn Stück besaß, wie sie nach dem Studium der Liste wusste.

„Ich verstehe nicht, warum ich mich diesem Akt unterziehen muss", meinte Sissy, als die Gouvernante sie ins Korsett schnürte. „Ich käme ja nur dann für eine Thronfolge in Frage, wenn es sowohl im königlichen als auch im herzoglichen Zweig der Wittelsbacher keinen einzigen männlichen Nachfolger gäbe. Aber allein ich habe drei Brüder! – Au, nicht so fest, ich bekomme ja keine Luft!"

Das enge Korsett war nicht das Einzige, was Sissy an diesem Tag störte. Der Thronsaal der königlichen Residenz, wo der Akt stattfand, war bis auf den letzten Platz gefüllt, alle Minister und Würdenträger waren gekommen. Als Sissy den Saal betrat, verschlug es ihr den Atem.

Es war fürchterlich stickig. Das unbändige Bedürfnis überkam sie, ein Fenster aufzureißen und die kühle Märzluft einzulassen. Die Verzichtserklärung wurde verlesen und Sissy vom Erzbischof vereidigt. Dann setzte sie ihre Unterschrift unter das Dokument.

Den Rest des Tages verbrachte Sissy beim Unterricht. Wieder und wieder spulte sie die Namen der Mitglieder des Hofstaates ab. Baronin Wulffen war dazu übergegangen, ihr Bilder der Personen vorzuhalten, deren Namen Sissy dann nennen musste. An diesem Tag war sie derart erschöpft, dass die Gesichter auf den Bildern vor ihren Augen zu bunten Farbtupfen verschwammen.

In der Nacht nach diesem so genanten Renunzationsakt schreckte Sissy hoch. Sie war schweißgebadet, bekam kaum Luft und hatte das Gefühl, eine Hand würde sich um ihr Herz legen und zudrücken. Mit großer Mühe schleppte sie sich aus dem Bett und öffnete das Fenster. Dann ließ sie sich erneut in die Kissen fallen. Langsam konnte sie wieder atmen, aber die Herzbeklemmung blieb. Sissy dreht sich von einer Seite auf die andere und versuchte krampfhaft wieder einzuschlafen, aber jedes Mal, wenn sie nah daran war, wurde sie von ihrem eigenen Herzschlag geweckt, der – so hatte sie jedenfalls den Eindruck – rasend schnell pochte. So lag Sissy wach und hatte Angst: Angst vor der Zukunft, Angst davor, nicht zu entsprechen, Angst davor, die falsche Entscheidung getroffen zu haben, Angst vor dem eigenen Leben. Als es draußen dämmerte, schlief sie endlich ein.

Sissy hatte gerade einmal eine Stunde Schlaf hinter sich, als die Gouvernante sie weckte. Sie war wie gerädert, ihr Nacken tat weh, ihr Kopf fühlte sich dumpf an und nach wie vor spürte sie eine seltsame Enge in ihrer Brust. Die Gouvernante schloss sofort das Fenster, denn im Zimmer war es sehr kühl.

„Ich kann heute nicht aufstehen“, flüsterte Sissy. „Bitte sag meiner Mutter, dass ich krank bin.“

Die Gouvernante blickte ihren Schützling prüfend an: Nein, da war nichts gespielt, um den Unterrichtsstunden zu entgehen. Sissy sah elend aus, blass, mit schwarzen Ringen unter den Augen.

Ludovika ließ sofort Doktor Fischer kommen, den langjährigen Leibarzt der Familie. Er untersuchte Sissy gründlich, konnte aber nichts feststellen.

„Sie hat kein Fieber, nicht einmal erhöhte Temperatur. Ihr Hals ist in Ordnung, auch Lungengeräusche kann ich keine feststellen. Ihr Puls ist allerdings sehr hoch. Gönnen Sie ihr einen Tag Ruhe, Herzogin. Ich sehe dann morgen noch einmal nach ihr."

Sissy war froh, als sie wieder allein war. Sie konnte sich nicht erklären, was in dieser Nacht wirklich passiert war, sie wusste nur, dass sie schreckliche Angst gehabt hatte, Todesangst.

Am Nachmittag steckte Helene den Kopf zur Türe herein.

„Nené, komm herein. Ich bin wach!", forderte Sissy die Schwester auf.

Helene, die sich in den Wochen nach dem Vorfall in Ischl sehr zurückgezogen hatte, ging es in letzter Zeit wieder besser. Sie war zwar noch um einiges ernster geworden, dafür aber auch reifer – sie wirkte nun, ein dreiviertel Jahr nach dem für sie so demütigenden Erlebnis, sehr erwachsen. Sie nahm sich einen Stuhl und setzte sich neben Sissys Bett.

„Du siehst immer noch nicht sehr gut aus", begann sie das Gespräch.

„Ich fühle mich auch noch nicht gut", gestand Sissy. „Dir kann ich es sagen: Ich hatte letzte Nacht das Gefühl, dass ich sterbe."

„Sissy, das ist ja furchtbar!"

„Jetzt, wo es hell ist, habe ich keine Angst, aber ich fürchte mich schon vor der nächsten Nacht."

„Du musst das Mama erzählen!"

„Das werde ich nicht tun. Sie ist ohnehin schon so nervös. Außerdem hat mich Doktor Fischer untersucht und nichts gefunden. Vielleicht rege ich mich auch einfach nur zu sehr auf."

Helene sah ihre Schwester forschend an. „Dir ist nicht wohl bei dem, was auf dich zukommt, hab ich Recht?"

Sissy holte tief Luft. „Ja, du hast Recht – mir ist gar nicht wohl zu Mute. Je näher der Tag meiner Hochzeit kommt, desto konfuser werde ich. Ich kann mich nicht mehr konzentrieren, vergesse Dinge, die ich bereits gelernt habe, und löse mich beim geringsten Anlass in Tränen auf."

Helene streichelte ihrer Schwester die Hand und sagte: „Weißt du, es ist seltsam: Erst war ich so wütend darüber, dass Franz Joseph dich gewählt hat und nicht mich – und wenn ich dich jetzt so sehe, dann habe ich deswegen fast ein schlechtes Gewissen."

„Nené, bitte! Das schlechte Gewissen sollte ich haben. Aber in Wirklichkeit müssen wir die Sache zwischen uns ein für alle Mal begraben. Es ist mir so unendlich wichtig, dich als Schwester und Freundin nicht zu verlieren."

Helene fiel Sissy um den Hals: „Ich verspreche, dir deswegen keine Vorwürfe mehr zu machen. Und bitte verzeih mir, wenn ich manchmal doch noch die eine oder andere zynische Bemerkung fallen lasse. Die Sache war wirklich nicht einfach für mich."

„Auch für mich ist sie nicht einfach. Manchmal glaube ich, dem allen nicht gewachsen zu sein. Aber Franz Joseph ist so unendlich lieb zu mir, das macht mir wieder Hoffnung."

„Er liebt dich von ganzem Herzen, Sissy. Und ich bin mir sicher, er wird alles tun, um dich glücklich zu machen. Aber ich bin eigentlich aus einem ganz anderen Grund gekommen: Ich habe nämlich etwas wiedergefunden – etwas, das mir Pankraz für dich gegeben hat, als du ein halbes Jahr alt warst."

Sissy hielt den Atem an. Sie ahnte, was jetzt kommen würde, ließ ihre Schwester aber ausreden.

„Wie gesagt, du warst noch ganz klein und Mama noch sehr erschöpft von der Geburt. Sie schickte mich mit Luis hinunter zum Steg …"

Helene erzählte Sissy von Luis' Angelversuchen, von ihrem Sturz ins Wasser, davon, dass sich die Geschwister mit Pankraz' Hilfe ins Haus geschlichen hatten und dass die Köchin trockene Kleider besorgt hatte. Ihre Mutter, schloss Helene, habe nie etwas von dem Vorfall erfahren.

„Und am Ende dieses Sommers hat mir Pankraz das für dich gegeben."

Helene zog aus der Tasche ihres Kleides einen in ein Tuch gewickelten runden Gegenstand hervor.

„Die Wunschkugel“, sagte Sissy.

„Woher weißt du das?“, fragte Helene erstaunt.

Sissy klärte ihre Schwester auf: „Pankraz hat sich verplappert, nachdem wir aus Ischl zurückgekommen sind. Ich wollte dich gleich nach der Kugel fragen, aber er hat es mir verboten. Er hat gemeint, die Kugel müsse ihren Weg zu mir von selbst finden. Ich gebe zu, es ist mir sehr schwer gefallen, dir gegenüber keine Andeutungen zu machen.“

Helene lachte. „Ich habe die Kugel in der Kassette unter meinem Bett aufbewahrt und jahrelang vergessen. Letzte Woche habe ich begonnen, meine privaten Dinge zu ordnen, und da ist sie mir wieder in die Hände gefallen. Du weißt, wie sie funktioniert?“

„Pankraz hat es mir erklärt.“ Sissy strich über die angenehm kühle Oberfläche des Holzes.

„Ich lass dich jetzt allein, Sissy, und ich wünsche dir, dass du diese Nacht besser schlafen kannst.“

„Danke, Nené. Und danke, dass du die Kugel für mich aufbewahrt hast.“

Helene lächelte ihre Schwester an und verließ den Raum.

Sissy legte die Kugel auf ihr Nachtkästchen und drehte sich auf die Seite, um sie gut sehen zu können.

‘Pankraz’, dachte sie. ‘Du fehlst mir sehr.’

Bald darauf schlief Sissy ein.

Noch ein Monat

Genau einen Monat vor der Hochzeit besuchte Franz Joseph seine Braut noch einmal in München. Böse Zungen behaupteten, er wolle sich damit davor drücken, politische Entscheidungen zu treffen; die Mitglieder des Wiener Hofes fanden jedoch nichts dabei, dass der Kaiser die zukünftige Kaiserin aufsuchte.

Sissy wusste, dass Franz Joseph nur drei Tage in München bleiben würde. Trotzdem hatte sie sich vorgenommen, mit ihm über ihre Ängste zu sprechen. Ungeduldig erwartete sie ihn in der Eingangshalle. Wie immer bei seinen Besuchen umarmte Franz Joseph seine Braut innig.

„Du bist dünn geworden, Sissy“, meinte er, als er sie wieder losließ. „Außerdem ist es Frühling und du bist noch immer so blass! Du gehst sicher zu wenig an die Sonne.“

„Dazu habe ich doch gar keine Zeit!“, erwiderte Sissy. „Ich habe einen Stundenplan, der mindestens so voll ist wie deiner.“

„Unser Stundenplan ist leider auch hier in München gut gefüllt. Schon heute Abend gibt es einen Empfang beim König.“

Sissy kannte den Zeitplan für den Aufenthalt des Kaisers in München natürlich sehr genau. Sie hoffte aber, Franz Joseph dazu zu bringen, wenigstens einen der Termine ausfallen zu lassen, um mit ihr einen langen Spaziergang zu machen. Aber gleich nach seiner Ankunft konnte sie ihr Anliegen natürlich noch nicht vorbringen.

Franz Joseph ließ sich von seinem Adjutanten Grünne eine Kassette bringen. „Ich habe eine Überraschung für dich", sagte er.

„Was ist es diesmal – ein Goldfisch?", scherzte Sissy.

Der Kaiser lachte laut auf. „Das nicht, aber es glitzert ungefähr so wie viele Goldfische in einem Teich."

Sissy öffnete die Kassette und war sprachlos: Auf dunkelgrünem Samt lagen ein prunkvolles Diamantdiadem mit großen Opalen, ein dazu passendes Collier und Ohrringe.

„Diesen Schmuck hat meine Mutter bei ihrer Hochzeit getragen und sie wünscht, dass du ihn ab nun trägst. Stell dir vor, meine Mutter war so aufgeregt, die Stücke außer Haus zu geben, dass sie ein Schreiben an deine Mutter verfasst hat, in dem sie genaue Anweisungen darüber gibt, wie der Schmuck zu verwahren ist."

Sissy war überwältigt. Noch nie hatte sie derart wertvollen Schmuck gesehen – geschweige denn solchen besessen.

„Ich werde mich bemühen", stotterte Sissy, „einen besonders schönen Dankesbrief an sie zu verfassen."

„Das ist eine gute Idee. Und jetzt wollen wir uns umkleiden, schließlich müssen wir zum Empfang!"

Sissy hatte während des gesamten Besuches keine Gelegenheit, mit Franz Joseph auch nur ein einziges privates Wort zu wechseln. Der Kaiser merkte die Verzweiflung seiner Braut wohl, war aber dermaßen beschäftigt, dass er einfach vergaß, sie nach dem Grund zu fragen. Am Nachmittag des zweiten Tages hätte sich fast eine Gelegenheit zur Aussprache ergeben, aber Franz Joseph hatte plötzlich mit Sehstörungen zu kämpfen und musste sich hinlegen. Der besorgten Sissy ließ er ausrichten, es sei alles in Ordnung. Er habe diese Sehstörungen seit dem Attentat, aber sie träten immer seltener auf und der Arzt habe ihm versichert, sie würden schließlich ganz verschwinden. Am für den Abend desselben Tages angesetzten Ball konnte der Kaiser bereits wieder teilnehmen, mit dem Tanzen hielt er sich allerdings zurück. Auch am letzten Tag seines Aufenthaltes wurde ein Termin nach dem anderen abgespult. Sissy fühlte sich nahezu erleichtert, als Franz Joseph wieder abreiste, obwohl sie für sich behalten hatte müssen, was ihr Herz bedrückte.

In der darauf folgenden Nacht lag sie wieder wach. Das Beklemmungsgefühl war aber nicht ganz so stark wie neulich, sie konnte klar denken und fasste einen Beschluss: Noch einmal würde sie nach Possenhofen reisen, um sich von dem Ort, der ihr in der Kindheit der liebste gewesen war, gebührend zu verabschieden.

„Aber Kind, das geht doch nicht. Wir haben doch noch so viel zu tun!" Ludovika schlug die Hände über dem Kopf zusammen. „Außerdem ist in Possenhofen noch nichts hergerichtet, wir wollten doch erst nach der Hochzeit dorthin übersiedeln."

Sissy, deren Entschluss felsenfest stand, erwiderte ruhig: „Das macht nichts, Mama, mir reicht ein Zimmer, essen kann ich bei Lieselotte in der Küche."

Ludovika brachte noch hundert Gründe vor, weshalb es Sissy unmöglich sein sollte, ausgerechnet zu diesem Zeitpunkt nach Possenhofen zu fahren. Sissy aber blieb stur und schlussendlich sprach Herzog Max ein Machtwort zugunsten seiner Tochter. Drei Tage später bestiegen Sissy, Ludovika und Helene eine Kutsche, die sie ins Schloss am Starnberger See brachte.

War Sissy das Herz bisher immer leichter geworden, je näher sie Possenhofen gekommen war, so erlebte sie diesmal das Gegenteil: Bleischwer wurde die Last in ihrem Inneren, je kürzer die noch zurückzulegende Strecke war. Als das Schlösschen mit seinen Türmen in Sicht kam, musste Sissy ein Fenster öffnen, um Luft zu bekommen.

„Was ist dir, Kind?", fragte Ludovika ängstlich.

„Es geht schon, Mama, mir ist nur ein bisschen übel von der Reise."

Helene ahnte, wie ihre Schwester sich fühlte, und stützte sie beim Aussteigen.

„Ich lege mich für eine halbe Stunde hin", erklärte Sissy. „Und dann werde ich einen kleinen Spaziergang machen. Das hat mir noch immer gut getan."

Sissy betrat ihr altes Zimmer, das für ihren Besuch notdürftig hergerichtet worden war, und legte sich aufs Bett. Die seit ihrer Kindheit vertrauten Gerüche und Geräusche beruhigten sie und sie schlief beinahe sofort ein.

Sissy träumte: Sie ging durch die Räume eines Schlosses, das sie nie zuvor gesehen hatte. Zwar sah sie vereinzelt Gegenstände, die ihr bekannt vorkamen, aber sie konnte sich einfach nicht orientieren. Sie war auf der Suche nach Franz Joseph. Sie wusste, dass er ihr sagen können würde, wo sie sich befand. Sissy öffnete eine Türe nach der anderen und immer lag dahinter noch ein Raum mit einer weiteren Türe. In manchen Räumen standen Menschen. Sissy wollte sie fragen, wo sie Franz Joseph finden könne, aber sie bekam keine Antwort, denn sobald sie eine der Personen ansprach, drehte sich diese von ihr weg. Irgendwann bemerkte sie, dass die Räume einander glichen oder sich zumindest wiederholten. Verzweifelt begann sie immer schneller und schneller zu laufen und geriet vollkommen außer Atem. Als sie das Gefühl hatte, keine Luft mehr zu bekommen, erwachte sie.

Verwirrt setzte sich Sissy auf und wusste im ersten Moment nicht, wo sie sich befand. Dann erkannte sie ihren Schreibtisch, den Kachelofen, die Kommode, sogar ihre alte Puppe saß auf dem Fensterbrett.

Sissy erhob sich, zog sich etwas über, schlüpfte in ihre Schuhe und ging ins Freie. Sie beschloss, ihren Rundgang bei den Ställen zu beginnen. Sie waren leer, denn die Pferde, die der Verwalter für die Arbeit brauchte, waren im Einsatz und die Reitpferde befanden sich noch in München. Sissy strich mit der flachen Hand über das Holz der Verschläge und schnupperte am Leder der Zaumzeuge, die an der Wand aufgehängt waren. Sie hatte sich vorgenommen, sich jedes Detail so gut wie möglich einzuprägen.

Auf dem Weg zum See kam Sissy an der großen Voliere vorbei. Die darin befindlichen Tauben gurrten in der Frühjahrssonne. Sissy öffnete die Käfigtüre und scheuchte die Vögel ins Freie. Sie breiteten ihre Flügel aus und verschwanden in den Bäumen. Sissy blickte ihnen lange nach und fragte sich, warum sie die Tauben eigentlich freigelassen hatte. Seit Jahren hielt man im Schloss Vögel und noch nie war sie auf die Idee gekommen, diese einfach fliegen zu lassen. Sissy wollte nicht länger darüber nachdenken – sie wusste nur, dass sie sich jetzt besser fühlte.

Als sie zum Bootshaus kam, war sie enttäuscht, dass sie Pankraz nicht auf seinem angestammten Platz sitzen sah. All die Jahre, dachte Sissy, hatte sie Pankraz nie gefragt, wo er eigentlich wohnte. Es war nicht notwendig gewesen, weil er einfach immer da gewesen war.

Sissy beschloss spontan, ihn zu besuchen. Sie lief zurück ins Schloss und fragte Lieselotte nach dem Haus des Fischers.

„Das letzte Haus im Ort", erklärte die Köchin, „das kleine mit dem gelben Verputz und den grünen Fensterläden. Es ist gut, wenn Sie ihn besuchen, Prinzessin, er wird sich freuen."

Sissy lief nach oben in ihr Zimmer, schlüpfte in eines ihrer alten Dirndlkleider, setzte ihren alten Strohhut auf und machte sich auf den Weg. Sie wollte vermeiden, als zukünftige Kaiserin von Österreich erkannt zu werden. In den alten Kleidern würde sicher niemand von ihr Notiz nehmen.

Bei Pankraz' Haus angekommen, klopfte sie zaghaft an die Türe. Von drinnen ertönte die vertraute Stimme mit der Aufforderung, einzutreten. Sissy betrat einen dunklen Raum, und erst als sich ihre Augen an die Lichtverhältnisse gewöhnt hatten, sah sie den alten Mann in einer Ecke des Zimmers sitzen.

„Wer ist da?", fragte er.

„Ich bin es", antwortete Sissy, trat ans Fenster und schob den Vorhang etwas zurück, damit Pankraz sie erkennen konnte. Auch auf das Gesicht des Alten fiel ein Lichtstrahl und Sissy erschrak. Pankraz Augen waren trübe, er konnte sie nicht sehen – er war erblindet.

„Ich bin es – Sissy", wiederholte sie und trat näher.

„Die Prinzessin! Oder bist jetzt gar schon Kaiserin?"

„Nein, Pankraz, noch nicht. Aber was ist denn passiert?"

„Passiert? Nichts ist passiert, alt bin ich halt. Langsam geht's zu Ende und meine Augen haben sich als Erstes verabschiedet."

„Aber kann man denn da nichts tun? Ich sag Mama, sie soll den Arzt schicken. Und bist du überhaupt versorgt?"

„Lass es gut sein, Prinzessin", erwiderte der Alte. „Der Arzt war schon da. Das Leben geht einfach aus mir hinaus und irgendwo auf der Welt entsteht dafür ein anderes. So ist das nun einmal. Und verhungern muss ich auch nicht, weil die Lieselotte bringt mir jeden Tag zu essen."

Sissy ließ sich auf den Sessel neben dem Holztisch fallen und begann zu schluchzen. Das Schluchzen wurde ein herzzerreißendes Weinen. Sissy weinte, weil sie Abschied nehmen musste: von Pankraz, vom See, vom Schloss, von den Nussbäumen und den Weiden, von den Kaninchen, von Lieselotte, vom Bloßfüßiglaufen in der Wiese, vom Rosenstock im Hof.

Der Alte schwieg, bis Sissys Tränen versiegt waren. Dann fragte er: „Hat dir Nené die Kugel gegeben?"

„Ja, Pankraz, vor Kurzem."

„Gutes Mädl. Das war der richtige Zeitpunkt." Der Alte hustete. Er stand auf und tastete sich vor bis zu seinem Bett.

„Und jetzt lass mich allein, Prinzessin. Ich muss mich ein bissl ausruhen."

Sissy erhob sich, umarmte den Alten und lief davon. Es war das letzte Mal, dass sie Pankraz sah.

Abschied von Bayern

Am 16. April 1854, vier Tage vor der geplanten Abreise Sissys nach Wien, bestaunte man beim Galakonzert am Königshof in München die märchenhaft schöne, diademgeschmückte, aber sehr ernste zukünftige Kaiserin von Österreich. Mit großer Anteilnahme verabschiedeten die Diplomaten und Hofbeamten die junge Wittelsbacherin. Sissy hatte so viel Tränen geweint und war derart müde, dass sie diesmal nicht einmal der Menschenauflauf störte. Wie in Trance nahm sie die Huldigungen und Wünsche entgegen.

Vier Tage später nahm Sissy Abschied von München. Die Reise nach Wien war bis ins kleinste Detail durchgeplant. Die Braut, ihre Familie und das notwendige Personal sollten in Kutschen an die Donau reisen, dort ein Dampfschiff besteigen und stromabwärts fahren. Unterwegs waren zwei Übernachtungen eingeplant.

Der 20. April 1854 begann mit herrlichem Frühlingswetter. Leichte weiße Wolken zogen am Himmel dahin und sogar in der Stadt München nahm man den Duft der ersten Kirschblüten wahr.

Am frühen Morgen hatte Sissy die Messe in der Hauskapelle des Palais in der Ludwigstraße besucht. Obwohl sie nicht besonders religiös war, hatte sie die Jungfrau Maria um eine gute Zukunft für Franz Joseph und sich selbst gebeten.

Der darauf folgende Programmpunkt fiel Sissy besonders schwer: Das Personal hatte im Hof des Palais Aufstellung genommen, um sich von ihr zu verabschieden. So viele liebe, vertraute Gesichter blickten ihr entgegen und als Sissy jedem und jeder der dort Versammelten ein kleines Abschiedsgeschenk und die Hand zum Gruß reichte, spürte sie eine Welle aufrichtiger Anteilnahme.

Danach erschienen König Maximilian II. und der gesamte Zweig der königlichen Wittelsbacher Familie zum Abschiedsbesuch. Nach diesem offiziellen Teil war Sissy einen Augenblick lang allein im Empfangszimmer.

In die plötzliche Stille drangen Stimmen von draußen herein. Sissy trat ans Fenster und traute ihren Augen nicht: Die gesamte Ludwigstraße war voll von Menschen. Sie machte einen Schritt zurück und verbarg sich hinter dem Vorhang.

'Wer sind nur all die Menschen, die sich von mir verabschieden wollen?', dachte sie gerührt. Über die Antwort konnte sie schon nicht mehr nachdenken, denn Ludovika betrat den Raum.

„Es ist so weit, mein Kind, wir fahren."

Sissy atmete tief durch verließ an der Seite ihrer Mutter das Palais. Vor dem Tor stand Herzog Max und nahm seine Tochter gerührt in die Arme. Der sonst so schlagfertige Mann brachte kein Wort hervor. In der sechsspännigen Kutsche saß man gedrängt: Sissy, alle ihre Schwestern – also Helene, Marie, Mathilde und Sophie – und Ludovika nahmen darin Platz. In einer zweiten Kutsche saßen Herzog Max und die übrigen Kinder. Als sich der Tross in Bewegung setzte, brach Jubel los. Überwältigt von der Wärme, die Sissy aus der unübersehbaren Menschenmenge entgegenzuströmen schien, richtete sie sich auf. Helene sah, dass ihrer Schwester die Tränen über die Wangen liefen, und reichte ihr ein Taschentuch. Sissy verwendete es aber nicht etwa, um ihre Tränen zu trocknen, sondern hielt es hoch über ihren Kopf und winkte den Münchnerinnen und Münchnern zum Abschied damit zu.

Der alte Diener Leopold, der die Szene vom ersten Stock des Palais aus verfolgte, sah den sich bewegenden weißen Punkt noch lange, nachdem die Gesichter der Abreisenden längst nicht mehr erkennbar waren.

In allen Dörfern, die der Wagenkonvoi passierte, säumten Menschen die Straßen, überall wurden Arme in die Höhe gereckt, um der zukünftigen Kaiserin zuzujubeln, überall sah Sissy lachende Gesichter. In Straubing an der Donau hatte eine Blaskapelle Aufstellung genommen. Als Sissy aus der Kutsche stieg, wurde ihr von einem ungefähr fünfjährigen Mädchen und einem ebenso alten Buben ein Blumenstrauß überreicht. Im Chor sagten die beiden: „Wir wünschen der zukünftigen Kaiserin von Österreich alles Gute. Möge Gott sie und ihren zukünftigen Gemahl Kaiser Franz Joseph beschützen."

Böllerschüsse wurden abgegeben und Sissy zuckte zusammen. Fahnenschwinger vollführten ihre Kunststücke und der Bürgermeister hielt eine Festrede. Als unbeteiligte Besucherin eines solchen Spektakels wäre Sissy von dem bunten Treiben sicherlich begeistert gewesen. Im Mittelpunkt des Interesses aber fühlte sie sich mehr als überfordert und in ihrem dunklen Reisekleid war ihr außerdem zu heiß.

'Wenn doch wenigstens Franz Joseph bei mir wäre', dachte sie, 'dann würde sich nicht die gesamte Aufmerksamkeit auf mich richten.'

Aber Franz Joseph würde sie erst an der Schiffsanlegestelle in Nussdorf bei Wien erwarten.

Sissy sehnte sich danach, endlich an Bord des Schiffes gehen zu können. Dort, so hoffte sie, könnte sie sich ein bisschen ausruhen und müsste nicht ununterbrochen Hände schütteln. Endlich legte der Raddampfer „Stadt Regensburg" ab. Ein wohltuender, kühlender Wind streichelte Sissys Wangen, als sich das Schiff in Bewegung setzte, und sie blieb an Deck, obwohl Ludovika sie mehrmals warnte, sie würde sich erkälten. Die „Stadt Regensburg" erreichte am 21. April um zwei Uhr nachmittags Passau. Dort, an der Grenze zwischen Bayern und Österreich, standen wiederum zahllose jubelnde Menschen am Flussufer. Mit etwas Distanz von ein paar Metern zwischen sich – beziehungsweise dem Schiff – und der begeisterten Menge tat sich Sissy leichter damit, das zu erfüllen, was man von ihr erwartete: zu lächeln, zu winken und wieder zu lächeln. Es machte ihr sogar Spaß, die eine oder andere Kusshand in die Menge zu werfen. In Passau schlossen sich der „Stadt Regensburg“ zwei weitere Dampfer an und zahlreiche kleine, mit Blumen geschmückte Ruderboote umschwirrten die großen Schiffe. Waghalsige Burschen kamen mit ihren Booten den Dampfern gefährlich nahe und warfen Blumensträuße an Bord. Je weiter die drei Dampfschiffe sich von Passau entfernten, desto mehr Ruderboote blieben zurück. Der Schiffskonvoi fuhr durch Oberösterreich und sollte gegen sechs Uhr abends Linz erreichen.

Sissy hatte sich während der Reise in ihre Kajüte zurückgezogen. Sie nickte ein, kaum dass sie auf einem der bequemen Polstersessel Platz genommen hatte. Ihr blieb aber nie viel Zeit zum Ausruhen: Jedes Mal, wenn eine größere Ortschaft passiert wurde, holte man sie an Deck, damit sie sich dem Volk zeigte.

Fahrt durch Österreich

Eine Stunde vor dem Eintreffen in Linz betraten Ludovika und die bereits zum Wiener Hofstaat gehörenden Kammerzofen die Kajüte, um Sissy beim Umziehen zu helfen. Im Linz stand nicht nur die zweite Übernachtung bevor, sondern man hatte auch einen großen Empfang mit anschließender Theatervorstellung vorbereitet. Das Stück hieß „Die Rosen der Elisabeth" und war eigens für diesen Anlass verfasst worden.

Ludovika hatte ihre Tochter den ganzen Tag über heimlich beobachtet und machte sich Sorgen, dass Sissy das Abendprogramm nicht durchhalten würde.

„Wie fühlst du dich, Kind?", fragte sie, während rund um sie die Zofen umherschwirrten, hier Ärmel zurechtzupften und dort Röcke glatt strichen.

Sissy wusste darauf keine Antwort. Sie war viel zu erschöpft, um die Gefühle, die sie erfüllten, zu sortieren oder gar benennen zu können. Aber sie sah den besorgten Gesichtsausdruck ihrer Mutter und sagte deshalb: „Ein bisschen müde, aber je näher ich Wien und damit Franz Joseph komme, desto mehr freue ich mich."

Dann spürte Sissy einen Ruck, der durch das Schiff ging.

'Das ist also meine erste Station in Österreich', dachte sie, als sie das Deck betrat. Durch einen Triumphbogen schreitend erreichte sie das Ufer. Suchend blickte sie sich nach dem kaiserlichen Gesandten um, der sie seit Passau begleitet hatte. Ohne ihn war sie hilflos; er hatte die Aufgabe, ihr den Weg weisen und die verschiedenen Redner zu ihr vorzulassen. Er hatte ihr doch fest versprochen, nicht von ihrer Seite zu weichen. Da endlich löste sich eine Gestalt aus der Menschentraube.

„Franz Joseph!" Sissy vergaß alle Vorsätze, die sie gefasst hatte, und ließ ihren Gefühlen freien Lauf. Sie schoss auf ihren Bräutigam zu und warf sich in seine Arme.

„Wie kommst du hierher? Ich hab gedacht, wir sehen einander erst morgen in Nussdorf."

„Ich habe es nicht mehr ausgehalten, Sissy. Ich bin heute zeitig früh mit dem Schiff hergefahren. Ist mir die Überraschung gelungen?"

„Und wie!", seufzte Sissy selig.

Dann lauschten sie Arm in Arm der Ansprache des Gemeindevorstehers:

„Im Namen der Stadt wage ich die ehrfurchtvollste Bitte, die Huldigung ihrer Bewohner gütigst anzunehmen und ihnen auch in Zukunft die landesmütterliche Gnade zu bewahren. Die Stadt Linz fühlt sich hochbeglückt, die erste zu sein, in welcher Eure Hoheit, während Ihrer Vermählungsreise auf österreichischem Boden verweilen. Als Vertreter dieser Stadt erlaube ich mir, Euer Hoheit die Versicherung der tiefsten Verehrung und innigsten Hingebung zu Füßen zu legen. Mehr als der schwache Ausdruck meiner Worte möge der allgemeine Jubel beweisen, dass Eure Hoheit bereits die Gebieterin der Herzen aller Österreicher sind."

Nach den Worten des Gemeindevorstehers setzte tosender Applaus ein, gemischt mit lauten Vivat-Rufen. Hüte wurden in die Luft geschleudert und ein Chor stimmte das der zukünftigen Kaiserin gewidmete Lied „Rose von Baierland" an.

Sissy schwankte zwischen Lachen und Weinen. Sie war so glücklich, Franz Joseph an ihrer Seite zu haben, und gleichzeitig so entsetzlich müde. Am liebsten hätte sie ihn an der Hand genommen, um mit ihm ein Stück an der Donau entlangzulaufen. Als sie ihm ihren Gedanken ins Ohr flüsterte, drückte er ihre Hand ganz fest.

Nach der Vorstellung im Theater brachte der Kaiser seine Braut in die Unterkunft im Linzer Landhaus. Gemeinsam standen sie auf dem Balkon und blickten auf die erleuchtete Stadt. In den Fenstern der Wohnhäuser flackerten Kerzen und auf den umliegenden Hügeln hatte man Freudenfeuer entzündet.

„Wie damals in Ischl", sagte Sissy leise.

„Das stimmt", antwortete Franz Joseph. „Mit dem einen großen Unterschied: Jetzt müssen wir uns nur noch für ein paar Stunden voneinander trennen."

Um halb fünf Uhr morgens war der Kaiser bereits wieder auf dem Weg zurück nach Wien. In Linz hatte er seine Braut schließlich nur inoffiziell begrüßt, er musste rechtzeitig bei Ankunft des Schiffes in Galauniform am Nussdorfer Ufer stehen.

Auch Sissy konnte nicht ausschlafen. Um acht Uhr morgens legte der Raddampfer „Franz Joseph" in Linz ab. Das Schiff glich mehr einer Gartenlaube als einem Transportmittel: Auf Deck waren Blumenrabatte angelegt worden, eine mit Kletterrosen überzogene Laube sollte der jungen Braut Schatten spenden. Rosen zierten auch die Schiffswände und die Kajüte, die Sissy zur Verfügung stand, war mit rotem Samt ausgekleidet.

Ludovika sah die bayrische und die österreichische Fahne in trauter Zweisamkeit im Wind flattern.

'Hoffentlich', dachte sie, 'hoffentlich verlaufen die Lebenswege der beiden so parallel, wie diese Flaggen im Wind stehen.'

Sissy war von der Ausstattung der „Franz Joseph" überwältigt. „Ein Schiff, das nicht nach Schiff riecht, sondern wie der Englische Garten im Frühsommer", sagte sie lachend zu Helene, die – was Sissy ihr hoch anrechnete – die ganze Fahrt über nicht von ihrer Seite wich. Helene sah, dass Sissy sich heute wohler fühlte als gestern – der Überraschungsbesuch des Kaisers war also gerade recht gekommen. Heute flitzte die junge Wittelsbacherin zwischen Back- und Steuerbord hin und her und winkte begeistert zum linken und rechten Flussufer. Die Ermahnungen, sie möge doch etwas vorsichtiger sein, schien Sissy nicht einmal zu hören. Der kaiserliche Gesandte erklärte die Ortschaften und Gebäude, an denen das Schiff vorbeiglitt. Man passierte das Stift Melk sowie die Burg Dürnstein, in Stein an der Donau stimmte ein Kinderchor die Kaiserhymne an, am Kremser Ufer wurden Böller geschossen, dann kam Tulln und schließlich Klosterneuburg. Vor allem in den Städtchen der Wachau konnte Sissy das Ufer oft kaum erkennen, weil sich derart viele Menschen versammelt hatten, um sie zu sehen. Keiner arbeitete an diesem Tag, die Geschäfte und Ämter waren geschlossen und den Kindern hatte man schulfrei gegeben.

Rechtzeitig vor der Ankunft in Nussdorf wurde Sissy umgekleidet. Sie tauschte das einfache Reisekleid gegen eines der „Putzkleider", also eine der Roben für festliche Anlässe, die auf der Liste ihrer Ausstattung vermerkt waren. Das Kleid war zartrosa und hatte einen ausladenden Rock, ein Spitzenumhang zierte Sissys Schultern und auf ihrem hochgesteckten Haar thronte ein kleines weißes Hütchen.

Kaum trug sie das Kleid, in dem sie Franz Joseph offiziell gegenübertreten sollte, wurde Sissy unendlich nervös. Nicht einmal die Scherze von Mapperl, ihrem jüngsten Bruder, konnten sie aufheitern. Sissy wollte, nachdem sie fertig angekleidet war, sofort wieder an Deck. Ludovika konnte ihre Tochter gerade noch festhalten.

„Du kannst jetzt nicht mehr hinaus, Kind. Du bleibst in der Kajüte, bis du geholt wirst."

„Aber Mama, bis Nussdorf dauert es noch eine Stunde! Ich kann doch nicht einfach hier stehen bleiben. Es ist heiß und die Krinoline drückt. Außerdem ist mir schlecht."

Ludovika sah, dass ihre Tochter totenblass war. Aber sie konnte ihr jetzt nicht helfen.

„Du rührst dich nicht vom Fleck und du setzt dich jetzt auch nicht mehr nieder! In einer Stunde werden alle Augen auf dich gerichtet sein. Stell dir vor, was die Leute sagen werden, wenn sie auch nur eine einzige

Falte in deinem Kleid sehen, wenn sich auch nur eine Strähne aus deiner Frisur löst. Also: Reiß dich zusammen – oder willst du deine zukünftige Schwiegermutter gleich bei der Ankunft verärgern?“

Sissy schwieg und blickte um sich: Sie sah eine ungewöhnliche Härte in den Augen ihrer Mutter, Mitleid in denen ihrer Gouvernante und Neugier in jenen der beiden neuen Zofen. Sie erreichte es allerdings, dass ihr Korsett noch einmal gelockert wurde. So konnte sie wenigstens etwas leichter atmen.

Dann war es endlich so weit: Sie wurde geholt und exakt an derjenigen Stelle des Schiffes postiert, von der aus sie ihren zukünftigen Ehemann begrüßen sollte. Sissy stand dort wie angewurzelt und blickte in die Richtung, in der die Schiffsanlegestelle in Sicht kommen würde.

Ankunft

Auch in Nussdorf war bereits alles und jeder auf seinem Platz: Franz Joseph stand einige Schritte vor seiner Mutter, dahinter waren die Würdenträger des Reiches und wiederum dahinter die Minister und Aristokraten versammelt. Zwischen den ersten Häusern und dem Ufer hatte man eine goldene Triumphhalle errichtet, in der die Braut die diversen Willkommensgrüße entgegennehmen sollte. Franz Joseph sah den Raddampfer näher kommen. Noch konnte er keine Einzelpersonen ausmachen, aber jetzt formten sich die einzelnen Farbflecke zu Gesichtern. Er erkannte, dass auch Sissy ihn wahrgenommen hatte und zur Reling vorlaufen wollte, aber von ihrer Mutter im letzten Augenblick zurückgehalten wurde. Er sah auch den verzweifelten Gesichtsausdruck seiner Braut. Das Schiff legte an, Taue wurden ans Ufer geworfen und vier Männer packten die Landungsbrücke, um sie auszufahren.

'Jetzt oder nie', dachte Franz Joseph und sprang – ganz gegen das Zeremoniell – an Bord des Dampfers, noch bevor die Männer den Steg in Position gebracht hatten. Ein Raunen ging durch die Menge, als der Kaiser auf seine Braut zulief, sie auf beide Wangen küsste und sie auf diese Weise willkommen hieß.

„Keine Angst, jetzt bin ich da", flüsterte er ihr ins Ohr.

Sissy fiel ein Stein vom Herzen, ein Lächeln umspielte ihre Lippen und schließlich strahlte sie über das ganze Gesicht. In diesem Moment wurde die Luft vom Knallen vieler Böllerschüsse erfüllt. Alle Glocken der Umgebung begannen zu läuten, dazwischen hörte man „Hoch Elisabeth"-Rufe aus unzähligen Kehlen. Die am Ufer versammelten Menschen, Hofgesellschaft wie Volk, hatten die Botschaft dieser spontanen Geste verstanden: Der Kaiser liebte seine Braut – ein hoffnungsfroheres Signal für die Zukunft Österreichs konnte es gar nicht geben.

'Ein schönes Paar', dachte auch Erzherzogin Sophie, die nun über den schwankenden Landungssteg an Bord kam. Sie war stolz auf ihren Sohn in seiner eleganten Marschallsuniform mit dem breiten Band des Hubertusordens. Eben wandte er sich seiner Schwiegermutter zu und begrüßte diese mit einem Handkuss.

Nun begann der offizielle Teil des Spektakels: Sissy verließ am Arm ihres zukünftigen Gatten an der Spitze der Verwandtschaft das Schiff. Als sie festen Boden unter den Füßen spürte, schwankte sie ein wenig und Franz Joseph, der das als Einziger bemerkte, hielt sie umso fester. Wieder ertönten laute Jubelrufe. Die Triumphhalle, die Sissy nun betrat, mutete wie ein Zauberkabinett an. Überall hingen funkelnde Spiegel, kostbare Teppiche bedeckten den Boden, von der Decke hingen Blumenampeln, aus denen die Blüten in Kaskaden herabzufließen schienen. Seitlich waren für Würdenträger, Vertreter ausländischer Staaten, Adel, die Geistlichkeit, hohe Militärs und den Wiener Gemeinderat Tribünen aufgestellt. Sissy war erleichtert, endlich sitzen zu können. Ihre Schuhe drückten – wie gerne hätte sie sie von sich geschleudert, wie sie das in Possenhofen tat, wenn sie lange Wanderungen hinter sich hatte.

Nun setzte sich Franz Joseph an Sissys Seite und Erzbischof Kardinal Rauscher ergriff das Wort zur Begrüßungsrede.

„Er wird uns auch trauen", flüsterte Franz Joseph Sissy zu.

„Hoffentlich fasst er sich dann kürzer, bei unserer Hochzeit müssen wir sicher stehen", kommentierte Sissy Kardinal Rauschers Hang zur Weitschweifigkeit.

Nach der Rede des Kardinals bat der Kaiser die Würdenträger einzeln zu sich, um sie seiner Braut vorzustellen. Eine geschlagene Stunde lang nickte Sissy, lächelte, dankte huldvoll für Wünsche – und merkte sich keinen einzigen Namen.

„Was kommt jetzt?“, fragte Sissy, als die Zeremonie vorbei war.

„Jetzt fahren wir nach Schönbrunn. Ich fürchte, auch dort musst du etlichen Leuten vorgestellt werden – der Hofstaat wartet auf dich.“

Sissy stöhnte innerlich auf, vermied es aber, ihre Gefühle in Worte zu fassen. Sie drehte sich um und sah ihren Vater, der soeben erfahren hatte, dass er für die Fahrt nach Schönbrunn eine Kutsche mit Erzherzogin Sophie teilen musste. Herzog Max fing den Blick seiner Tochter auf und verzog das Gesicht zu einer dramatischen Grimasse. Sissy hielt sich rasch ein Spitzentaschentuch vor die Nase, um nicht laut loszulachen. Dann kletterte auch sie in die bereitstehende Kutsche.

Die Fahrt ging durch die Wiener Stadtteile Döbling, Währing, Hernals und über die von wunderbaren Alleebäumen gesäumte Straße hinauf Richtung Schmelz. Dort befand sich ein großer Exerzierplatz. In den angrenzenden Vorstadtstraßen hatten im Revolutionsjahr 1848 heftige Kämpfe stattgefunden. Nun aber standen die Menschen auch dort Kopf an Kopf, schwenkten blau-weiße und schwarz-gelbe Fähnchen und ließen Sissy hochleben. Vom Hügel der Schmelz führte die Straße bergab und momentweise konnte man von oben bereits einen Blick auf die Anlage des Schlosses Schönbrunn werfen. Sissy stockte der Atem – etwas so Prunkvolles hatte sie noch nie gesehen. Franz Joseph bemerkte, was in seiner Braut vor sich ging, und erklärte: „Das Schloss hat mehr als tausendvierhundert Zimmer. Auf der anderen Seite befindet sich ein riesiger Park und, was dir besonders gefallen wird: Es gibt einen Tiergarten.“

‘Seltsam’, dachte Sissy, ‘das habe ich doch schon einmal gehört.’

Sie grübelte aber nicht weiter, denn die Freude überwog: Mit der Möglichkeit, in Zukunft wilde Tiere beobachten zu können, wann immer sie wollte, hatte sie nicht gerechnet.

Als der Konvoi im Schlosshof hielt, verflog die Vorfreude: Die Menschen standen hier dichter als sonst wo, die Lautstärke der Vivat-Rufe war unerträglich. Am liebsten hätte Sissy sich die Ohren zugehalten. Ihr dröhnte der Kopf, als Franz Joseph sie ins Innere des Schlosses führte.

„Ich kann nicht mehr, Franz", stöhnte sie.

„Ein letztes Mal noch", bat dieser. „Zeig dich noch einmal auf dem Balkon. Vergiss nicht: Als Kaiserin gehört das zu deinem Beruf."

Also trat Sissy noch einmal hinaus, winkte, grüßte, lächelte und drehte sich nach allen Seiten.

Im großen Salon ging der Festakt weiter: Erzherzogin Sophie stellte der zukünftigen Kaiserin alle weiblichen Mitglieder des Hauses Habsburg vor. Namen und Gesichter zogen an Sissy vorüber, es wurde geknickst und, wie man es ihr befohlen hatte, schenkte sie jeder der Anwesenden ein Lächeln. Nun begann dieselbe Prozedur mit den männlichen Familienmitgliedern. Diesmal war es Franz Joseph, der vorstellte, erklärte, aufzählte. Anschließend wurde die Wittelsbacher Verwandtschaft vorgestellt, zuletzt die Hofbeamten.

„Ich habe Hunger", flüsterte Sissy.

„Hab noch etwas Geduld, es ist bald vorbei", versuchte Franz Joseph seiner Braut Mut zuzusprechen. Man hatte Sissy auf der Fahrt nach Wien bereits darauf aufmerksam gemacht, dass die Tage bis zur Hochzeit recht strapaziös sein würden; derart mühsam hatte sie sich den Empfang allerdings nicht vorgestellt.

Irritiert blickte Erzherzogin Sophie zu dem tuschelnden Paar hinüber. Auch ihre Nerven waren zum Zerreißen gespannt. Dem Volk schien die junge Braut ja durchaus zu gefallen, aber nun galt es, vor dem Hof zu bestehen, und die Erzherzogin wusste genau, dass jeder Protokollfehler, jede sprachliche Entgleisung, und sei sie noch so minder, ein Grund für Tratsch waren. Bereits vor einigen Tagen hatte ein Missgeschick Unruhe ausgelöst. Die Diamantenkrone, die Sissy als Hochzeitsgeschenk erhalten sollte, war durch die Ungeschicklichkeit eines Bediensteten heruntergefallen und beschädigt worden und musste rasch repariert werden. Der Diener wurde sofort entlassen, aber der Vorfall machte in Windeseile die Runde. Es sei ein böses Omen, so flüsterte man, wenn die Krone vor der Übergabe zu Boden fiel.

Sophie konnte weitere Pannen im Ablauf ganz und gar nicht gebrauchen und so wachte sie mit Argusaugen über dem Verhalten ihrer Schwiegertochter. Sie zuckte zusammen, als diese ihrer Freude über das kostbare Hochzeitsgeschenk viel zu laut Luft machte. Sophie wies Sissy mit einem Blick zurecht und diese senkte ihre Lider.

Unermüdlich wurde das Protokoll weiter abgespult. Beim nächsten Programmpunkt stiegen der jungen Braut Tränen der Rührung in die Augen: Der Kaiser belohnte die Gouvernante und Baronin Wulffen für ihre Dienste. Sie wurden nun nicht mehr gebraucht. Die Schultern der sonst so beherrschten Baronin Wulffen zuckten, als sie dem Kaiser gegenübertrat, und die Gouvernante schluchzte laut auf.

Als die Gäste den Salon verlassen hatten und nur mehr die Wittelsbacher Familie sowie Franz Joseph und dessen Mutter im Raum waren, wandte sich Sissy noch einmal an den Kaiser: „Kann ich jetzt bitte einen Bissen Brot bekommen? Ich hatte auf dem Schiff keine Zeit mehr zu essen und jetzt ist mir schon ganz flau im Magen."

„Ich werde einen Imbiss bringen lassen", sagte Erzherzogin Sophie knapp. Der Ton in ihrer Stimme ließ keinen Zweifel darüber, dass sie diese unvorhergesehene Unterbrechung des Tagesablaufes zutiefst missbilligte. „Zuvor aber werde ich dich in deine Räumlichkeiten führen. Du wirst dort deine neuen Hofdamen und dein Personal kennen lernen."

Sophie sah ihre Schwiegertochter auffordernd an. Sissy blickte sich nach Franz Joseph um.

„Kommst du nicht mit?", fragte sie ihn.

„Nein, ich habe noch zu tun. Außerdem wirst du gleich im Anschluss für das Galadiner heute Abend hergerichtet. Und dabei habe ich nichts verloren!"

Der Kaiser lächelte schelmisch.

Sissy war gar nicht wohl dabei, mit ihrer Schwiegermutter alleine zu sein. Sie folgte ihr durch unzählige Räume.

'Wie damals in meinem Traum!', dachte sie, nur dass sie die Türen hier nicht selbst zu öffnen brauchte. Vor jeder Türe stand ein Türhüter, dessen Aufgabe es war, die Klinke herunterzudrücken und den Türflügel zu öffnen, sobald sich ein Mitglied des Hofes von einem Raum in den anderen begeben wollte.

Als sie die entsprechenden Räumlichkeiten erreichten, staunte Sissy nicht schlecht. Ihr war folgendes Personal zugeteilt worden: ein Sekretär, eine Kammerfrau, zwei Kammerdienerinnen, zwei Kammermädchen, ein Kammerdiener, ein Kammertürhüter, vier Leiblakaien, ein Hausknecht sowie ein Kammerweib.

Sissy wandte sich fragend an ihre Schwiegermutter: „Aus welchem Grund habe ich derart viel Personal? Die Hälfte wäre doch schon mehr als genug!“

„In wenigen Stunden, Kind, wirst du Kaiserin Elisabeth von Österreich sein. Der ganze Hof würde über dich lachen, wenn du weniger Personal hättest – oder soll die Kaiserin ihre Schuhe etwa selbst putzen? Den Aufgabenbereich des Personals werden dir deine Hofdamen erklären. – Tritt ein.“

Der Türkämmerer waltete seines Amtes und öffnete Sissy und ihrer Schwiegermutter mit einer tiefen Verbeugung die Türe.

‘Ob ich irgendjemandem von diesen Leuten sagen kann, dass ich jetzt wirklich dringend etwas zu essen brauche?’, dachte Sissy. Im nächsten Moment erstarrte sie. Ihr gegenüber stand Gräfin Marie Sophie Esterházy, der sie zuvor schon einmal begegnet war. Die Augen der Gräfin waren so hart und ihr Gesicht so starr, dass Sissy erschauerte.

„Gräfin Esterházy kennst du ja schon“, sagte die Erzherzogin. „Sie wird dich mit den Gebräuchen am Hof vertraut machen. Ihr zur Seite stehen Gräfin Paula Bellegarde und Gräfin Karoline Lamberg. Und hier – Obersthofmeister Fürst Lobkowitz.“

Sissy nickte zum Gruß und spürte einen Kloß in ihrem Hals. Diese Frau sollte sie nun tagtäglich um sich haben? Etwas leichter wurde ihr beim Anblick der beiden jungen Gräfinnen. Sie schienen freundlich und weit weniger streng. Auch der Obersthofmeister war Sissy sympathisch.

Sissy lächelte ihren beiden jüngeren Hofdamen noch einmal zu.

‘Ich muss Sissy sagen’, notierte sich Sophie im Geiste, ‘dass sie keinerlei persönliche Bindung zu den beiden jungen Hofdamen aufbauen darf.

Und wenn sie sich nicht dran hält, wird es mir Gräfin Esterházy sicher melden.'

In diesem Moment öffnete sich die Türe und der Kammerdiener erschien mit einem kleinen Imbiss. Er deckte ein zierliches Tischchen und Sissy setzte sich.

„Ich werde dich jetzt mit dem Personal alleine lassen", sagte Sophie. „Wir sehen uns beim Diner wieder."

Die Erleichterung, den Augen der Schwiegermutter für einige Zeit zu entkommen, hielt nicht lange an. Während Sissy aß, standen die Hofdamen nach wie vor im Zimmer, nur Fürst Lobkowitz hatte den Raum verlassen. Es war so still, dass Sissy das Geklapper von Messer und Gabel peinlich war. Sie bemühte sich, möglichst kleine Bissen zu sich zu nehmen, so wie sie es gelernt hatte.

'Warum sagen die drei nichts?', überlegte Sissy fieberhaft. 'Ob ich sie etwas fragen sollte? Aber ich kann doch jetzt nicht sprechen, schließlich habe ich den Mund voll. Ich hasse es, beim Essen beobachtet zu werden. Ob ich sie wegschicken kann? Aber sie müssen mir ja zur Verfügung stehen. Ich muss Franz Joseph fragen, wie ich mit den Hofdamen umgehen soll.'

Sissy brachte in dieser gespannten Situation nur einige wenige Bissen hinunter. Sie legte das Besteck beiseite und stand auf. Die Hofdamen blickten sie weiter aufmerksam an.

„Ich bin fertig", sagte Sissy leise. Sofort verschwand eine der Hofdamen und kam einige Momente später mit einem Diener wieder, der die Speisen abtrug. Unmittelbar darauf erschienen Kammerfrau und Kammerdienerinnen, um Sissy für die abendliche Gala herauszuputzen. Sissy wurde unruhig. Seit ihrer Abreise von München war sie von Hunderttausenden Augenpaaren angestarrt worden und praktisch keine Sekunde alleine in einem Raum gewesen. Sie sehnte sich danach, die Schuhe auszuziehen, die Füße hochzulegen oder ganz einfach still ihren Gedanken nachzuhängen.

„Was für ein Getue!", fuhr sie die Bediensteten an. „Ich kann mich selbst anziehen! Das habe ich schließlich bis jetzt auch immer getan!"

Erschreckt verließen die Kammerdienerinnen und die Kammerfrau den Raum. Sissy atmete auf, aber bereits eine Minute später erschien Gräfin Esterházy.

„Hoheit, ich darf Sie darauf aufmerksam machen, dass Sie sich nicht alleine ankleiden dürfen. Das würde keinen guten Eindruck machen. Ich werde die Mädchen nun wieder hereinschicken und bitte darum, sie nicht noch einmal zu erschrecken."

Sissy nickte beschämt. Sie hatte die drei nicht brüskieren wollen, sie war nur einfach völlig erschöpft und hatte ihrer Verzweiflung am falschen Ort Luft gemacht.

Kammerdienerinnen und Kammerfrau traten wieder ein. Sissy lief auf die drei zu und fasste sie an den Händen: „Ich bitte vielmals um Entschuldigung, es war nicht so gemeint. Mein Zorn hat sich nicht gegen euch gerichtet – das war ungerecht."

Konfrontiert mit Sissys Reaktion wirkten die drei Dienerinnen noch verschreckter.

„Hoheit", ertönte wiederum die strenge Stimmer der Obersthofmeisterin. „Ich darf Sie ebenfalls darauf aufmerksam machen, dass sie mit dem Personal nicht derart vertraulich umgehen dürfen. Es wäre nicht notwendig gewesen, sich derart emphatisch zu entschuldigen."

Nun platzte Sissy der Kragen: „Verehrte Gräfin, ich darf Sie darauf aufmerksam machen, dass ich mich entschuldige, bei wem und auf welche Weise ich will. Sie können das ruhig auch meiner Schwiegermutter mitteilen."

Beleidigt verließ die Obersthofmeisterin den Raum. Die Kammerdienerinnen sagten kein Wort, versuchten aber, Sissy den Vorgang des Umkleidens so bequem wie möglich zu machen.

Als Erzherzogin Sophie ihre Schwiegertochter anschließend kritisch musterte, fand sie äußerlich nicht das Geringste auszusetzen. Jedes Haar befand sich an seinem Platz, nicht eine Falte zeigte sich an einem Ort, wo sie nicht hingehörte. Über den Vorfall mit Gräfin Esterházy wusste Sophie selbstverständlich bereits Bescheid, erwähnte ihn aber mit keinem einzigen Wort.

In Begleitung ihrer Schwiegermutter betrat Sissy den Saal, in dem für das Galadiner gedeckt war, und wurde zu ihrem Platz an der Seite des Kaisers geleitet. Franz Joseph versuchte seiner Braut mit einem aufmunternden Lächeln Vertrauen einzuflößen, aber was Sissy rund um sich wahrnahm, war in keiner Weise ermutigend. Hatte sie bei der Fahrt hierher noch aufrichtige, freundliche Anteilnahme gespürt, die ihr von den Wienern und Wienerinnen entgegengebracht wurde, so sah sie sich hier mit der abschätzigen Neugierde der Hofgesellschaft konfrontiert. Sie wurde von unzähligen erbarmungslosen Augenpaaren gemustert: Was hatte man über die kleine Wittelsbacherin erzählt? Sie halte sich lieber im Stall auf als in ihrem Boudoir? Sie könne nicht einmal richtig Französisch? Schloss Possenhofen sei ein heruntergekommenes Anwesen, eine richtige Bettelwirtschaft? Nun ja, sie stammte eben nur aus einer Nebenlinie, aber wenn der Kaiser meinte, er müsse sie heiraten …

Und die Person, die der Hofgesellschaft an diesem Abend präsentiert wurde, war wirklich alles andere als beeindruckend: Da saß eine junge, sehr unsichere Frau, eigentlich noch ein Kind, mit vom Schlafmangel geröteten Augen. Gewiss, die Braut war hübsch, aufs prächtigste gekleidet, aber sie machte ein sehr ernstes Gesicht. Gar nicht wie eine glückliche Braut und schon gar nicht wie eine zukünftige Kaiserin.

Sissy suchte an der riesigen Tafel nach ihrer Familie. Da war ihre Mutter, nicht gerade in Reichweite, und warum um Himmels willen hatte man ihren Vater ganz an das andere Ende des Tisches verbannt?

So blieb Sissy nichts anderes übrig, als den ganzen Abend lang mit Menschen, die sie noch nie zuvor gesehen hatte, Konversation zu machen. Sie antwortete einsilbig auf alle Fragen und versuchte dabei krampfhaft, ihren bayrischen Dialekt zu unterdrücken. Man hatte ihr gesagt, sie würde ausgelacht, sollte ihr zu viel davon entschlüpfen. Und ausgelacht wollte sie nicht werden, nicht an ihrem ersten Tag bei Hofe und an keinem anderen, der noch kommen würde.

Glücklicherweise dauerte das Diner nicht ewig. Gräfin Esterházy begleitete Sissy in ihr Appartement. Die Kammerdienerinnen kamen, entkleideten Sissy, wuschen sie und streiften ihr das Nachtgewand über. Sissy hatte nicht mehr die Kraft, Einspruch zu erheben oder sich zu wehren. Zu allem Übel erschien die Obersthofmeisterin noch einmal und drückte ihr ein Schriftstück in die Hand.

„Es handelt sich um das morgige Programm für ihre Ankunft in Wien, Hoheit. Ich darf Sie bitten, das Papier heute noch eingehend zu studieren, damit es morgen keine Zwischenfälle gibt."

Sissy nahm die Liste entgegen und kroch ins Bett. „Zeremoniell bei dem öffentlichen Einzug Ihrer Hoheit der durchlauchtigsten Prinzessin Elisabeth" stand darauf vermerkt. Zu viel mehr als der Überschrift kam die „durchlauchtigste Prinzessin" aber nicht. Schon nach den ersten Zeilen war sie eingeschlafen und das Schriftstück glitt zu Boden.

Einzug in Wien

Am nächsten Morgen erwachte Sissy durch ein Rascheln neben ihrem Bett. Sie öffnete die Augen und blickte in das strenge Gesicht der Gräfin Esterházy, die soeben dabei war, die Papiere aufzuheben, die neben dem Bett lagen.

Schlaftrunken richtete sich Sissy auf und hatte sofort das Gefühl, sich verteidigen zu müssen. „Ich bin gestern nicht mehr dazugekommen, die Anweisungen zu lesen. Wenn Sie mir die Papiere hier lassen, studiere ich sie beim Frühstück."

„Dazu ist keine Zeit mehr, Hoheit. Wie sie dem Programm hätten entnehmen können, brechen wir demnächst zur Favorita auf. Dort findet die Toilette statt und von dort nimmt der feierliche Zug auch seinen Ausgang", bemerkte die Obersthofmeisterin schnippisch.

„Und was ist die Favorita?", erkundigte sich Sissy.

„Das ehemalige Stadtschloss der Kaiserin Maria Theresia. Und jetzt darf ich Hoheit bitten, sich zu beeilen."

Sissy quälte sich aus dem Bett und trat ans Fenster. Erstmals betrachtet sie den wunderbaren Park näher. Das frische Grün tat ihren Augen gut und zu ihrer Überraschung spazierte unter dem Fenster ein Pfauenpaar vorbei. Das Pfauenmännchen schlug ein Rad und verdeckte seine im Kies pickende Gefährtin fast vollständig.

Sissy seufzte bei sich: 'Ich wünschte, Franz Joseph könnte mich auch von allem abschirmen, so wie es der Pfau mit seiner Frau macht …'

Ihre Gedanken wurden von der Kammerzofe unterbrochen, die zum Ankleideritual erschien. Beim Frühstück verlas Gräfin Esterházy mit monotoner Stimme dann doch das Tagesprogramm. Kurze Zeit später wurde Sissy samt ihrer Garderobe für diesen Tag in eine Kutsche verladen und in die Favoritenstraße gebracht, wo sich das Stadtschloss befand. Dort ging es erst richtig los: Die Toilette dauerte diesmal wirklich Stunden. Sissy musste währenddessen immer wieder aufstehen und ein wenig herumgehen, weil ihr die Füße einschliefen. Auch ihr Nacken war vom ewigen Stillhalten ganz steif. Nicht nur wurde ihr Haar auf komplizierte Art und Weise hochgesteckt, sondern auch das Diamantdiadem, das sie als Hochzeitsgeschenk erhalten hatte, wurde in die Frisur eingeflochten. Sissy hatte das Gefühl, als wiege ihr Kopf Tonnen. Weiters trug sie ein mit Silberfäden durchwirktes rosa Kleid, auf dem im passenden Farbton Girlanden aus Seidenrosen befestigt wurden. Durch das Fenster hörte Sissy immer wieder Kutschen ankommen und abfahren. Pferdegewieher und die Stimmen zahlloser Menschen vermischten sich zu einem permanenten Geräuschteppich. Sissy wünschte sich sehr, ihre Mutter oder Nené bei sich zu haben, aber sie bekam kein einziges Familienmitglied zu Gesicht.

Am Nachmittag war es dann endlich so weit: Sissy wurde vor das Schloss geführt, wo der Festzug bereits Aufstellung genommen hatte. An der Spitze des Zuges stand eine gläserne Kutsche, davor acht Lipizzaner, deren Mähnen mit roten und goldenen Quasten geschmückt waren. Auf den Köpfen der Tiere zitterten weiße Federbuschen, das golddurchwirkte Zaumzeug glitzerte in der Sonne. Sissy hätte sich am liebsten an die Flanke eines der Pferde geschmiegt, um wenigstens ein kleines bisschen Geborgenheit zu spüren.

Plötzlich hörte sie die Stimme ihrer Mutter neben sich: „Komm, Sissy, wir steigen ein.“

Erst jetzt begriff Sissy, dass sie es war, die in dem gläsernen Gefährt Platz nehmen sollte.

„Darin soll ich fahren? Darin soll ich den Wienern und Wienerinnen vorgeführt werden wie ein exotisches Tier? Das kann ich nicht! Wo ist überhaupt Franz Joseph?"

Sissy drehte sich um und wollte zurück in das Schloss. Ihre Mutter hielt sie fest und gemeinsam mit der Obersthofmeisterin gelang es ihr, die Tochter in die gläserne Kutsche zu bugsieren. Sissy begann unmittelbar darauf zu weinen. Die Tränen liefen und liefen und so sah Sissy nicht, dass der Zug von Hoftrompetern, Lakaien mit schneeweißen Perücken, Gardegendarmen in Galauniform, Grenadieren, Kürassieren, Hofbüchsenspannern und vielen mehr begleitet wurde. Der Weinkrampf steigerte sich und Ludovika war ratlos.

„Aber Sissy, um Himmels willen, beruhige dich. Schau doch, ganz Wien steht dir zu Ehren Spalier. Hör auf, Kind!"

Die Tränen flossen unaufhörlich.

„In ein paar Tagen ist alles vorbei. Verstehst du denn nicht, dass die Menschen ihre Kaiserin sehen wollen? Schau doch, wie die Stadt herausgeputzt ist. Alle, die hier stehen, wollen dir doch ihre Zuneigung beweisen. Du musst keine Angst haben."

Sissy reagierte nicht und Ludovika war nun wirklich verzweifelt. Was, wenn der Heulkrampf sich vollends zur Hysterie steigerte – was, wenn das Zeremoniell unterbrochen werden musste? Die Blamage war nicht auszudenken!

Rundherum war es entsetzlich laut, ununterbrochen wurden Artilleriesalven in die Luft gefeuert, dazwischen donnerten Böller. Kurz vor dem Stadttor hielt der Zug an und die Schüsse verstummten. Ludovika atmete erleichtert durch und auch Sissy schien sich für einen Augenblick zu beruhigen. Dann begann die Luft zu dröhnen: Die Glocken aller Kirchen Wiens ertönten und Sissy begann erneut zu schluchzen. Ludovika blickte ihre Tochter an: Unter der perfekten Frisur mit dem prächtigen Diamantdiadem befand sich ein wie zerstört wirkendes Gesicht. Ludovika sah Panik und Verzweiflung in den Augen ihrer Tochter und plötzlich überkam sie Mitleid. Sie dachte an ihre eigene Hochzeit, an die Gefühle, die damals in ihr hochgestiegen waren, als sie den ungeliebten Mann ehelichen musste. Ludovika ergriff Sissys Hand.

„Kind, Franz Joseph liebt dich, vergiss das nicht."

Sissy nickte und ihre Stimme klang heiser und rau, als sie sagte: „Aber er ist nicht bei mir, um mich vor dem zu beschützen, was da draußen vor sich geht."

Ludovika schwieg und ließ die Hand ihrer Tochter nicht mehr los, bis der Festzug vor der Hofburg hielt, Sissys neuem Zuhause.

Franz Joseph stand neben seiner Mutter vor dem Eingangsportal und blickte der Prunkkarosse entgegen. Eben öffnete der livrierte Lakai die Türe und schob die kleine Treppe vor, die der zukünftigen Kaiserin und deren Mutter das Aussteigen erleichtern sollte. Aber was war das? Sissy stolperte und griff sich an den Kopf. Das Diadem war an einer Verzierung des Wagens hängen geblieben. Ein Raunen ging durch die versammelte Hofgesellschaft und Franz Joseph lief los, um seiner Braut zu Hilfe zu eilen. Er erschrak, als er Sissys verweintes Gesicht sah.

„Eine halbe Stunde noch, édes szeretett lelkem, dann hast du es geschafft."

Tatsächlich verabschiedeten sich die anwesenden Mitglieder des Hofes recht bald und Sissy blieb mit Franz Joseph allein. In unausgesprochenem Einverständnis genossen sie die plötzlich herrschende Stille.

Nach einer Weile forderte Franz Joseph Sissy auf zu erzählen, was sie bedrückte.

„Ich weiß nicht, ob du dir vorstellen kannst, wie einsam ich heute war", begann sie. „Den ganzen Tag nur fremde Gesichter um mich herum, man hat keines meiner Familienmitglieder zu mir gelassen, Mama habe ich erst in dieser entsetzlichen Glaskutsche wiedergesehen. Glas, Franz! Das bedeutet, dass man aus allen Richtungen angesehen werden kann wie ein lebloses Museumsstück in einer Vitrine. Es war zu viel, einfach viel zu viel. Ich halte das ohne dich an meiner Seite nicht aus."

Franz Joseph hatte seiner Braut aufmerksam zugehört. Dennoch konnte er sich nicht genau vorstellen, was Sissy so in Unruhe versetzte.

„Aber wovor genau fürchtest du dich? Niemand will dir ein Leid zufügen – im Gegenteil. Ganz Wien, ganz Österreich ist stolz auf seine schöne Kaiserin. Aber es ist ja bald vorbei. Nach der Hochzeit bleiben wir noch eine Woche in Wien, um dich allen vorzustellen, und dann verbringen wir die Flitterwochen in Laxenburg."

„Es wird gut sein", antwortete Sissy, „wenn wir bald ein paar Tage für uns haben."

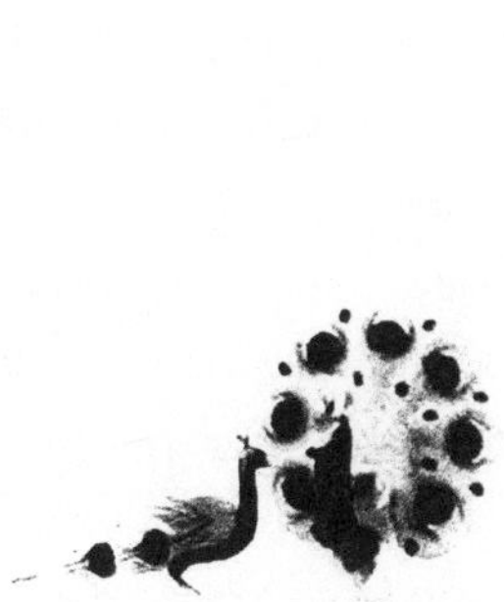

Vorgeschmack auf das Hofleben

Der Kaiser und seine Braut saßen noch ein Weilchen beisammen und plauderten über die geplanten Flitterwochen in Laxenburg.

„Aber möchtest du jetzt nicht dein neues Heim inspizieren?“, fragte Franz Joseph. „Meine Mutter hat die Räumlichkeiten extra für uns adaptieren lassen.“

„Ja, ich werde gehen. Ich muss mich ohnehin umziehen. Ich kann es nicht erwarten, endlich aus diesen Kleidern herauszukommen.“

Sissy erhob sich und folgte einer der Hofdamen, die sie in ihre Gemächer brachte. Diesmal war sie sogar froh darüber, dass ihr die Festtagsrobe vom Leib gezerrt wurde. Sie war derart erschöpft, dass sie sich nicht vorstellen konnte, wie sie ohne Hilfe aus der Krinoline gekommen wäre. In dem einfachen Kleid, das sie nun überzog, fühlte Sissy sich deutlich wohler.

Jetzt hatte sie auch Muße, sich etwas umzusehen. Sie spazierte durch die Räume und war erleichtert, dass der Bereich der Hofburg, den sie ab nun bewohnen würde, weit weniger prunkvoll war als die Räume in Schönbrunn, wenn man vom Salon und vom Spiegelsaal absah. Zusätzlich gab es noch ein Vorzimmer, einen Speisesaal, ein Kabinett und ein

Schlafzimmer. Alles war mit kostbaren Teppichen, Tapisserien und Vorhängen ausgestattet.

'Trotzdem fehlt hier etwas', dachte Sissy. Sie ging zurück in den Salon, wo sie ihren Bräutigam über die Unterlagen für das morgige Zeremoniell gebeugt fand.

„Franz, gibt es hier keine Küche? Ich habe mir alle Räume angesehen und sie sind wirklich sehr schön – aber wo wird denn hier für uns gekocht?"

„Sissy, die Mahlzeiten nehmen wir doch im Familienkreis ein – der hin und wieder durch den einen oder anderen geladenen Gast erweitert wird. Die zentrale Küche ist anderswo in der Hofburg untergebracht, nicht hier in unserem Trakt."

„Bedeutet das, dass wir nicht einmal während der Mahlzeiten allein sind?"

„So will es das Protokoll, Sissy. Aber du wirst sehen, es wird sehr gemütlich."

Sissy seufzte. Sie war zu müde, um sich heute noch auf die Diskussion einzulassen, wie ungezwungen sich ein frisch vermähltes Paar bei einem Essen geben konnte, dem die Schwiegereltern beiwohnten.

„Weißt du was?", riss Franz Joseph seine Braut aus ihren dunklen Gedanken. „Jetzt gehen wir das morgige Hochzeitszeremoniell gemeinsam durch. Die Obersthofmeisterin brauchen wir dazu nicht."

Die Perspektive, Gräfin Esterházy an diesem Tag nicht mehr sehen zu müssen, belebte die erschöpfte Sissy. Ihre Laune sank allerdings wieder, als sie die beiden eng beschriebenen Schriftstücke sah, die auf dem Tisch lagen.

Sissy begann zu lesen und traute ihren Augen nicht: Jeder Schritt war festgelegt, jede Geste, jedes Wort. Auf die Frage nach dem Grund für dieses strenge Reglement bekam Sissy einmal mehr zu hören, das Protokoll schreibe es eben so vor.

„Warum änderst du die Zeremonie eigentlich nicht? Du bist doch Kaiser und kannst darüber bestimmen, was am Hof passiert", fragte sie Franz Joseph.

„Das Leben hier richtet sich nach dem Spanischen Hofzeremoniell. Es ist nun einmal so, dass sich ein Kaiser anders verhalten muss, als sich ein Graf benimmt, und ein Graf wiederum anders, als es ein einfacher Bürger tut. Damit keinerlei Verwirrung entsteht, hält das Hofzeremoniell den Ablauf aller am Hof zu vollziehenden Handlungen fest. Und der Oberhofmarschall wacht darüber, dass diese Regeln auch eingehalten werden."

„Dass bedeutet aber, dass der Kaiser gar kein freier Mann ist. Dass er sich eigentlich an viel mehr Regeln halten muss als beispielsweise ein Bauer."

„Das mag sein, es gehört eben zu seinem Beruf. Ich würde allerdings sagen, dass sich ein Bauer einfach an andere Regeln zu halten hat."

Sissy schüttelte den Kopf und las schweigend weiter. Da stand etwas über aufwartende Generäle, Edelknaben und Schleppenträger sowie über allerhöchste und höchste Damen. Sissy verstand kein Wort.

„Was, bitte, sind appartementmäßige Damen?", fragte sie.

Der Kaiser gab bereitwillig Auskunft: „Je nach Rangordnung einer Dame bei Hof hat diese die Erlaubnis, dir zu bestimmten Stunden ihre Aufwartung zu machen. Appartementmäßige Damen stehen auf gesellschaftlich niedriger Stufe und werden nur nach erhaltener Ansage vorgelassen."

„Heißt das etwa, dass ich die so genannten allerhöchsten und höchsten Damen zu bestimmten Terminen empfangen muss, gleichgültig, ob ich sie sehen will oder nicht?"

„Genau das heißt es", antwortete Franz Joseph. „Gräfin Esterházy wird dich in den nächsten Tagen in die Gepflogenheiten bei Hof einweihen."

„Ich glaube nicht, dass ich mir das alles merken kann", meinte Sissy verzagt, „nicht die Rangordnung der Damen und nicht den morgigen Ablauf."

„So schlimm wird es nicht werden", beruhigte Franz Joseph seine Braut. „Halte dich einfach an mich und beobachte, was ich tue, dann wird alles gut gehen."

Nach einem leichten Abendessen, dass natürlich in Anwesenheit der engsten Familienmitglieder eingenommen wurde, bat Sissy, zu Bett gehen zu dürfen. Je früher sie sich zurückzog, dachte sie, desto früher habe sie ein wenig Zeit für sich allein. Und angesichts der Strapazen, die dieser Tag mit sich gebracht hatte, wurden Sissy auch keine weiteren Fragen gestellt.

Die letzte Nacht

Sissy atmete auf, als die Kammerzofe endlich das Zimmer verlassen hatte. In ihren Ohren dröhnten immer noch die Fanfaren, das Geklapper von Pferdehufen, die Jubelrufe und die Gewehrsalven.

In Possenhofen hatte sie das Geräusch des Windes in den Blättern des Baumes vor ihrem Fenster gehört, wenn sie einschlief, in München manchmal das Schnauben der Pferde ihres Vaters, die in den Stallungen im Hof untergebracht waren.

Und was war hier zu hören? Sissy versuchte sich zu konzentrieren. Plötzlich vernahm sie ein Klopfen an ihrer Türe. Sie setzte sich auf und sagte: „Ja, bitte?“

Die Zimmertüre öffnete sich und Helene schlüpfte herein. Scheinbar war sie schon im Bett gewesen, denn ihr Haar war bereits gelöst. In ihren Augen schwammen Tränen.

„Nené, um Himmels willen, was ist denn los?“

Sissy befürchtete, ihre Schwester sei jetzt, am Tag vor der Hochzeit mit Franz Joseph, von der Erinnerung an die Verlobung in Ischl eingeholt worden. Aber Helene schüttelte verneinend den Kopf, als Sissy sie danach fragte.

„Aber nein, das ist doch längst vorbei", schluchzte die große Schwester. „Mama hat eine Nachricht aus Possenhofen bekommen: Pankraz ist gestorben."

Sissy erstarrte. Der alte Pankraz, ihr Pankraz, der Mann, der sie so oft getröstet hatte, wenn sie traurig war, ihr zugehört hatte, wenn ihr etwas auf dem Herzen lag, der mit ihr gelacht hatte, wenn sie sich über etwas freute – Pankraz sollte tot sein?

Die Schwestern sahen einander an. Dann nahm Helene Sissys Hand und begann, ein Vaterunser zu beten. Sissy fiel ein. Gemeinsam baten sie Gott den Herrn, den alten Fischer zu sich in den Himmel zu nehmen.

Die Schwestern saßen noch einige Minuten schweigsam nebeneinander in der Dunkelheit, dann schlich sich Helene aus dem Zimmer. Sissy saß aufrecht in ihren Polstern. Sie hatte an diesem Tag schon so viele Tränen vergossen, dass es schien, als habe sie für Pankraz keine mehr übrig. Sie stieg aus dem Bett und sah sich in dem Zimmer um. Man hatte auch ihre persönlichen Dinge bereits gebracht und eingeräumt – ihre Bücher, eine alte Puppe, die sie unbedingt hatte mitnehmen wollen, das Album mit den getrockneten Blumen aus Possenhofen. Wo aber war die Kassette, in der sie ihr Tagebuch und die hölzerne Wunschkugel aufbewahrte? Sissy entzündete die Lampe auf ihrem Nachttisch und durchstöberte das Zimmer. In der untersten Schublade der Kommode wurde sie fündig. Sie nahm die Holzkugel heraus und sprang wieder ins Bett.

Was hatte Pankraz damals gesagt? Sie solle sich etwas ganz fest wünschen und die Kugel in beide Hände nehmen. Wenn sich die Kugel warm anfühle, ginge der Wunsch in Erfüllung.

Sissys Handflächen umschlossen das kühle Holz. Als sie die glatte Oberfläche der Kugel auf ihrer Haut spürte, überwältigte sie die Erinnerung an den alten Mann und endlich flossen auch für ihn Tränen. Sissy weinte lange und lautlos.

Sissys Trauer um Pankraz vermischte sich mit der Erkenntnis, mit dem heutigen Tag auch noch etwas anderes verloren zu haben – die eigene Kindheit. Ab nun gab es kein Herumtollen mehr, kein Barfußlaufen am Starnberger Seeufer, keine wilden Ritte auf ihrer Stute Sandra, kein geheimnistuerisches Getuschel mit Irene, keine Auftritte mit dem Vater in der Zirkusarena des Münchner Palais.

'Morgen', dachte Sissy, 'morgen bin ich nicht mehr Sissy, die Prinzessin aus Bayern. Morgen bin ich Elisabeth, die Kaiserin von Österreich.'

Sissy rückte sich die Kissen zurecht und löschte das Licht. Die Kugel behielt sie in den Händen.

'Ich wünsche mir', dachte Sissy konzentriert, 'ich wünsche mir ein glückliches, von Freude erfülltes Leben an Franz Josephs Seite. Ich wünsche mir ein leichtes Herz und eine fröhliche Seele, um die Schwierigkeiten meistern zu können, denen ich als Kaiserin begegnen werde. Und ich wünsche mir, dass mich die Liebe zu meinem Mann nicht verlassen wird.'

Mit diesen Gedanken schlief Sissy ein. So merkte sie nicht mehr, dass ihr die Kugel aus den Händen glitt und kühl, wie sie war, auf der Bettdecke liegen blieb.

Demnächst:

Sissy – Ein Herz und eine Krone